나를 찾아 떠나는 길 도보여행

나를 찾아 길 떠나는 도보 여행

초판 인쇄 2012년 9월 10일
초판 발행 2012년 9월 17일

글쓴이 박용원
발행인 권경미
발행처 도서출판 책숲
등록일 2011년 5월 30일 제2011-000083호
주소 서울시 용산구 후암동 404-31번지
전화 070-8702-3368
팩스 02-318-1125

ⓒ 박용원 2012

ISBN 978-89-968087-2-5   13980

*잘못 만들어진 책은 바꾸어 드립니다.

이 책의 모든 법적 권리는 도서출판 책숲에 있습니다.
저작권법에 의해 보호받는 저작물이므로
본사의 허락 없이 무단 전재, 복제, 전자출판 등을 금합니다.

이 도서의 국립중앙도서관 출판시도서목록(CIP)은
e-CIP 홈페이지(http://www.nl.go.kr/cip.php)에서 이용하실 수 있습니다.
(CIP제어번호:CIP2012004001)

우리나라 걷기열풍을 일으킨
도보 중독자의
지구 한 바퀴 반 대장정

나를 찾아 길 떠나는 도보여행

박용원 글

책숲

책을 읽기 전에

2000년 10월 26일은 내 일생의 운명이 바뀐 날이기에 잊을 수가 없다. 쉰의 나이에 천리길 도보의 첫걸음을 시작한 날이기도 하지만 도보 중독증에 빠지게 된 첫날이기 때문이다.

그때까지만 하더라도 내가 이렇듯 도보 중독자가 되어 길 위에서 나날을 보내게 될 줄은 꿈에도 생각지 못했다. 그저 처음에는 단순히 건강도 찾고, 또 반백을 살아온 기념으로 내 삶에 보람된 족적 하나 남기고 싶어 기획하고 시작한 도보였다.

그런데 천리길 400km를 내 두 다리로 걷고 난 그 순간, 다른 어떤 말도 떠오르지 않고 짜릿한 감동의 전율만이 온몸을 휘감았다.

그 감동은 오래도록 마음속에 남아 일상생활에 활력을 불어넣어 주었으며, 특히 생각만 했던 일을 행동으로 옮겼다는 자부심과 설정한 목표를 스스로 쟁취했다는 성취감은 이후의 삶에 큰 용기와 자신감을 심어 주었다.

그로부터 또 다른 전율을 느끼고 싶어서 길 위를 헤매기를 12년, 지금까지도 그때의 전율을 다시 느끼지 못하고 있는 것은 사실이다. 하지만 그때만큼의 전율은 아닐지라도 또 다른 걸음질로 작은 전율들을 이삭처럼 주워 모으면 더 큰 전율을 느낄 수 있으리라는 기대감으로 걸음질을 멈추지 않고 있다.

어떤 이들은 내가 걸음질을 하며 길 위에서 성취감이라는 크고 작은 이삭을 주울 때마다 나를 도보 중독증 환자라고 비웃고는 한다.

그도 그럴 것이, 틈만 나면 배낭 하나 달랑 둘러메고 한반도 종·횡단을 수없이 반복하고, 그것도 모자라 일본 열도 종주는 물론 동북아 3국 수도를 잇는 3,000km 도보 대장정이란 명분으로 이웃 나라들까지 두 발로 걸어서 헤집고 다녔으니 혀를 내두를 만하다.

이뿐인가? 내 자신의 걷기 한계에 도전한답시고, 길 위에서 내 자신을 찾는답시고 길동무들과 어울리며 1일 24시간 동안 100km도 걸어 보고 48시간 무박 200km 걷기에도 도전하여 힘겹게 완보했으니 도보 중독자라는 말을 들어도 남 탓할 수 없는 일임은 분명하다.

게다가 도보를 통한 이 좋은 기운과 느낌을 다른 사람들에게도 전하고 싶어, 도보 카페를 개설하고 길동무들과 어울려 길 위에 선 지도 어느새 10년 가까이 된다. 이쯤 되니 중독증 환자의 경지를 넘어 '미친 놈'의 경지에까지 도달한 셈이다.

　하지만 내가 도보 중독증 환자에다가 '미친 놈' 소리를 듣는 주제일지라도 하고픈 말은 있다. 사람은 요람에서 무덤까지 인생길을 걸으면서 무수한 시련을 겪게 된다.
　마찬가지로 도보 여행의 길도 인생의 길처럼 시작부터 끝날 때까지 육체적, 심리적 갈등의 연속이라 할 수 있다. 또 길을 오래 걸으면 걸을수록 그 갈등이 더 심해진다.
　그러나 굴곡진 인생길에서 갈등의 원인과 해답을 찾지 못해 끙끙대다가도 길 위에서 걷고 또 걷는 중에 해탈하듯 풀리니 어찌 또 길 위에 서지 않을 수 있겠는가.
　따라서 나는 걸음으로 시작하여 걸음으로 끝나는 도보 여행의 목표가 자신의 심리적 갈등을 치유하고 삶의 좌표를 찾는 것임을 지금도 믿어 의심치 않는다.
　고로 그간 수없이 걸음질을 하며 느낀 도보 여행의 참뜻을 내 나름대로 정리해 보았다.
　'도보 여행'이란 "길을 따라 한없이 걸으며 자아를 찾기 위해 스스로 시련에 빠져 보는 고난의 여행이고, 삶의 본질에 다가서기 위해 긴 사색에 젖어 보는 외로운 여행이다."라고.

마지막으로 내가 길 위에서 오랜 기간 동안 걸음질할 수 있도록 응원해 주고 동반해 준 길동무들에게 감사 인사를 전하고, 또 내가 길 위에서 자유롭게 걸음질할 수 있도록 묵인해 준 집사람에게도 고마움을 전하고 싶다.

2012년 8월 길 위에서

박용원

차례

· 책을 읽기 전에 · 4

Chapter 1. 걷기, 인생의 터닝 포인트

· 새로운 길을 만나다 · 14
· 나이 쉰에 운동화 끈을 조이다 · 16

내 인생을 바꾸어 버린 무모한 도전 · · · · · · · · · · · 19
· 두 발로 걸어서 천리길을 종주해 보자 · 20
· 걷는 기쁨과 고통을 한꺼번에 · 22
· 인성과 진천의 경계 이티고개에 서서 · 27
· 3일째의 고비를 넘기고 나만의 길을 걷다 · 29
· 대전 친구의 격려에 힘이 솟다 · 32
· 미개통 대진 고속도로 위를 활보하다 · 34
· 1일 60km 도보에 도전하려 했는데 · 36
· 완주의 성취감, 이보다 더 좋을 수는 없다 · 38
· 친구의 응원 도보 · 40
· 도착 세리머니와 다이빙 · 42

Chapter 2. 걷기의 치명적인 매력에 빠지다

· 걷기는 인생이다 · 48
· 다시 길 위에 서다 · 50
· 미국인과의 첫 대면과 도보 종주 · 54

일본 열도를 걷다 · 59
- 일본의 땅끝 가고시마에서 도쿄까지 · 60
- 나의 첫 해외 원정 도보 · 62
- 중도 포기의 좌절 속으로 · 66
- 마음을 고쳐먹고 다시 도전하다 · 71
- 규슈 북단 도시 오이타를 향해 · 78
- 오사카행 페리 속에서 · 82
- 발바닥 물집 속에 또 다른 물집이 · 84
- 후지산 자락을 지나며 · 88
- 오늘은 후지산을 보리라 · 90
- 도쿄 입성과 한국식 만찬 · 92

바다와 하늘이 맞닿은 환상의 길, 제주도 · · · · · · · · · · 97
- 그만둘 것인가, 계속할 것인가 · 98
- 아름다운 길에서 인생을 배우다 · 104
- 다릿병을 극복하고 다시 길로 들어서다 · 108

혼자만의 여유로움, 동해안 길을 가다 · · · · · · · · · · 115
- 마음속에 간직한 길 · 116
- 꽃들의 환영을 받으며 걷는 미지의 길 · 118
- 새벽을 걷는 사람들 · 123
- 길도 인생처럼 늘 만나고 헤어지고 · 127
- tip 물집의 예방과 처치 · 135

아들과 함께 임진각에서 통일전망대까지 · · · · · · · · · 139
- 겨울 장기 도보 여행의 묘미 · 140

- 나의 첫 겨울 장기 도보 여행 · 141
- 서울역에서 시작하고, 임진각에서 출발하다 · 144
- 시골 인심이 구수한지, 된장 냄새가 구수한지 · 151
- 경기도 연천을 지나 강원도로 접어들어 · 154
- 수피령 고개를 넘다 · 158
- 아흔아홉 구비 고개를 넘어 국토 정중앙인 양구로 · 162
- 광치령을 넘어 진부령으로 · 166
- 민통선 안을 걸어서 통일전망대까지 · 168

먼 길 갈 땐 눈썹도 뽑고 가라 · · · · · · · · · · · · · · · 177
- 왕초보의 등짐 꾸리기 · 178
- tip 추천하는 도보 여행 코스 · 181

Chapter 3. 함께 걷는 사람들이 있어 더 행복하다

- 함께하는 길동무들 · 186
- 우리나라 최초의 도보 여행 카페를 만들다 · 187
- 나를 찾아 길 떠나는 도보 여행 · 190
- 고행을 각오하면 다른 세상이 보인다 · 195
- 망설이지 말고 떠나 보자 · 198
- tip 도보 여행 관련 카페들 · 203

알면 알수록 빠져드는 도보 여행의 매력 · · · · · · · · · · · · 205
- 사색을 이끄는 도보 여행 · 206
- 가볍게 시작하는 반나절 도보 · 207
- 이것이 반나절 도보의 진정한 매력 · 211
- 가다 못 가면 쉬었다 가는 릴레이 도보의 매력 · 213

- 밤을 낮 삼아 걷는 야간 무박 도보의 매력 · 217
- tip 재미있는 도보 여행 장르 · 219

그래서 나는 걷고, 또 걷는다 · 221
- 건강한 걷기, 행복한 걷기 · 222
- 행복한 걷기에서 도전과 인내의 걷기로 · 223
- 나의 한계에 도전해 보다 · 225

고통과 인내의 걷기, 1일 100km 울트라 도보 · · · · · · · · · · 227
- 1일 100km 울트라 도보를 기획하다 · 228
- 11명의 전사들, 장대한 서막을 열다 · 230
- 야경에 취해 약진 앞으로, 앞으로 · 233
- 마침내 1일 100km, 한계는 없다 · 236

서울에서 강릉까지 무박 200km 걷기 도전의 실패 · · · · · · · · · 241
- 엉뚱한 생각을 실행에 옮기다 · 242
- 허기와 갈증을 참으며 횡성으로, 황재로 · 244
- 새로운 도전의 시작, 100km를 넘어서다 · 251
- 도보도 응원해 주면 신이 난다 · 257
- 고지를 앞에 두고 포기를 배우다 · 261

치열한 사투, 무박 200km 울트라 도보 · · · · · · · · · · · · · · · 263
- 도전은 계속된다 · 264
- 인생 예순의 위대한 도전 · 267
- 붕대를 감고, 진통제를 먹고 앞으로 전진! · 272
- 무박 200km, 역사를 만들다 · 275
- tip 걷기 관련 단체 · 280
- tip 도보 여행 떠날 때 필요한 준비물 · 283
- 나의 도보 이력 · 285

Chapter 1
걷기, 인생의 터닝 포인트

천리길을 걸어서 종주해 보자! 한반도를 걸어서 종단해 보자! 천리길을 두 발로 걸어서 완주한다면야 내 일생에 있어서 이보다 멋진 일이 있을쏘냐? 발상은 그럴듯했지만 자타가 공인하는 쉰 살 아니던가. 괜한 고집 부리다가 오도 가도 못해서 망신살만 뻗치는 건 아닐까? 친구들에게 넌지시 한반도 도보 종주를 해보겠다는 의사를 피력했다. 이 친구나 저 친구나 돌아온 대답은 한결같았다. 나이 쉰에 무리한 짓이니 먼저 주제 파악하고 포기하란다.

새로운
길을 만나다

21,545km. 이것은 내가 만난 새로운 길의 거리이다. 이 길은 지금도 계속 확장 공사 중이며 앞으로 얼마나 더 길어질지는 나도 모른다. 내가 이렇게 말하면 사람들은 "서울에서 부산까지도 기껏해야 400km 정도인데, 그런 길이 어디 있냐?"고 따져 물을 것이다. 그러면 난 회심의 미소를 지으며 늘 준비해 둔 멘트를 날린다.

"그 길은 내 마음의 길이고, 내 인생의 거리야!"

다들 어이없는 표정을 지을 것이지만 그게 무슨 상관이랴! 나는 그렇게 나를 표현하고 싶다. '마음의 길, 인생의 거리'.

나의 장난스러운 표현에 짜증 나는 분들이 있을까 봐 사실대로 이야기해야겠다. 21,545km는 10여 년 전인 2000년 10월부터 지금까지 내가 도보 여행을 하며 걸은 길을 꼼꼼히 기록해 둔 거리이다. 그렇다고 일상생활을 하며 걸었던 생활 속의 거리를 나의 도보 여행 총거리에 포함시킨 것은 아니다. 보통 사람이 일상생활에서 하루 걷는 거리는 4km도 채 되지 않는다고들 한다. 하지만 나는 걷는 욕심이 많아서인지는 몰라도 일상생활의 걷기와 도보 여행의 걷기를 구분 짓기 위해 하루 10km 미만으로 걸은 거리를 기록으로 남길 가치가 없다고 판단했기에 잔챙이로 걸은 거리는 기록을 생략해 왔다.

그러고도 21,545km······.

이 정도면 서울에서 부산을 50번 넘게 다닌 거리이다. 또한 지구 한 바퀴 둘레가 40,000km가 조금 넘지만 바닷길을 제외하고 나면 고작 15,000km이니, 지구 한 바퀴를 훨씬 넘게 걸은 거리이다.

나보다 뛰어난 걷기의 고수들도 많겠지만 이 정도면 어디 가서 명함 한 장 내어놓아도 부끄럽지 않을 거리라고 생각된다. 나를 잘 모르는 사람들은 나의 도보 이야기를 듣고 대부분 표현은 잘 안 하지만 '미친 놈'이라고 생각할 것이다. 나를 조금 이해해 주시는 분은 '미선생(성은 미씨요, 이름은 친놈이니까)'이란 호칭을 붙여 주고, 걷기에 관심이 많은 사람들은 'workhollic(일 중독자)'이 아닌 'walkhollic(도보 중독자)'이라고 불러 준다. 걷기를 시작한 이후, 우리나라를 종횡무진 걸어 다니는 것도 모자라 중국과 일본까지 누비고 다녔으니 사람들이 그렇게 말하는 것도 무리는 아니다. 게다가 우리나라에서 처음으로 도보 여행 인터넷 카페를 개설하여 주말마다 온 산천을 돌아다녔으니 말이다.

현대는 속도의 시대라고 한다. 무엇이든 빠른 것이 살아남고, 느린 것은 도태되기 마련이다. 그런데 유일하게 느리면서도 살아남아 지금은 양반 대접 받는 게 하나 있다. 바로 걷기가 그것이다. 도대체 걷기는 어떤 마력을 지녔기에 이런 시대에 그 가치를 인정받는 것일까?

무엇이든 빠르면 제대로 볼 수가 없다. 걷기는 우리가 놓치고 보지 못했던 것들에 대한 깨달음을 준다. 그 깨달음은 속도의 시대에 한 가닥 휴식을 제공하는 역할을 하게 된다. 걷기는 낙오의 개념이 아니라 치유의 개념이다.

그래서 나는 오늘도 사람들에게 외친다.

"건강을 지키고 삶에 대한 자신감을 키우고 싶은 사람들은 모두모두 오시오! 우리 함께 신명 나게 걸어 봅시다!"

나이 쉰에
운동화 끈을 조이다

　15년 동안이나 밥 벌어 먹고 살았던 직장을 그만두고 삼천포에 사업체를 둔 개인 사업자로 변신해 8년간 동분서주했다. 그러나 결과는 월급쟁이 시절과 별반 차이가 없었다. 수입 많은 다른 업종으로 바꾸고 싶다는 생각이 얼핏얼핏 들었지만 언감생심 겁부터 났다. 내 나이 쉰, 다시 무엇인가를 계획하고 꾸리기에는 정신적으로도 육체적으로도 늦은 감이 있어 능력 부족이라는 자괴감이 고개를 쳐들었다. 게다가 회사 다닐 때 시간에 너무 쪼들렸던 것에 대한 보상 심리랄까? 더 이상 시간에 저당 잡힌 인생을 살고 싶지는 않았다. 어쩌면 직장 생활보다 상대적으로 시간적 여유가 있기에 이 일에 지금도 미련을 버리지 못하고 매달려 있는지도 모를 일이다.

　시간 부자라고 해서 마냥 허송세월을 보낼 수 없어 선택한 취미가 서예였다. 지방에서 벌어지는 업무를 처리하고 남는 시간을 이용하여 글씨 쓰는 데 정력을 쏟았다. 붓글씨라는 게 참 묘한 재주가 있는데 그게 바로 잡념을 가질 겨를을 주지 않는다는 것이다. 서실에 들어가 붓을 한번 들면 바깥에 개가 짖는지, 난리가 났는지 도통 모를 때가 부지기수였다. 한마디로 붓과 씨름하며 도끼 자루 썩는 줄 모르고 세월 보내는 셈이었.

　그러던 어느 날 서실의 자리에서 일어서는데 하늘에서 노란 별이 반짝거리면서 몸이 휘청거렸다. 생각해 보니 이렇게 어지러웠던 적이 한두 번은 아니었다. 근 10년 동안 여가 활동을 한답시고 한자리에 앉아 꼼짝도

앉고 대여섯 시간씩, 심지어는 하루 종일 앉아 있다 보니 몸이 배길 재간이 있겠는가. 게다가 지방 출장 갈 때는 비행기로, 승용차로, 땅 한번 안 밟고 다니는데…….

'몸이 더 망가지기 전에 정신 차리자! 힘 있는 글씨를 쓰지 못하더라도, 또 돈을 더 벌지 못하더라도, 건강을 위해서 뭐든 하자.'

운동을 해야겠다는 생각이 든 것까진 좋았는데 운동과 담을 쌓아 온 나에게 마땅히 할 만한 게 떠오르지 않았다. 골프를 배워 보려고 해도 경비 충당이 쉽지 않을 것 같아 선뜻 맘이 내키지 않았다. 마라톤도, 등산도 다 싫었다. '이대로 세월을 보내다가는 앉은뱅이가 되어 버릴 것만 같은데 지속적으로 할 수 있는 운동이 뭐 없을까?'를 궁리하다 잠이 들고는 했다.

그러던 어느 날 밑도 끝도 없이 '이번 출장 때 운동 삼아 자전거를 한번 타고 가 보자. 서울에서 삼천포까지 자전거를 타고 400km가 넘는 거리를 완주한다면 운동은 많이 될 테지…….' 하는 생각이 들었다. 갑자기 신이 났다. 찌뿌둥하던 몸이 자전거를 탄다는 생각만으로도 개운해지는 것 같았다.

며칠을 콧노래를 흥얼거리면서 서점에도 나가 보고, 자전거도 알아보러 휘릭휘릭 다니다가 집에 들어오는 길에는 자전거 여행에 필요한 소품 한두 개씩은 꼭 사 들고 들어왔다.

이를 본 집사람이 "나이 오십에 삼천포까지 자전거 종단이라니요? 아직 애들 장가도 안 갔는데 누구 과부 만들 일 있수?" 하며 위험하다고 극구 말리는 것이었다.

안전이 보장되지 않아 불안했던 터라 집사람의 의견을 받아들여 포기하려고 하니 마음이 언짢았다.

그때 '팟' 하고 전기가 켜지는 느낌.

'걸어가 볼까?'

아하! 바로 이거다! 천리길을 걸어서 종주해 보자! 한반도를 걸어서 종단해 보자! 서울서 삼천포까지 걸어서 말이다.

발상은 그럴듯했지만 자타가 공인하는 쉰 살 아니던가. 괜한 고집 부리다가 오도 가도 못해서 망신살만 뻗치는 건 아닐까? 혼자 고민고민하다가 친구들에게 넌지시 한반도 도보 종주를 해보겠다는 의사를 피력했다. 이 친구나 저 친구나 돌아온 대답은 한결같았다. 나이 쉰에 무리한 짓이니 포기하란다.

시도도 해보지 않고 어찌 그리 쉽게 '무리'라는 말을 내뱉던지, 욱하니 나도 모르게 오기가 발동했다. 내가 하면 우짤 긴데…….

그래 어디 한번 해보자! 내 인생에서 지나간 세월이 많긴 했어도 앞으로 살아가야 할 날 또한 적게 남은 것도 아닌데 이 정도쯤이야 미래를 새롭게 개척해 본다는 의미로 변신을 시도해 보자. 자전거보다는 수일이 더 걸리게 될지라도 두 발로 걸어서 말이다.

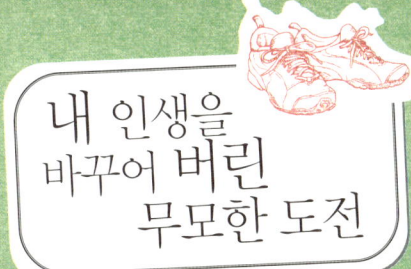

내 인생을
바꾸어 버린
무모한 도전

● 서울

● 용인

● 안산

● 대전

● 금산

● 무주

● 함양

● 삼천포

두 발로 걸어서
천리길을 종주해 보자

 천리길 도보 종주를 계획하고 난 후 체력 단련을 위해 여름 내내 등산을 다녔다. 수요 산악회나 주말 산악회를 열심히 따라다녔고, 때론 야간 무박 산행도 해보았다. 설악산, 삼악산, 호명산, 검단산, 예봉산 등 무수히 많은 산과 지리산 종주까지 다녔더니, 다리에 제법 근육이 붙어 점점 자신감이 생겼다.

 본격적으로 실전 연습도 해보았다. 대부분 1일 산행 거리는 10km 미만이다. 이 짧은 산행 정도의 걷기 연습으로 천리길 완주에 도전한다는 것이 영 마음에 내키지 않아 일반 도로에서 걸어 보기로 한 것이다. 일반 도로에서 하루에 얼마나 많이 걸을 수 있는지 시험해 보았다.

 내가 살고 있는 송파구 오금동에서 남양주 마석 부근 친구네 집까지 30km 구간을 걸어 보았더니 6시간이 걸렸다. 평균 시속 5km였다. 사실 6시간을 꾸준히 걷는다는 것도 쉬운 일은 아니었다. 이보다 더 힘든 장기 도보 여행을 할 때는 시간당 5km도 어려울 것이라는 계산이 나왔다.

 그래서 실제 도보 여행 때는 평균 시속 4km로 정했다. 남자들이 군대 시절 무거운 군장을 메고 행군할 때도 시간당 4km를 걸으니까 그 정도면 무난할 것 같았다. 그다음에는 하루 최대로 걸을 수 있는 시간을 생각해 보았다. 걷는 것이 하루 일과라고 보면 회사원들의 근무 시간 정도는 걸어야 할 것 같았다. 점심시간 1시간을 빼고, 하루 8시간을 걷는다면 32km를 갈 수 있다는 계산이 나왔다. 이런 계산이라면 천리길 400km는 13일이면 될 것이고, 부지런히 걷는다면 12일도 가능할 것 같았다. 그래서 일단 완주 목표 기간을 12일로 잡았다. 이렇게 해 놓으니 계획상으로는 거의 완벽하다는 생각이 들었다. 계획대로만 되다면야 오죽 좋을까!

이번 도보 여행은 12일 동안 매일 8시간을 걸을 수 있는 체력이 뒷받침해 주느냐가 최대 관건이었다. 최종 체력 점검의 일환으로 설악산 1박 2일 등산을 시도해 보았다. 힘든 등산이었지만 특별히 몸에 무리가 오지는 않았다.

드디어 이 정도면 체력적으로는 괜찮을 것이라는 판단이 섰다. 생각해 보니 나름대로 엄청난 연습과 준비를 했다. 이게 다 친구들의 우려와 불신을 한 방에 날려 버리려는 내 오기의 발동이었는지 모르겠다.

마지막 점검을 하러 떠난 설악산 등산에서 또 다른 수확이 있었다. 그 당시 설악산은 가을 단풍을 즐기기에는 좀 이른 시기였다. 정상 부근에서만 빨간 단풍을 조금 볼 수 있었고, 설악산 전체의 멋진 단풍을 보려면 적어도 보름 정도는 더 지나야 했다. 설악산을 내려오며 줄곧 한반도 도보 종주의 출발 시점을 고민하고 있었는데, 문득 기발한 생각이 떠올랐다.

설악산 단풍이 남하하여 서울 근교 산하를 색동옷으로 물들일 즈음 천리길 도보를 시작하면 얼마나 환상적일까? 단풍이 남하하는 속도가 빠른지, 내가 걸어 내려가는 속도가 빠른지 견주어도 보고, 그야말로 제대로 된 도보 여행, 단풍 구경이 될 것 같았다. 야심찬 계획에 이어 아주 절묘한 출발점까지, 착착 장단이 맞아 들어갔다.

걷는 기쁨과
고통을 한꺼번에

첫째 날 : 56km

서울 송파
분당
구성
용인
이동저수지
고삼 삼거리

　　　　내가 서울에서 삼천포까지 한반도 도보 종주 D-Day로 정한 날은 2000년 10월 26일이었다. 지금 이 날은 내 인생에서 생일만큼이나 의미 있고 중요한 날이 되었다. 그런데 모든 것이 순조롭게 진행되는가 싶더니 가장 결정적인 출발 날에 가을비가 추적추적 내리는 것이었다. 어, 비 오는데 어떻게 걷지? 속절없이 내리는 비를 원망하며 우두커니 창밖을 내다볼밖에. 그렇다고 비 때문에 출발을 연기할 수도 없고……. 고작 비 때문에 한반도 도보 종주의 대장정을 연기했다고 하면 '그러면 그렇지!' 하고 비웃을 사람들의 얼굴이 여럿 스쳐 지나갔다. 특히 '미친 짓 하지 마라!'고 말리던 친구들과 '객기'라고 말리던 집사람! 굳이 친구들과 집사람이 아니더라도 그건 내 자존심이 허락하지 않았다.

　　　　그냥 떠나자! 나는 준비해 둔 괴나리봇짐을 둘러멨다. 아파트 현관을 지나 추적추적 내리는 빗속을 표표히 걸어 나오는데 뒤통수가 여간 따가운 게 아니었다. 베란다 창 너머로 내다보고 있을 식구들

반드시, 꼭, 틀림없이, 기필코,
무슨 일이 있어도 완주하자!
그렇게 내 첫 도보 여행의 행보가 시작됐다.

에게 청승스럽게 보일까 봐 얼른 택시를 잡아탔다.

출발 지점으로 정해 둔 서울과 성남의 경계에 도착해 주변을 둘러보니 대로변에 사람이라곤 아무도 없고, 차들만 빗물을 튕기며 지나가고 있었다. 나도 모르게 주먹이 불끈 쥐어졌다.
반드시, 꼭, 틀림없이, 기필코, 무슨 일이 있어도 완주하자!
그렇게 내 첫 도보 여행의 행보가 시작됐다.
성남을 지나 분당 시가지를 들어서니 비가 멈추고 맑은 가을 하늘이 나타났다. 비 갠 뒤의 맑디맑은 가을 하늘을 머리에 이고 걸으니 몸도 마음도 가벼워진 느낌이었다. 아파트 빌딩 숲 사이로 잘 다듬어진 도로변의 가로수가 오색찬란한 단풍잎으로 단장하고 길 걷는 나그네의 눈길을 사로잡았다.
분당을 빠져나와 지방 도로를 따라서 구성 읍내로 접어들었다. 그런데 갑자기 인도가 없어져 버렸다. 좁디좁은 2차선 도로의 갓길을 따라 걸으려니 교통사고가 날 것 같은 불안한 생각도 들고, 특히 대형 화물차가 지나갈 때는 더더욱 신경이 쓰였다. 만약 이런 길을 12일 동안이나 걷는다면 스트레스가 보통이 아닐 것 같았다. 미리 안전한 길까지 염두에 두지 않은 것이 후회스러웠다. '이보다 더 완벽한 계획은 없다.'고 자부했는데 이런 실수가 생기다니! 하지만 화살은 이미 시위를 떠났다. 조심해서 걷는 수밖에 없었다.
도심 길이 끝나고 산모롱이 길로 접어드니 단풍이 절정을 이루고 있었다. 가로수로 심은 은행나무와 주변 잡목들의 잎들이 어우러져서 환상적인 풍경을 연출하고 있었다. 걸으면서 보고 느끼는 가을 풍경이 이렇게 아름다울 줄이야! 차를 타고 이 길을 지나갔다면 이런 멋진 풍경이 눈에 들어

오기나 했을까. 눈이 호강한다는 표현은 이럴 때 쓰는 말이리라! 내심 이런 풍경에 도취되어 보겠다고 판단한 내가 대견스럽기도 했다. 소기의 목적은 이미 달성한 셈이다.

용인을 벗어나 안성 땅에 발을 들여놓을 즈음 어둠이 내렸다. 시골길이라 모텔도 민박도 아무것도 보이지 않았다. 그렇다고 양반 체면에 동네에 들어가서 다짜고짜 재워 달랄 수도 없고, 지나가는 차를 잡자니 이는 내가 정한 도보 여행의 원칙에 어긋나는 행동이었다. 할 수 없이 숙소가 나올 때까지 길을 재촉하며 어두운 밤길을 걷기로 했다.

어둠 속에서 별을 헤며 걷는데 오르막 도로는 산속으로 자꾸 빨려들어 갔다. 설상가상으로 발가락에 물집이 잡혔는지 통증이 점점 심해져 오는데 어디 편하게 앉아 살펴볼 데도 없었다. 솔직히 말해 아픔보다는 무서움이 더 컸다. 이럴 땐 빨리 산속을 빠져나가는 게 상책이다.

가까스로 고갯마루에 올라 아래를 내려다보니 불빛이 옹기종기 모여 있었다. 빛을 보자 후우, 안도의 숨이 나도 모르게 흘러나왔다. 뜨거운 물에 몸을 녹일 생각을 하니 지친 발걸음이나마 성큼성큼 떼어졌다. 여장을 풀 수 있는 공간이 어디 있겠지.

간신히 여관을 찾아 짐을 풀었다. 우선 욕조에 뜨거운 물을 받아 몸을 담그고 세상에서 가장 편한 자세로 하루를 되돌아봤다. 아침부터 밤늦게까지 무지하게 걸었다. 이 산 저 마을에 늘린 단풍에 도취되어 힘든 줄도 모르고 걸었다. 광풍처럼 달려오는 크고 작은 탈것들의 위험을 무릅쓰고 힘차게 걸었다. 고장 난 전등을 들고 암흑천지 산길을 무서움과 싸우며 홀로 걸었다. 쉬면 멀리 걷지 못한다는 속담을 믿고 엉덩이 한번 땅에 제대로 붙이지 않고 걸었다.

대략 어림잡아 보니 서울서 이곳 안성 고삼 저수지까지 15시간 동안

56km를 하루 만에 걸었다. 내 평생 최고로 많이 걸어 본 하루였다. 몸은 죽을 것 같았지만 마음은 얼마나 뿌듯한지, 이 맛에 다들 도전을 하겠지!

쉬면 멀리 걷지 못한다는
속담을 믿고
엉덩이 한번 땅에 제대로
붙이지 않고 걸었다.

안성과 진천의 경계
이티고개에 서서

다음 날 아침 눈을 떠 보니 몸이 천근만근이었다. 그래도 억지로 몸을 움직여 숙소를 빠져나왔다. 아침 안개가 채 걷히지 않아 아직 시야가 뿌연 국도를 터벅터벅 걷다 보니 어느새 안개는 말끔히 개고 맑은 하늘이 눈앞에 펼쳐졌다.

우리 사는 인생사도 늘 그런 것 같다. 오르막이 있으면 내리막이 있고, 흐린 날이 있으면 맑은 날도 온다. 자연은 그 자체가 바로 인간의 스승이다. 오늘도 벌써 한 수 배웠다.

무거운 몸으로 5km쯤 걸어 내려왔을까. 안성군 대덕면 대농마을이라는 이정표가 나왔다. 여기는 나의 27대조 할아버지를 모신 사당이 있는 곳이다. 15년 전 아버님을 따라 참배했던 기억이 났다. 사당에 가면 생전의 아버님 모습을 찾을 수 있을까 싶어 1km나 되는 논길을 단숨에 가로질러 갔다. 그러나 사당을 아무리 두리번거려 보아도 아버님이 계실 리 없었다. 불현듯 아버지가 그리워졌다. 아버지께서 지금 살아 계신다면 당신도 쉰 살 즈음에 삶이 무엇

둘째 날 : 40km

- 고삼 삼거리
- 안성
- 313번 지방도로
- 이티고개
- 백곡 저수지
- 진천 읍내

인지에 대해 많이 번민하셨는지 여쭤 보고 싶었다.

    사당을 빠져나와 지름길을 찾아 안성으로 향했다. 오전 나절, 따스한 햇살이 기분 좋게 퍼져 올라 걷기에 적당한 기온이었다. 몸도 햇살처럼 풀어지긴 했지만 여전히 상태는 좋지 않았다. 어제 하루를 죽도록 걸었는데 오늘 이런 몸으로 또다시 종일을 걸어야 한다니 기운이 쭉 빠졌다. 하루 종일 꼬박 걸으면 대체 얼마를 걸을 수 있을까 하는 욕심에 어제 너무 무리한 결과였다. 한 치 앞을 내다보지 못하고 마음만 앞서서 내달린 게 개탄스러웠지만 어쩔 도리가 있나, 그저 몸이 고생할밖에. 그나마 완급 조절이라는 중요한 실전 경험을 초반에 얻었으니 다행이었다.

    안성 읍내에 들어서니 구수한 음식 냄새가 나를 유혹했다. 아침 겸 점심 식사로 설렁탕 한 그릇을 비우고 진천으로 향하는 길을 물어 식당 문을 나섰다. 시간은 오후 1시를 넘어서고 있었다. 금강산도 식후경이라고 배 속에 음식을 채워 넣고 나니 조금 여유가 생겼다.

    안성 읍내를 빠져나와 차량 통행이 거의 없는 벌판을 가로 질러 313번 지방 도로를 따라 한참을 걸었다. 이어지는 가파른 산 언덕길을 오르니 안성시와 진천군의 경계인 이티고개였다. 아래를 내려다보니 벌판 위에 자리 잡은 안성 읍내가 까마득히 멀리 보였는데 도무지 내가 걸어온 길이라 믿기지 않았다. "일을 쳐다보는 눈은 게으르고 일을 처리해 내는 손발은 부지런하다."는 옛말이 실감 났다. 안성을 떠날 땐 언제 저 고개를 넘을 수 있을까 걱정했는데, 거의 3시간 만에 고개 정상에 서서 짜릿한 감회를 맛보고 있으니 말이다.

    하지만 오늘 계획한 진천까지는 아직 17~18km가 남았다. 서너 시간은 더 걸어야 하는데 벌써 산그늘이 내리기 시작했다. 밤길을 줄이려면 서

둘러야 했다. 이미 지칠 대로 지친 몸은 뜻대로 움직여 주지 않고, 어둠이 내린 지 3시간이나 지났다. 어제와 오늘 계속 밤길이었다. 우여곡절 끝에 도착한 진천 읍내 번화가에 두 번째 날의 둥지를 틀었다.

3일째의 고비를 넘기고 나만의 길을 걷다

서울에서 삼천포까지 한반도 도보 종주 사흘째. 이틀 동안 제대로 쉬지도 않고 강행군을 한 탓인지 발걸음이 너무 무거웠다. 숙소를 떠나 15km 떨어진 오창도 지나고 청주를 향하는데 굳어진 몸이 풀어지지 않아 두 다리를 질질 끌고 가다시피 했다. 어젯밤에도 첫날처럼 뜨거운 욕조에 1시간 정도 몸을 담갔는데 별 효과가 없는 듯했다.

애써 아픔을 외면하면서 들판 길을 따라 걷다가 안 되겠다 싶어 인적이 뜸한 길바닥에 드러누워 버렸다. 몸이 축 늘어지면서 통증이 온 뼈마디 속으로 녹아드는 것 같았다.

어제는 그래도 틈틈이 앉아 쉬면서 지천에 널린 단풍 물결을 감상할 여유라도 있었지만, 오늘은 단풍은커녕 몸 전체에 퍼져 욱신거리는 통증에만 신

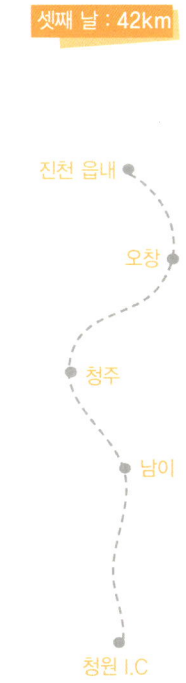

별의별 생각이 머릿속을 휙휙 지나갔다.
포기하고 싶은 나와 걷고 싶은 내가
싸움을 하는 중이었다.

경이 쓰였다. 도보 첫날에 느낀 통증이 아니라 온몸과 머리까지 뻗쳐 와 정신을 몽롱하게 하는 통증이었다.

'여기서 포기하고 그냥 집으로 갈까? 집에 간다 한들 누가 뭐라고 하겠는가?'

'아니야, 정신을 차리자. 아직 내가 가야 할 삼천포까지 반도 못 왔는데…….'

'더군다나 내 인생이 가야 할 목적지까지는 많이 남았잖은가…….'

별의별 생각이 머릿속을 휙휙 지나갔다. 포기하고 싶은 나와 걷고 싶은 내가 싸움을 하는 중이었다.

'그래, 정신을 차리자. 천리길을 가자고 결심한 사람이 아직 반도 못 갔는데, 아니 겨우 이틀 걸었는데 이래선 안 되지. 이를 악물고 더 걸어 보자. 이 고비를 넘겨 보자. 힘을 내자. 아자! 아자!'

잠시 쉰 것이 걸음에는 독이었는지 일어서서 첫발을 다시 내딛는 순간 허벅지를 도려내는 것 같은 다리 근육 통증이 몰려왔다. 악, 나도 모르게 비명이 나왔다. 다 늙어 이 무슨 사서 고생이람! 소파에 편하게 뒹굴다가 짬짬이 헬스라도 다닐 일이지. 신세 한탄을 하면서도 이를 악물고 걷기 시작하니, 통증이 다소 가라앉아 차차 조금씩 속도를 낼 수 있었다.

그럼에도 어둠이 내린 지 3시간째 걷고 또 걸었다. 오늘은 무슨 일이 있어도 사우나탕에서 땀을 흠뻑 빼고 싶었다. 주변에 즐비하게 들어찬 모텔들의 유혹을 뿌리치고 청원 인터체인지까지 오기는 했는데, 이젠 도저히 더 갈 수가 없었다. 목적지에 조금이라도 더 빨리 도착할 요량으로 밤길을 걸은 지도 사흘째였다. 하지만 사우나를 가려면 6km를 더 걸어 신탄진 시내까지 가야 하는데, 지금 상태로는 도저히 무리였다. 갑자기 혼란 상태에 빠졌다. 차를 타고 가야 할 것인가. 그렇게 되면 천리길을 걸어서 완보하기로 한 규칙을 어기는 것이 된다. 반칙을 하면 완보의 의미가 없다. 어찌할 것인가. 문득 머릿속에서 기막힌 생각이 떠올랐다. 궁하면 통한다고 했던가. 내가 걸음질을 중단한 지점을 확인하고는 거침없이 신탄진행 시내버스에 몸을 실었다.

대전 친구의 격려에 힘이 솟다

넷째 날 : 47km
청원 I.C
신탄진
대전 시내
남대전 I.C

다음 날 아침 신탄진 숙소에서 택시를 타고 어제 도보를 끝낸 지점으로 되돌아갔다. 그 지점에서 다시 오늘의 도보를 시작한 것이다. 사우나를 하고 푹 자서 그런지 몸이 한결 가벼웠다. 천리길 행군을 시작할 때 사흘만 버티면 완보할 수 있다는 말을 들은 적이 있었다. 마라톤에서 35km 지점이 마의 구간이라면 천리길 도보에서는 사흘째가 가장 힘든 마의 구간인 것 같았다. 실제 내가 그 경험을 하였고, 이제 나흘째로 접어들었으니 완보의 가능성이 한발 가까워진 느낌이 들었다.

대전 시내로 거의 접어들었을 때 그곳에 살고 있는 친구 종선에게 전화가 왔다. 내가 오전에 대전 시내를 통과한다는 소식을 친구 진권에게서 들었단다. 이 친구는 건강이 좋지 않아 움직이기 힘든데도, 점심을 사겠다니 무척이나 고마웠다. 게다가 점심을 먹고 난 후 여비에 보태 쓰라며 봉투 하나를 건네주었다. 항상 너털웃음으로 세상을 살아가는 따뜻한 친구! 친구의 그런 마음을 생각하니 내 마음도 한결 따뜻해졌다.

　　무주 방향 이정표를 보면서 시내를 통과하는데 길을 잃어버렸다. 마치 미로 속을 헤매고 있는 것처럼 방향을 찾지 못했다. 현 위치를 파악하지 못하고 있으니 5만 분의 1 상세 지도를 손에 들고 있어도 소용이 없었다. 문득 "인생불학(人生不學)이면 여명명야행(如冥冥夜行)-사람이 나서 배우지 않으면 어둡고 어두운 밤에 다니는 것 같으니라"는 글귀가 떠올랐다. 이리저리 갈피를 잡지 못하고 걷다 보니 방향 감각도 상실한 모양이었다. 한참을 헤매다가 작은 사거리에서 겨우 방향을 잡았다. 일상생활에서도 길을 잃으면 이처럼 헤매는데, 만약 인생의 길을 잃어버린다면 어떻게 될까? 순간 섬뜩한 생각이 들었다. 오늘 또 값비싼 교훈 하나를 얻었다.

일상생활에서도 길을 잃으면
이처럼 헤매는데,
만약 인생의 길을 잃어버린다면 어떻게 될까?

미개통 대진 고속도로 위를 활보하다

대전에서 옥천, 영동, 거창을 거쳐 진주로 이어지는 코스를 선택하려다가 무주를 거쳐서 함양으로 이어지는 코스를 선택했다. 이유는 대진 고속도로가 건설 공사 중이고 대전–무주 구간은 조기 개통식을 가질 것이라는 보도가 있었기에 아직 개통되지 않은 고속도로를 따라간다면 빠르고 안전하게 걸을 수 있을 것 같아서였다.

예상이 맞았다. 일반 국도를 1km 남짓 걷다 보니 저만치에서 공사 중인 고속도로가 보였다. 논밭을 가로질러 단숨에 고속도로 위로 올라갔더니 놀라운 광경이 펼쳐졌다. 개통 20여 일을 남겨 둔 고속도로가 마치 비행기 활주로 같았다. 거짓말 조금 보태서 개미 새끼 한 마리 뵈지 않았다. 탁 트인 시원스런 길! 이 길은 나의 국토 종주를 위해 특별히 만들어진 길임에 틀림없었다.

넓은 고속도로를 혼자 차지하고 걸으니 발걸음이 매우 경쾌했다. 뻥 뚫린 미완의 고속도로를 신나게 걸으며 도보 속도를 높였다. 마음과 몸이 일치가

다섯째 날 : 42km

- 남대전 톨게이트
- 추부
- 인삼랜드 휴게소
- 무주 톨게이트

뻥 뚫린 미완의 고속도로를
신나게 걸으며 도보 속도를 높였다.
마음과 몸이 일치가 되니
속도가 절로 났다.

되니 속도가 절로 났다. 거리와 시계를 확인해 보니 시속 6km의 속도였다. 국도에서는 시속 4km의 속도였는데 이 정도면 거의 날아다니는 수준이었다. 괜히 고속도로겠는가!

대전 터널도 지나고, 마무리 공사가 한창 진행 중인 인삼랜드 휴게소와 금산 톨게이트도 지났다. 점심으로 준비해 온 김밥을 걸으면서 먹었다. 쉬었다가 걸으면 또다시 느껴야 하는 다리 통증 때문에 아예 쉬지 않고 걸으면서 먹기로 한 것이다. 아, 눈물 나는 노력이다. 빠르고 힘찬 속도로 걸었더니 무주 톨게이트 근방까지 왔다. 오늘은 신나게 걸었으니 처음으로 밝은 빛이 있을 때 일정을 마치기로 했다. 오전 11시부터 지금까지 7시간 동안 한 번도 쉬지 않고 시속 6km로 걸었다. 아니, 날았다고 해야 하나? 마라톤 풀코스 거리를 7시간 만에 주파한 셈이다. 무주 톨게이트 부근에 숙소를 정할 요량으로 고속도로를 빠져나오니 오후 6시였다.

1일 60km 도보에
도전하려 했는데

여섯째 날 : 42km

무주 톨게이트
안성
덕유산 휴게소
장계

　　무주에서 함양까지는 대략 60km이지만 건설 중인 고속도로를 따라가면 근 55km 정도의 거리로 줄어든다. 문득 무모한 생각 하나가 나를 자극했다. 나의 1일 최고 도보 기록을 세워 보고 싶은 것이었다. 어제와 같은 속도로 걷는다면 충분히 가능할 것 같았다.

　　'나의 1일 최고 도보 기록을 세워 보자. 아니, 나의 걷기 한계에 도전해 보자. 나이 쉰의 사내가 하루 걸을 수 있는 한계 거리는 얼마나 될까? 아무렴, 200리(80km)는 걸을 수 있을 테지.'

　　그 무모한 계획은 계획으로만 끝이 났다. 무주 톨게이트에서 국도를 따라가다 미개통 고속도로로 접어들었는데, 이게 웬일인가? 어제와는 고속도로 사정이 완전히 달랐다. 무주 이남 구간의 공사 진척률은 30%도 채 안 되었다. 곳곳에 교각 공사만 진행되고 있었고, 덮개 공사는 어디에도 볼 수가 없었다. 1일 최고 기록 수립에 대한 도전은 시작도 하기 전에 물거품이 되어 버린 것이다. 오늘만 계획대로 되어 준다면 한반도 도보 종주 일정도 12일에서 8일로 단축할 수 있을 것이라고 생각했는데, 그것도 날아가 버렸다. 인생이 마음먹은 대로만 된다면 그것이 어디 인생이겠는가?

나이 쉰의 사내가 하루 걸을 수 있는 한계 거리는 얼마나 될까?

야심찬 계획이 수포로 돌아가니 발걸음도 힘이 없었다. 고속도로 공사 구간을 걷다가 여의치 않으면 국도를 따라 걷고, 국도가 여의치 않으면 또 고속도로를 걷기를 반복했다. 고속도로 공사장을 지날 땐 현장 인부들이 배낭을 메고 혼자 걸어가는 나를 아주 의아스럽게 바라보았다. 그들이 마음속으로 하는 말이 내게 들리는 듯했다.

"정신이 온전한 사람이 아니라면 도대체 뭐 하는 사람이기에 이 시간에 팔자 좋게 걷고 있는 거지? 위험한 공사장 길은 또 왜 걷는 거야?"

차라리 속 시원히 물어봤다면 나도 자랑스럽게 대답했을 것이다. 묻지도 않았는데 내가 먼저 국토 종주 도보를 하고 있노라 밝힐 수는 없지 않은가. 그래도 누군가 물어봐 주면 좋으련만 다들 멀뚱멀뚱 쳐다만 볼 뿐 아무런 말이 없었다.

장수군 경계를 통과할 무렵에는 대구에서 업무 관계로 나를 찾아온 손님이 있어 조금 일찍 장계에서 여장을 풀었다. 오랜만에 그들과 저녁을 같이하며 반주를 즐겼다.

완주의 성취감,
이보다 더 좋을 수는 없다

일곱째 날 : 50km

● 장계
●육십령 터널
● 함양
● 다곡
● 지곡
● 수동
● 생초

오늘은 전라도에서 경상도로 넘어가는 날이었다. 덕유산을 경계로 전라남도와 경상남도가 맞대고 있는데, 경상도를 가려면 육십령 고개를 넘어야 했다. 산세가 험준하고 가파른 고개라 옛날에는 산적들이 들끓었고, 장정 60명이 산기슭 마을에 모여야만 이 고개를 넘을 수 있다 하여 '육십령'이란 이름이 붙여졌단다.

시대가 달라졌다고는 하지만 과연 내가 이 험한 준령을 무사히, 또 안전하게 통과할 수 있을까? 그렇다면 묘책을 세워야지! 묘책은 다름 아닌 터널 이용이었다. 이곳 육십령 터널 공사는 대진 고속도로 공사 중 제일 어려운 곳 중 하나였는데, 거의 완공 단계에 이르렀다. 터널로만 간다면 반나절 정도를 앞당길 수 있으니 그야말로 묘책이 아닐 수 없었다. 다만 완공도 하지 않았는데 일반인 보행자를 통과시켜 줄지가 의문이었다.

상세 지도 덕분에 쉽게 터널 위치를 찾았다. 멀리서도 입구 두 개가 뚜렷이 보였다. 잰걸음으로 터널 입구에 도착해 컴컴한 터널을 눈대중으로 읽고 나서 공사 관계자를 찾았다.

"제가 지금 서울에서 삼천포까지 걷고 있는 중인데 이 터널을 통과하면 안 되겠습니까?"

처음엔 안 된다고 도리질을 하던 공사 책임자가 나의 비장(?)한 얼굴을 보았는지 어렵사리 승낙을 해 주었다. 머리를 잘 쓴 덕분에 발이 고생을 덜었다.

터널 입구로 들어서니 끝은 보이지 않고, 찬 기운만 동굴 안을 가득 메우고 있었다. 손전등으로 쌓여 있는 돌무더기와 공사 자재 더미를 비추어 가며 더듬더듬 40여 분을 걸었을까. 가느다란 빛줄기가 점차 밝은 빛으로 바뀌더니 어느새 밖으로 나올 수 있었다. 터널을 통과하자 나를 맞이한 것은 터널 길이 장장 3,170m임을 알리는 팻말이었다. 거대한 육십령 터널이었다.

육십령을 쉽게 넘고 나니 또 다른 장벽이 나를 가로막았다. 자동차로 서상에서 함양으로 가려면 오묘하게 생긴 지형 때문에 반드시 안의를 거쳐야 하는데, 안의를 거치려면 8km 정도는 돌아가야 했다. 차는 도로를 따라 다닐 수밖에 없지만 걸음으로는 아무 데나 내키는 대로 갈 수 있다. 며칠 걸으면서 느낀 것이지만 도로가 아닌 걸어 다닐 수 있는 지름길은 꼭 있었고, 이 지름길 찾는 재미가 적잖은 흥분과 성취감을 주었다. 바로 갈 수 있는 지름길을 찾아보자! 지도를 펴 놓고 보니 점선으로 이어진 산길이 있긴 한데, 초행길이라 자신이 없었다. 밭갈이하는 주민에게 물었더니 차는 다니지 못하지만 사람은 다닐 수 있는 산길이 있다고 알려 주었다.

시계를 보니 오후 4시. 혹시 산길을 걷다가 길을 잃으면 어쩌나 하는 두려움에 조금 망설여졌다. 나는 겁쟁이는 아니지만 산속 밤길은 무섭다.

그래도 8km를 단축할 수 있다는 생각에 두려움을 밀어내면서 소로를 따라 산길로 접어들었다. 육십령만큼이나 높고 긴 길이었다.

두어 시간 동안 산길을 헤매다가 겨우 큰길로 빠져나오니 막 해가 져서 어스레한 도로 위로 드문드문 자동차 불빛이 보였다. 무서운 산길을 통과한 덕분에 1시간 정도는 절약한 셈이었다. 그러니까 오늘 하루 원래대로 왔으면 60km 정도의 길을 걸었을 텐데, 두 번의 축지법을 사용하여 40km 정도로 끝을 냈다. 머리가 나쁘면 손발이 고생한다 했는데, 내 손발은 잘난 머리 덕분에 오늘 하루 호강한 것인지 아니면 그 잘난 머리 덕분에 수일 동안 생고생을 하고 있는지 모를 일이었다.

가까운 수동에서 둥지를 틀려고 하다가 숙소도 없고 또 거리를 단축했기에 조금 더 걸어 보기로 했다. 수동에서 약 4km를 더 걸어 함양과 산청의 경계 지점에 도착했다. 내일 다시 이 지점에서 출발하기로 하고 택시를 타고 함양 읍내로 이동했다.

친구의 응원 도보

다음 날 아침 산청군 생초면을 지나고 있는데 대구에 사는 친구 순모가 함양에서 택시를 타고 나를 쫓아왔다. 내가 한반도 도보 종주를 하게 되면 며칠간 응원해 주겠다고는 했지만 정말 찾아오리라고는 기대도 안 했다. 확실히 혼자보다는 둘이 나았다. 친구 순모가 옆에서 같이 걸어 주니

힘도 나고 속도도 빨라졌다.

함양을 지나니 가는 곳마다 나를 반기며 지친 나그네의 고단한 발걸음을 어루만져 주던 단풍의 자태는 온데간데없고, 진녹빛 성성한 소나무들만 산을 덮고 있었다. 남하하는 단풍의 속도보다 내가 더 빨리 내려왔기 때문일까? 아니다. 전라도와 경상도를 구분하는 육십령 터널을 기준으로 북쪽 산은 잡목인 활엽수로 뒤덮여 단풍의 운치가 그런대로 있었는데, 남쪽은 침엽수인 소나무만이 산을 덮어 단풍의 빛깔을 찾아볼 수가 없는 것이다.

가을비는 내리는데, 나와 친구는 우의도 없이 엄청난 속도로 진주를 향해 걸어갔다. 게다가 산청을 지날 무렵 삼천포 친구 종기와 범정이가 차를 타고 응원을 왔다. 이들의 차에 무거운 괴나리봇짐을 실어 버렸더니 날아갈 것같이 몸이 가벼웠다. 순모 또한 예상 외로 잘 걸어 주어 목적지인 진주에는 밤 10시에 도착할 수 있었다.

그러나 역시 초보자는 힘든가 보다. 순모는 숙

확실히 혼자보다는 둘이 나았다.

여덟째 날 : 52km

함양
생초
산청
단성
진주 시내

소에 들어가자마자 그대로 뻗더니 안마사를 불러 달라고 했다. 샤워를 하고 난 뒤 안마까지 받았는데도 피로가 풀리지 않는지 자면서 신음 소리를 냈다. 미안하면서도 고마웠다. 친구의 무모한 도전에 기꺼이 응원해 주고, 동참까지 해 주었으니 말이다.

도착 세리머니와 다이빙

아홉째 날 : 31km

진주 시내

사천

삼천포 해경 초소

　　　　드디어 한반도 도보 종주의 마지막 날이다. 처음에는 성공하리라 100% 확신하지 못했는데 이렇게 마지막 날이 오고야 말았다. 진주의 유명한 음식인 콩나물국밥 한 그릇으로 해장을 하고, 들뜬 발걸음으로 마지막 날을 시작했다. 거리는 이제 30km 남짓 남았다. 이 정도라면 눈을 감고도 가고 다리에 통증이 온다 한들 기어서라도 가리! 종점이 눈앞에 있다고 생각하니 저절로 힘이 솟았다.
　　사천을 지나 삼천포를 향해 내려오는데 날씨가 무척 맑았다. 서쪽 저 멀리 지리산 정상 천왕봉도 보였다. 어제 조금 무리했던지 순모가 뒤처지는 것 같아 사남면 면 소재지 가게 앞에서 막걸리 한 잔을 들이켰다. 용이 되어 승천하는 기분이었다. 천리길을 걸어 내려온 것이 믿기지가 않고, 지나온 8일이 까마득하게 느껴졌다.

천리길! 걸어서 9일!

삼천포 시내를 사뿐히 통과해 부둣가에 도착했을 때 갑자기 바다 속으로 뛰어들고 싶어졌다. 순모는 기분이 좋으면 예나 지금이나 옷을 입은 채 물에 뛰어들곤 했는데, 나도 그 기분이 되어 보고 싶었다. 서울에서 삼천포까지 하루도 빠지지 않고 용기를 주었던 친구 진권에게 도착 보고를 하고서 그대로 바다로 뛰어들었다.

바다 속에서 소리를 질렀다.

해냈다! 장하다!

그 순간 다른 어떤 말도 떠오르지 않고, 짜릿한 감동의 전율만이 온몸에 느껴졌다. 머리로만 생각하던 일을 행동으로 해냈다. 이 짧은 순간의 환희를 맛보려고 그렇게 고생을 했던가? 앞으로 못할 일이 없을 것 같았다. 이제부터는 새로운 것에 새로운 일에 계속 도전해 보자! 더 큰 도전을…….

도보 길섶에는
불붙은 단풍들이
미소 지으며 응원해 준다.

가도 끝이 없고
걸어도 끝이 없는 길에서
봇짐 하나 달랑 메고 걸음질만 해 댄다.

바랑 속에는
지나간 일생의 추억들이 채워져 있고
미래의 따스한 꿈들이 빈 공간에 매워져 있나 보다.

가슴속에는
손잡고 함께 걷는 연인이 있고
들길 산길 함께 걷는 길동무도 있나 보다.

그러기에 지나온 길 위에
외톨이의 서러움도 남겨 두고,
신체적 고통도 뒤로한 채 걷기만 한다.

남은 길이 멀고 험해도
삶의 의미 찾는 길손은 세상사 모두 잊고
천리 도보 길을 잡으러 끝없이 걸어서 간다.
펼쳐진 이 길 따라 저기에

길은 길로 이어졌는데

이어진 인생길 따라 내 인생 내 인생이 걸어서 간다.

걸음의 맥을 찾고 삶의 의미를 깨달을 때까지.

서울에서 삼천포(사천)까지 한반도 도보 종주 개요

1. **기간** : 2000년 10월 26일~ 2000년 11월 3일(9일간)
2. **구간** : 서울 송파 오금동에서 경남 삼천포까지
3. **코스** : 서울 → 성남 → 용인 → 진천 → 청주 → 대전 → 무주 → 함양 → 진주 → 삼천포
4. **거리** : 402km
5. **목표** : 전 구간을 1미터의 끊어짐도 없이 걸어서 12일 이내에 완보
6. **구간별 종주 현황**

날수	출발	도착	거리	소요 시간
1일차	서울 송파 오금동	안성 고삼	56km	15시간
2일차	안성 고삼	진천 읍내	40km	11시간 20분
3일차	진천 읍내	청원 I.C	42km	12시간 40분
4일차	청원 I.C	남대전 I.C	47km	10시간 30분
5일차	남대전 I.C	무주 톨게이트	42km	7시간 20분
6일차	무주 톨게이트	장계	42km	8시간 30분
7일차	장계	함양	50km	12시간 40분
8일차	함양	진주 시내	52km	12시간
9일차	진주 시내	삼천포	31km	6시간
계			402km	97시간

7. **특징적인 도보 내용**
   - 도보 총거리 : 402km
   - 도보 총시간 : 97시간(9일간)
   - 1일 최장 도보 시간 : 15시간(점심 및 휴식 1.5시간 포함)
   - 1일 최장 도보 거리 : 56km
   - 1일 최장 논스톱 도보 거리 : 42km(7시간)

Chapter 2
걷기의 치명적인 매력에 빠지다

이젠 정말 무엇이든 할 수 있을 것만 같았다. 무슨 일이 생기면 부정적으로만 바라봤던 과거의 습관에서 완전히 벗어났다. 천리길 도보를 9일 만에 완주했다는 자부심은 나를 새로운 사람으로 바꿔 놓았다. 성취감이 자신감으로 변한 것이다.
충만한 자신감에 어디론가 또 떠나고 싶어졌다. 발바닥이 근질거려 참을 수가 없었다.

걷기는
인생이다

 과거에 급제해 금의환향하는 선비의 기분이 이럴까? 올림픽에서 좋은 성적을 거두고 인천공항에 입국하는 선수의 기분이 이럴까? 아무튼 나는 그 비슷한 감정의 상태로 집으로 들어섰다. 떠날 때 우려 반 비웃음 반으로 내 기를 꺾으려 했던 집사람은 애써 시큰둥하게 대하려 했지만 내심 '장한 우리 남편!' 이라는 기색이 역력했다.
 그러나 고2, 중2인 아들놈들은 거의 열광의 도가니였다.
 "아빠, 정말 멋져요. 어떻게 그 길을 걸었어요?"
 "우리 아빠는 하면 한다는 분이에요!"
 아이들이 청소년기에 접어든 이후 거의 처음 들어 보다시피 한 아빠에 대한 길고도 열렬한 찬사였다. 이럴 때 멋진 아빠로 보이려면 짧고 굵게 답하는 게 최상이다. 나는 어깨를 약간 으쓱하고는 "쌩유" 하고 미소를 날렸다. 아이들의 칭찬 한 방으로 집 떠나 고생하며 쌓인 피로는 말끔하게 가시는 기분이었다.
 9일 동안의 꿈같던 도보는 그렇게 막을 내렸다. 무릎관절이나 발목에 혹시 이상이 있지 않을까 하고 염려했지만 다행히도 그런 일은 일어나지 않았다.
 그러나 완주 이후 한동안 부풀어 오르는 감정을 억누를 수가 없었다. 그것은 아무나 경험할 수 있는 일이 아니었기에 내가 느끼는 감동은 그만큼 더 절절한 것 같았다.

젊은 세대들은 국토 순례, 국토 대장정 등의 이름으로 한반도를 종주하며 인내를 배우고 완주의 성취감을 느낄 테지만, 오십 대가 한반도 도보 종주를 했거나 시도했다는 이야기조차 들어 본 적이 없었기 때문이다. 쉰의 나이에 천리길을 걸어서 종주했다는 그 자체가 무척이나 대견스러웠고, 완주의 쾌감을 맛보았다는 것이 자랑스러웠다.

사무실에 앉아 일을 보다가도 문득문득 도보 여행의 기억들이 떠오를 때면 감격스러워 일이 제대로 손에 잡히지 않았다. 신탄진 전매청 앞에서 단풍으로 물든 가로수를 보며 생각하고 다짐했던 기억들, 또 진천 고개에서 토끼 머리 같은 뭉게구름이 사방으로 흩어져 풍비박산되어 버리던 그 순간, 고추잠자리가 조그마한 가방끈 위에 잠시 앉았다 날아가는 풍경을 보고 어린 시절 고향 생각이 나서 울컥했던 그 순간들이 자꾸만 내 마음을 안절부절못하게 했다.

천리길 도보 이후 감정의 변화는 이뿐이 아니다. 오십 대 나이에서는 누구도 해보지 않은 일을 해냈다는 뿌듯한 감정에 사로잡혀, 자신감이 하늘을 찌르고도 남았다. 이젠 정말 무엇이든 할 수 있을 것만 같았다. 무슨 일이 생기면 부정적으로만 바라봤던 과거의 습관에서 완전히 벗어났다. 천리길 도보를 9일 만에 완주했다는 자부심은 나를 새로운 사람으로 바꿔 놓았다. 성취감이 자신감으로 변한 것이다.

충만한 자신감에 어디론가 또 떠나고 싶어졌다. 발바닥이 근질거려 참을 수가 없었다.

다시
길 위에 서다

그러던 어느 날 눈이 번쩍 뜨이는 신문 기사를 읽게 되었다. 외국인 도보 종주가가 일곱 번째 도보 종주를 마쳤다는 기사였다. 헐, 외국인이 우리나라를 일곱 번이나 걸었다고? 나는 당장 기사를 쓴 조선일보 기자에게 메일을 보내 그 외국인의 연락처를 알려 달라고 부탁했다. 처음부터 시큰둥했던 기자는 내가 계속 조르자 그로부터 2개월 지난 10월 말경 마지못해 미국인 론의 전화번호를 메일로 보내 주었다.

막상 론에게 전화를 하려니 영어로 의사소통을 해야 하는 부담감이 밀려왔다. 그래도 내가 누군가? 천리길을 걸었지 않은가. 대책 없는 자신감은 이럴 때 딱 좋은 무기이다. 평소 혼자 갈고닦은 회화 실력을 테스트하는 좋은 기회라 생각하면서 다짜고짜 론에게 전화를 걸어 메일 주소를 확보했다. 그러고는 메일에 '나도 도보 종주를 1차 마친 사람이다. 도보 종주에 관해 이야기를 나누고 싶다.'는 내용을 써서 메일 보내기 버튼을 눌렀다.

내 병은 언제라도
기회만 되면
발병이 예견되어 있다.

금방 다음과 같이 회신이 왔다.

Re: I want to talk with you about the trekking.

Hello Mr. Park. I am currently trekking from Mokpo — Seoul. This is my eight cross-country trek for children and I am enjoying this one as well. If you would like to join for a few days you are welcomed to. Now I am in Sunchang and will be in Junju on Friday. Then head up to Taejon towards Seoul. All you need is a sleeping bag as I am carrying a large tent which fits two persons easily.

Talk to you soon.

자기는 목포를 혼자 출발하여 순창까지 왔으며 25일 전주에 이르게 되니, 동행 의사가 있으면 모든 것을 생략하고 침낭만 준비해서 오면 된다는 내용이었다.

10월 25일, 내가 갑자기 침낭을 구입한다고 부산을 떨어 대자 집사람은 다시금 1년 전처럼 침묵 모드로 돌입했다. 그도 그럴 것이 이번에는 생판 모르는 외국인과 동행을 한다니 간에 바람이 들어도 단단히 들었다고 생각한 것이다. 나 역시 인정할 수밖에 없었다. 내 병은 언제라도 기회만 되면 발병이 예견되어 있던, 아니 발작 수준에 가까웠으니까. 얼굴도 모르는 외국인, 그것도 그가 보낸 짧은 메일 하나로 몇 날 며칠을 함께하기로 결심했으니까 말이다.

재고 따질 사이도 없이, 집사람을 설득할 시간 여유도 없이 그와 만나려면 당장 떠나야 했다. 이것저것 주섬주섬 배낭에 담고 론의 전화번호를 챙겨 10월 26일 무작정 전주행 고속버스에 몸을 실었는데 공교롭게도 이날은 내가 첫 도보 여행을 떠난 지 꼭 1년이 되는 날이었다.

I want to talk with you
about the trekking.

미국인과의 첫 대면과
도보 종주

약속대로 론과 나는 오후 2시 전주 시청 앞에서 만났다. 생각해 보니 외국인과 단둘이서 이렇게 얼굴을 맞대어 보기는 난생처음이었다. 이런 두렵고 난처한 일이! 그러나 오늘 같은 날이 오기를 내심 바라기도 했었다. 왜냐하면 영어와 담 쌓고 지내오다가 7년 전 동업자들과 함께 뉴질랜드로 관광을 갔었는데, 그때 영어 공부의 필요성을 느끼고 틈틈이 공부를 했기 때문이다.

론에게서 이번 도보 여행의 코스에 대한 개략적인 이야기도 듣고 앞으로 어떻게 하겠다는 계획도 들었다. 또 내가 참여하게 된 이유도 말해 주었다. 그러다 보니 차츰 대화가 통하는 듯하고 두려움이나 긴장도 풀려 갔다. 물론 내가 영어로 유창하게 말해서가 아니라 론이 한국에 오래 살았기에 콩글리쉬를 더 잘 알아듣기 때문이기도 했다. 우리는 곧 친해져서 농담도 주거니 받거니 하면서 오랜 친구처럼 서로 적응해 갔다.

그러나 한 가지, 내가 풀지 못한 의문이 있었다. 론에게 물어보기도 거북한 문제! 그건 바로 잠자리 문제였다. 당장 오늘 밤에는 여관에서 자야 하는데 방을 두 개 잡아야 하나, 한 개 잡아야 하나? 동양인과 서양인이 함께 잠을 자는 것을 한 번도 상상해 보지 않았기에 저녁이 될수록 나는 점점 더 곤혹스러웠다.

그런데 한 3km쯤 걸어 둘이 약속한 지점의 여관 가까이 왔을 때 론이

해질 대로 해지고 꿰매고
덧댄 더기 역력한 배낭은
론의 도보 행적을 말해 주었다.

이 문제를 단방에 해결해 주었다. 방 하나를 잡고 오늘은 자기가 계산할 테니 내일은 나더러 계산하란다. 철저한 더치페이. 그러거나 말았거나 나는 이내 발걸음이 홀가분해져서 '오케이'를 연발했다.

이번 도보는 애초에 내가 계획을 세운 것이 아니라 합류한 것이었기에 도보 여행에 관한 모든 결정은 론에게 다 맡겼다. 하다못해 자그마한 지도 한 장도 내 손에 없었으니 론이 하는 대로 따를 수밖에 없었다. 어쩌면 그게 끼어든 자의 예의일지 모른다. 사실 내가 한반도 종주를 실행했을 때는 꽤 많은 준비물들이 있었다. 5만 분의 1 군사용 지도 수십 장과 야간 도보를 위해 야광 안전벨트, 랜턴, 심지어는 비상식품까지 준비했다.

그런데 론은 그 모든 것을 생략하란다. 그래도 텐트 안에 켜 두어야 할 가스등 하나만이라도 준비하려는데 이마저도 필요 없다고 했다. 주변의 어스레한 불빛만으로도 충분한데 왜 돈을 낭비하느냐 하고 되묻는데 내가 부끄러웠다. 이런 것들이 한국의 허세와 이들의 실용주의의 차이일까?

이뿐만이 아니었다. 요기를 하려고 식당에 들어가거나 음료수를 사려고 가게에 들어갈 때 으레 그는 그 큰 배낭을 문밖 길가에다 팽개치고 들어갔다. 그래도 난 누군가 손을 대거나 없어질까 불안해 가게 안으로 끌고 들어가면 "Nobody wants my back. It's so ugly. Nobody wants my back." 하기야 배낭을 오래 쓰기도 했다. 해질 대로 해지고 꿰매고 덧댄 티가 역력한 배낭은 론의 도보 행적을 말해 주고 있을 뿐 아니라 론의 몸에 밴 습관적인 절약 정신까지 보여 주었다.

론은 한국의 국토 종단을 여덟 번이나 한 친구였다. 태백에서 목포, 부산에서 서울, 목포에서 서울 등 한반도를 종횡무진 다녔다. 그는 고아들을 돕기 위하여 도보 종주를 한다고 했다. 처음에는 무슨 말인지 이해가 되지 않았다. 혼자 다니는 주제에, 그것도 고아 돕기 팻말 하나 플래카드 하나 들지도 않고, 무슨 고아 돕기냐고 생각했는데 차츰 이야기를 나누다 보니 이해가 갔다.

론의 도보 종주 목적은 이러했다. 자신이 이렇게 여러 번 힘들게 도보를 하면 언론이 자기에게 관심을 가질 것이며, 이때 언론이 고아들에게 관심을 가지도록 유도하고, 힘 있는 언론들이 고아들을 위해 앞장서도록 유도하겠다는 생각이었다.

며칠 동안 론을 따라 걸어 보니 내가 걷는 방식과 그가 걷는 방식이 완전히 달랐다. 론은 하루 겨우 20~30km를 걸을 뿐이었다. 또 야간에는 위험하다고 아예 걸을 생각을 하지 않았다. 그리고 중간중간 잘도 쉬었다. 그런데 나는 쉬는 게 짜증스러웠다. 속도가 좀 붙는가 생각하면 쉬고, 땀이 몸에 배는가 하면 쉬었다. 그래도 내가 주관한 도보 여행이 아닌 만큼 론에게 보조를 맞출 수밖에 없었다.

하루에 걷는 거리가 짧으니까 아무래도 난 지루하게 느껴졌다. 하루 걷는 도보 거리를 늘려 볼 요량으로 론에게 지난 도보 종주 때 60km를 걸었다고 말해 주었더니 그의 대답이 걸작이었다. "You was a crazy man hiker!" 아, 그래, 내가 미친 놈이여!

아무튼 전주에서 서울까지 9일 만에 무사히 걸어왔다. 저녁 먹을 때는 으레 술을 곁들였고, 술에 얼근히 취해 희희낙락거리다가 숙소로 돌아와 지친 몸을 눕히면 세상 가는 줄도 모르고 잠들었다. 하루도 빠지지 않고 저녁이면 술을 마셔서 그런지 론은 이번 여행을 'Beer hiking'이었다고 느낀 소감을 말해 주었다. 내가 술을 좋아했기 때문에 이런 말을 하는가 싶어 미안스러운 생각도 들었다.

그리고 못내 아쉬운 것이 있었다. 론은 당초 도보로 세계 일주를 하겠다는 야망을 갖고 있었는데, 그 계획을 취소해 버린 것이다. 미국의 9·11 사건 때문이라고 했다. 론이 미 대륙을 횡단할 때 나도 동참하겠다는 의사 타진을 해 보려고 이번 도보에 참여했는데, 그만 원점이 되어 버렸다. 그렇지만 론과의 만남은 이후에도 계속 이어졌고, 지금까지 그 관계를 유지하고 있으니 도보 여행이 가져다준 귀한 인연이라고 생각하고 있다.

전주에서 서울까지 도보 개요

1. 기간 : 2001년 10월 26일~11월 4일(10일간)
2. 구간 : 전주에서 서울
3. 코스 : 전주 → 봉동 → 대전 → 청주 → 진천 → 광혜원 → 곤지암 → 서울
4. 거리 : 252km
5. 인원 : 2명
6. 구간별 종주 현황

날수	출발	도착	거리
1일차	전주 시청	전주역 외곽	3km
2일차	전주역 외곽	완주 경천면	30km
3일차	완주 경천면	금산 진산면	32km
4일차	금산 진산면	대전 유성구	26km
5일차	대전 유성구	청원 외천	25km
6일차	청원 외천	진천 문백	32km
7일차	진천 문백	음성 광혜원	29km
8일차	음성 광혜원	용인 백암	22km
9일차	용인 백암	광주 곤지암	25km
10일차	광주 곤지암	서울 장지동	26km
계			252km

걷기의 좋은 점

1. 시간과 장소, 돈에 구애받지 않고 자유롭게 할 수 있는 운동이다.
2. 심장병, 고혈압 등 성인병 예방에 좋다.
3. 당뇨, 췌장암, 대장암, 유방암 등의 발병 위험을 낮출 수 있다.
4. 어깨 결림, 두통, 요통 등에도 효과가 뛰어나 편안한 숙면을 취할 수 있다.
5. 정력이 좋아지고, 성욕, 성기능, 만족도가 높아진다.
6. 좋은 콜레스테롤을 증가시켜 주고, 나쁜 콜레스테롤을 줄여 준다.
7. 다리와 허리 근육을 강화시킬 수 있다.
8. 무기력해지지 않고, 자신감이 생긴다.
9. 산소 섭취량이 늘고, 체내 에너지 활용이 높아진다.
10. 신체 나이를 낮출 수 있다.
11. 건강하게 오래 살 수 있다.
12. 비만을 줄일 수 있고, 다이어트 효과가 뛰어나다.
13. 현대인의 가장 큰 병인 스트레스, 우울증 치료에 도움을 준다.
14. 다른 운동에 비해 위험 부담이 적다.
15. 삶의 질을 높일 수 있다.
16. 과식, 과음 등 불규칙한 식습관을 고칠 수 있다.

일본 열도를 걷다

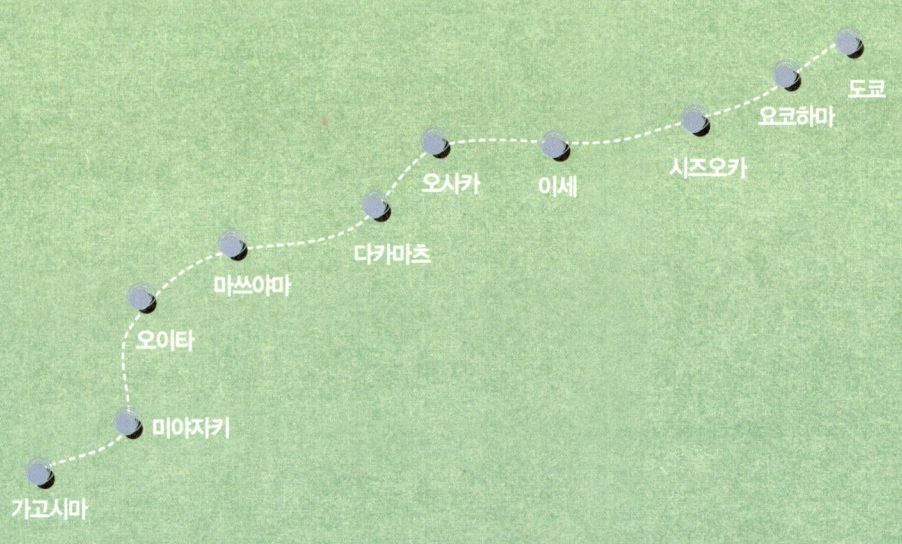

일본의 땅끝
가고시마에서 도쿄까지

앞서 이야기했듯이 미국인 여행가 론과 함께 미 대륙을 도보로 횡단해 보겠다는 야심찬 계획은 수포로 돌아갔지만 가슴에 품었던 미 대륙 횡단 도보라는 꿈이 일시에 사그라지지는 않았다. 사그라지기는커녕 미국 아니라 다른 코스라도 만들어 해외 원정 도보를 떠나고파 몸살이 날 지경이었다. 그러다 생각해 낸 것이 일본이었다. 넓은 미국 땅은 자신이 없었지만 가까운 일본이라면 가능하지 않을까 싶었다. 쇠뿔도 단김에 빼랬다고, '일본을 걸어 보자'는 생각에 미치자 하루라도 빨리 실행에 옮기고 싶어 몸이 배배 꼬였다.

자꾸 앞서가는 마음을 꾹꾹 눌러 앉히며 나는 일본 지도를 구해 틈나는 대로 들여다보았다. 일어의 '일' 자도 모르는 나로서는 허무맹랑한 꿈이었지만 간절히 원하면 이루어진다고, 어느 날부터 지도 사이로 내가 걸어가야 할 길이 조금씩 모습을 드러내기 시작했다. 마음의 눈이 지도에 길을 내고 있었던 것이다.

내가 마음으로 그린 코스는 시간이 얼마가 소요되든 일본의 남쪽 땅끝 가고시마에서 북쪽 땅끝 삿포로까지 2,400km의 구간을 완주해 보는 것이었다. 하지만 못해도 두어 달은 잡아야 하는 코스를 생업을 제쳐 두고 한꺼번에 완주한다는 것이 무리였으므로 1, 2차로 나누어 일본 열도를 완주하겠다는 계획을 세우고 우선 1차 코스를 설계했다.

그 코스가 가고시마에서 출발해 오이타로 가서 페리를 타고 시코쿠 마쓰야마로 이동한 뒤 다카마츠까지 걷고, 다시 페리를 타고 혼슈 땅인 오사카로 가서 시즈오카를 거쳐 도쿄로 향하는 1,200km 구간이었다.

아무래도 봄날이 걷기에는 좋겠다 싶어서 해외 원정 도보 시기를 4월로 잡았다. 일단 시기와 코스가 정해지자 준비할 것은 별로 없었다. 그동안 몇 차례의 도보 여행을 통해 무엇이 필요하고, 불필요한지는 숙지되어 있었고, 그 준비물이 해외라고 해서 특별할 것 같지는 않았다. 언어가 문제이기는 해도 영어라면 꽤 자신이 있었고, 영어로 하다 안 되면 회화 사전을 들이밀지 뭐, 하는 무대뽀 근성도 발동했다.

간절한 원함과 몇 번의 도보 경험에서 얻은 자신감, 그리고 약간의 배짱으로 나는 기어이 가고시마행 비행기 티켓을 발권하고야 말았다.

어느 날부터 지도 사이로 내가 걸어가야 할 길이 조금씩 모습을 드러내기 시작했다.

나의 첫
해외 원정 도보

규슈 : 280km

가고시마
미야자키
오이타

　　　　인천공항 대합실에 마련된 흡연 구역 간이의자에 앉아 가고시마행 비행기 탑승을 기다리는 동안 갖가지 상상들이 뇌리를 스치고 지나갔다. 정말 내가 잘 해낼 수 있을지, 언어도 제대로 안 통하는데 20여 일이나 버틸 수 있을지, 국제 미아가 되는 건 아닌지 등등. 하지만 이제 주사위는 던져졌다. 일본에서 중도 하차를 하더라도 지금은 비행기에 오르는 수밖에 없었다. 다시 한 번 마음을 가다듬는 뜻에서 나는 담배 한 개비에 불을 붙여 한 모금 크게 빨아들였다. 그러고는 연기를 힘차게 내품고는 재떨이에 꽁초를 짓이기면서 반쯤 남은 담뱃갑을 쓰레기통에 처박았다.

　　'굿바이, 담배!'

　　이번에는 작심삼일로 끝낼 게 아니라 일본 도보 중에 정말로 담배를 끊겠다고 단단히 마음먹었다. 지난 첫 도보 여행 때도 이런 시도를 했지만, 이틀을 견디지 못하고 담배를 빼물었다. 금연을 결심하고 작심삼일한 게 어디 그때뿐이었으랴마는 이번에는 좀 달라야 했다. 왜냐하면 앞으로 피울 담배 비용을 여행 경비로 책정했기 때문이다. 그러니 그 어떤 때보다도 금연의 결기를 높이 세워야 했다.

'결심만 잘하는 박용원, 이번에는 진짜 본때를 보여 주는 거야! 담배를 못 끊으면 한국에 다시 돌아오지 말자!'

비행기 트랩을 밟으며 내가 스스로에게 한 약속은 '도보 완주'가 아니라 엉뚱하게도 '금연 달성'이었다. 아직 가시권에 들어와 있지 않은 도보보다는 금연 목표가 더 구체적으로 다가왔을 터였다. 이렇게 나는 일본 열도 도보 종주를 위한 첫걸음을 뗐다.

제주도보다 위도상으로 한참 아래인 가고시마 공항에는 4월의 싱그럽고 따스한 봄볕이 흐르고 있었지만 일본어로 말 한마디 못 하는 초짜배기 길손에겐 모든 것이 쌀쌀하고 삭막하게만 느껴졌다. 혼자 한국말로 뭐라고 떠들 수도 없고, 나는 입을 꾹 다문 채 공항 대합실을 빠져나왔다. 가위 눌린 듯 가슴이 답답했다.

대합실을 빠져나와 버스를 타고 남쪽으로 1시간쯤 달려와 가고시마 수족관이 있는 바닷가에 홀로 섰다. 일본 열도 도보 종주의 출발지로 삼은 가고시마는 일본 국토를 구성하고 있는 4대 섬 중 제일 남쪽에 위치한 규슈 섬의 최남단 도시로, 정확하게 도쿄 남서쪽으로 약 1,200km 떨어진 지점에 위치하고 있다. 그러니까 여기가 일본의 땅끝 마을, 우리나라로 치면 토말이란 비석이 세워져 있는 전남 해남쯤 되는 곳이었다.

가고시마에는 토말이라는 비석 대신에 수족관이 자리 잡고 있었다. 그 앞에서 출발 기념 사진을 한 장 찍고 지도 위의 길을 따라, 미지의 길을 따라, 혼자 겁 없이 일본 열도 도보 종주의 첫발을 내디뎠다. 모든 것이 생경하고, 심지어 바람과 공기조차도 이질적이었다. 갑자기 내가 두고 온 가

지도 위의 길을 따라
겁 없이 일본 열도 도보 종주의
첫발을 내디뎠다.

족과 서울의 하늘, 바람, 소음까지도 사무치게 그리웠다.

　가고시마 시가지를 빠져나와 해안 도로를 따라 고쿠분 시로 향했다. 도로 오른쪽 저만치에 사쿠라시마 섬이 자리 잡고 있고, 섬과 육지 사이로 돌고래 떼들이 헤엄치고 있었다. 이 광경은 어릴 적 내가 자랐던 고향 바닷가의 풍경과 비슷해서 이국땅을 걷고 있다는 사실을 잠시나마 잊게 해 주었다. 뿐만 아니라 산기슭 주변의 초목들이 우리나라와 거의 비슷했다.
　가고시마에서 북쪽으로 5시간가량 걸었더니 고쿠분 시 초입이라는 이정표가 눈앞에 보였다. 서서히 해가 지고 있었다. 날이 저무니 잠자리에 대한 불안이 밀려왔다. 어서 거처를 정해야 마음이 놓일 텐데 국도변을 따라 도심으로 들어왔건만 주택가만 즐비할 뿐 상가들이 있을 법한 시가지는 좀처럼 나타나지 않았다.
　어둠이 빠른 속도로 국도변에 내려앉았다. 그나마 보안등 불빛이 어둠을 밝히고 있어 걷는 데 삭막하지는 않았지만 거처를 정하지 못했으므로 불안하기 짝이 없었다. 비상시를 대비해 텐트와 슬리핑백을 준비했지만 일본에서의 첫날 밤을 그렇게 보내고 싶지는 않았다.
　밤 9시가 넘어서 가까스로 온천 표시가 있는 여관 간판 하나를 발견했다. 일단 문을 열고 들어가서 카운터 앞에 섰다. 걷는 동안에 나름대로 공부한 일본어 실력을 써 먹을 참이었다.
　"도마루 헤야 히도츠 에라레마스카?"(묵을 방 하나 있습니까?)
　나의 물음에 여관 주인이 뭐라고 중얼거렸지만 도무지 알아들을 수가 없었다. 그가 나를 쳐다보고 고개를 갸우뚱거렸다.
　"와타시와 강코쿠징! 캔 유 스피크 잉글리쉬?"
　그제야 상대가 한국인이란 것을 눈치챈 주인이 따라오라고 손짓하면서 이층으로 올라갔다. 2층 홀에는 3단 정도로 된 칸막이가 놓여 있고, 그 속에는 침대용 매트와 이불이 있었다. 또 너댓 명이 잠자고 있는 것으로 보아 단번에 벌통 여관 같다는 느낌이 들었다. 주인이 여기에서 자겠느냐고 빈 칸막이 하나를 가리켰지만 나는 고개를 저었다.

일본에 이런 숙소도 있다니! 언젠가 텔레비전에서 이런 식의 값싼 숙소를 본 기억이 어렴풋이 떠올랐다. 아마도 그의 눈에는 바랑을 짊어진 내가 거지나 밀항자쯤으로 보인 모양이었다.

나의 의도를 눈치챈 그가 다시 따라오라는 손짓을 했다. 그러고는 자그마한 침대가 놓인 독방 하나를 보여 주었다. 방값을 물어보기 위해 메모지 하나를 내밀었더니 '4,500円'이라고 적어 주었다. 우리나라 돈으로 환산하면 4만 5천 원이었다. 비싸고 싸고를 따질 처지가 아니었다. 일본 도보여행 첫날 밤을 길에서 보내지 않고, 온천이 있는 여관방에서 잘 수 있다는 것만으로 감지덕지였다. 말도 통하지 않는 이국땅에서 누구의 도움도 받지 않고, 혼자 여관을 찾아 잠자리를 마련한 것이 뿌듯했다. '이 정도면 대성공이야! 장하다!' 나는 내 스스로를 칭찬하며 첫날을 마무리했다.

중도 포기의
좌절 속으로

배낭 속에 들어 있는 비상식량인 미숫가루로 아침 요기를 하고, 봄비가 제법 거칠게 내리고 있는 여관 밖으로 나섰다. 빗속을 걸으려니 아무래

도 걱정스러웠다. 게다가 간밤에 잠자리를 찾는다고 헤맨 탓인지 내가 지금 어느 지점에 있는지 정확한 위치 파악이 안 되었다. 현 위치를 모르니 지도가 있어도 무용지물이었다.

빗속을 걸으면서 투명 비닐에 감싼 지도를 아무리 들여다보아도 뾰족한 수가 없어 허둥대기만 했다. 거리에는 지나다니는 사람도 없어 물어볼 데도 없고, 설상가상으로 내가 지닌 지도는 고쿠분 시의 도로를 파악할 정도의 상세 지도도 아니었다.

한참을 헤매다가 이정표를 보고 겨우 방향을 찾았다. 방향을 찾았다는 안도감에 쉼 없이 두어 시간을 걸었는데, 국도는 어느새 자동차 전용도로로 바뀌어 있고, 엉뚱한 도시의 이정표가 눈앞에 나타났다. 자동차 전용도로는 사람의 통행이 허용되지 않은 곳이라 얼른 방향을 바꾸었다. 그렇게 방향을 바꿔 다시 1시간을 넘게 걸었는데도 여전히 현재 위치는 오리무중, 어디서부터 길을 잃었는지도 모를 난감한 상황에 처해 버렸다. 할 수 없이 왔던 길을 되짚어 올라갔다. 처량한 내 모습을 하늘도 아는지 짓궂은 봄비가 하염없이 내리면서 갈 길을 가로막았다.

사람 그림자도 얼씬하지 않는 도로변에 주택들만 끝없이 이어져 있어 을씨년스러웠다. 가까스로 문이 열려 있는 작은 공작소가 보였다. 그곳에서 일을 하고 있는 젊은이에게 불문곡직하고 회화 책에 있는 간단한 일본말로 길을 물으며 지도를 내밀었다.

그가 내 얼굴을 힐끗 한번 쳐다보고 지도를 한참 동안 바라보더니 뭐라고 중얼거리는데 도무지 알아들을 수가 없었다. 말을 하는 것은 책을 보면 되지만 역시 듣는 것이 문제였다. 손으로 내 귀를 가리키며 알아듣지 못한다는 시늉을 했더니, 그도 고개를 절레절레 흔들며 모르겠다는 시늉을 했다.

"젊은 놈이 지도 하나 볼 줄도 모르고, 빌어먹을!"

마음속으로였지만 대체 그 젊은이가 무슨 죄가 있다고 막말인지!

어찌 됐건 결론은 내 힘으로 이정표를 찾아야 한다는 것이었다. 그 집을 나와 정처 없이, 하지만 눈에 불을 켜고 사방을 다 훑었다. 그러기를 두어 시간, 그제야 고쿠분 역 이정표가 나타났다.

'정신일도 하사불성(집중하면 안 되는 일이 없다)'을 중얼거리며 역을 기준점으로 삼아 미야자키 시로 향했다. 그런데 오후 늦게 또 문제가 생겼다. 어제 거처를 찾느라 무리하게 걸은 탓도 있고, 오늘 하루 종일 빗속을 걸은 탓에 신발이 젖어 발바닥에 물집이 잡혔는데 걸을 때마다 여간 아픈 게 아니었다. 산 넘어 산이라고 판초 속으로 스며든 빗물이 속옷까지 적셔 버려 온몸이 덜덜 떨렸다. 아침 요기를 미숫가루로 간단히 한 데다 점심마저 걸렀으니 배고픔에다 오한까지 겹친 것이었다. 처량하기 이를 데 없는 신세였다.

허기와 고통은 어찌어찌 참을 수 있겠는데, 말은 안 통하지, 비는 퍼붓지, 사람이라고는 눈을 씻고 봐도 없는 유령 도시 같은 곳에서 길을 잃고 헤매다 보니, 두려움의 정도를 넘어 생명의 위협까지 느껴졌다.

'낯선 이국땅을 걸어서 여행하는 것이 이렇게 힘들 줄이야!'

어제만 해도 충만했던 나의 자신감은 고독과 공포감에 밀려 그 빛을 점점 잃어 가고 있었다. 하지만 이대로 주저앉을 수는 없었다. 내가 주저앉는다고 이곳 규슈 지방에서 나를 도와줄 사람은 아무도 없었다. 순간, 아내의 얼굴이 떠올랐다. 두 아들놈도 눈앞에 아른거렸다. 하지만 몸이 따라 주지 않으니 또 나약한 생각이 들었다.

'미친 짓 말고 포기하자! 이런다고 누가 돈을 주나, 상을 주나! 그냥 객기 한번 부려 본 셈 치면 되지. 되돌릴 수 있을 때 포기하는 건 현명한 거

낯선 이국땅을 걸어서
여행하는 것이 이렇게 힘들 줄이야!

라고. 내 몸이 어디 내 것만이던가? 가족들에게는 귀하신 몸인데 옥체를 고이 보전해야지!'

　그동안 도보 여행 경험을 충분히 쌓았고, 체력도 웬만큼 길렀다고 자부했는데, 이렇게 급격히 체력이 떨어질 줄은 몰랐다. 어쩌면 낯선 이국땅에서 느끼는 고독과 두려움 때문에 체력이 급격하게 떨어졌는지도 모른다. 그러거나 말거나 어쨌든 지금은 이 여행을 포기해야만 할 것 같았다.

　내 성격상 이 정도의 어려움 때문에 포기하겠다는 생각까지 든 것이 참 이상했다. 오랫동안 꿈꾸어 왔던 이번 여행을 왜 포기하려는지 다시 한번 생각해 보았다. 문제는 자신감 때문인 것 같았다. 처음 도보 여행을 시작하고자 했을 때와 지금을 비교하면 자신감에서 현저히 차이가 났다. 몸 컨디션이 나쁘니 자신감이 쪼그라드는 것은 당연했다. 호수에 빠진 생쥐처럼 온몸이 젖어 있는 지금은 최악이었다. 재빠르게 생각을 정리하면서, 한편으로는 엄청나게 안타까워하면서 고쿠분 시 외곽의 작은 기차역으로 발길을 옮겼다. 기차를 타고 동쪽으로 50km 떨어진 미야자키로 갈 생각이었다.

　도보를 포기하고 기차역으로 향할 때도 그랬고, 대합실에 앉아 미야자키행 기차를 기다릴 때도 내 마음은 도보 포기와 도보 강행이라는 팽팽한 평행선 사이에서 오락가락했다. 기차를 타고 미야자키로 가는 도중에도 도보를 중도에 포기한 내 마음을 포기하려고 자신을 달래 보기도 했다.

　컨디션이 허락해 주지 않는 것인지, 한번 내린 결정이라 내 자존심이 번복을 허락하지 않는 것인지 생각은 계속 '도보 포기' 쪽으로 가고 있었다. 그러면서도 미련이 남는지 미야자키 역에 도착하여 도쿄로 향하는 신칸센을 갈아타려고 대합실에 쪼그리고 앉아서도 계속 갈등을 했다. 도쿄행 신칸센을 타 버리면 이번 도보 여행은 끝이었다.

　이제는 정말 최후의 선택을 해야 했다. 한국에서 꿈꾸어 온 일본 열도

도보 종주를 이틀 만에 접는다는 것은 말도 안 되는 일이었다. 좀 더 생각할 시간이 필요했다. 그리고 컨디션이 좀 좋아진다면 다시 시작할 수도 있을 것 같았다. 그러기를 수차례, 결국 마음을 바꾸어 내 자신과 타협점을 찾았다.

'그래, 이곳 미야자키에서 자고 내일 다시 생각해 보자. 편안한 곳에서 푹 자고 일어나면 분명 몸 컨디션이 좋아질 것이다. 그때 가서 결정해도 늦지 않다!

마음을 고쳐먹고
다시 도전하다

미야자키 역 주변의 비즈니스 호텔 방에서 깨어나 보니 시계가 아침 9시 반을 가리키고 있었다. 어젯밤 11시쯤 잠자리에 들었으니 충분히 쉬었고, 그래서인지 몸이 많이 풀어진 듯했다.

어제 예상한 것처럼 몸이 회복되니 마음이 바뀌었다. 다시 시작하기로 한 것이다. 마음을 고쳐먹으니 합리적인 생각들이 저절로 나왔다. 어젯밤 기차를 타고 일부 거리를 이동한 것에 대한 생각이었다. 그것은 고도 차이 없이 동쪽으로 수평 이동한 것이기 때문에 종주에는 문제가 되지 않았다. 원래는 가고시마의 서쪽 반도가 아닌 동쪽 반도 끝에서 출발하려 했다. 그런데 가고시마 공항이 서쪽 반도에 있었기 때문에 편의상 그쪽을 출발점으로 잡은 것뿐이었다. 그러니까 어제 기차를 타고 횡단 이동한 것은 규슈

다시 시작한다는 생각에 신이 났다.
숙소에서 배낭 속에 넣어 온 라면을 끓여
아침을 대신하고 괴나리봇짐을 다시 둘러멨다.

종단 도보에 영향을 미칠 정도의 반칙은 아니었다.

다시 시작한다는 생각에 신이 났다. 숙소에서 배낭 속에 넣어 온 라면을 끓여 아침을 대신하고 괴나리봇짐을 다시 둘러멨다. 어젯밤 이곳을 찾아 들어올 때까지 하염없이 내리던 봄비는 이미 멎었고, 4월의 따사로운 햇살이 미야자키 시를 온화하게 감싸 안고 있었다.

어제 숙소를 찾을 때는 방향을 잃어버리지 않으려고 유난히 신경을 썼다. 그래서인지 호텔 문을 나서면서 쉽게 방향 감각을 잡을 수 있었다. 새로운 기분으로 하루의 발걸음을 시작했다.

내가 가야 할 코스를 지도로 재차 확인해 보니, 오늘부터 3~4일 정도는 계속 바다를 오른쪽에 끼고 북쪽으로 가는 코스였다. 다른 생각할 겨를도 없이 계속 걷기만 해 댔다. 지난 두 번의 장기 도보 경험으로 보아 3일째인 오늘이 가장 힘들어야 했는데, 어제 이미 그 고통스런 경험을 한 탓인지 오늘은 한결 가벼웠다. 또 주변의 이국적 풍경에 취해 피곤한 것도 잊을 수 있었다.

우리나라에서는 도심을 벗어나면 집이나 건물들이 사라지고 가로수 길이 이어지는 데 반해 일본은 도심을 벗어나면 나지막한 집들이 끊임없이 이어지다가 다시 다른 도심으로 이어졌다. 하지만 도로변의 집들 뒤로 펼쳐지는 들판은 우리나라와 별반 다르지 않았다. 벼를 심기 위해 정비된 논들이 있는가 하면, 이미 모심기가 끝난 논들도 있었다. 다만 일본 집의 지붕 구조가 우리와는 달라 그곳이 일본임을 느끼게 해 주었다.

한 가지 놀라운 점은 나 같은 도보 여행자들이 걷기에 무척 안전하게 만들어진 일본의 도로였다. 미야자키에서 오이타를 향해 하루 40~50km씩 걷는 3일 내내 도로는 모두 가드레일로 차도와 인도가 분리되어 있었다. 보행자들이 차들의 통행과는 상관없이 안전하게 길을 걸을 수 있게 만들어

놓은 것이다. 뿐만 아니라 인도도 세 사람이 어깨를 나란히 하고 걸어도 될 만큼 넓었다. 아마도 보행자뿐만 아니라 자전거도 쉽게 지나갈 수 있도록 만들어 놓은 것 같았다. 우리나라에도 이처럼 걷기에 안전한 도로가 있다면 얼마나 좋을까.

그런데 이상하리만치 길에는 아무도 없었다. 한국 사람이 일본 열도를 따라 도보로 종주한다니까 무서워서 모두 피했나? 숨지 말고 나와서 내 사진기 셔터라도 한 번 눌러 주면 좋을 텐데.

어쨌거나 규슈 지방의 동쪽 해안 도로를 따라 북쪽으로 걷는 동안에는 순풍에 돛을 단 배처럼 매우 순조로웠다. 준비해 온 라면이나 미숫가루로 끼니를 잇고, 길거리 마트에서 산 바나나와 밀감으로 요기를 해 가며 아침에 시작된 걸음은 저녁 잠자리를 구할 때까지 쉬지 않고 계속되었다.

내가 걸으면서 발견한 새로운 사실은 일본의 도로변은 집들로 이어져 있다는 것이었다. 며칠 계속 걷는 동안에 그랬으니 어쩌면 일본 전체 도로변이 집들로 이어져 있을지도 모른다. 그러니 도로를 따라 걷기만 한다면 마을이 없거나 여관 혹은 민박집을 만나지 못할 경우는 없지 않을까 하는 생각이 들면서 안심이 되었다. 그래서 만일을 위해 준비해 간 텐트와 침낭이 너무 무겁고 거추장스러워 노베오카 부근의 우체국에서 서울로 보내 버렸다(앞으로 어떤 일이 일어날 것이라는 예상을 전혀 하지 못한 채). 어쨌건 이것들을 보내고 나니 등짐이 가벼워 홀가분했다. 등짐이 가벼워서 그런지 밤늦게까지 50km를 넘게 걷고 있어도 지칠 줄을 몰랐다.

5일째 되던 날, 컨디션이 나빠져 포기하고 싶은 생각이 다시금 들었지만 이를 악물고 도전을 계속했다. 엎친 데 덮친 격으로 규슈 북단의 오이타 시 90km 전방에서 일이 생겼다. 내 무모한 선택의 결과였다. 사연인즉

길은 길로 이어졌는데 이어진 인생길 따라
네 인생 내 인생이 걸어서 간다.
걸음의 맥을 찾고 삶의 의미를 깨달을 때까지.

노베오카 시를 벗어나니 국도가 두 갈래로 나뉘어져 있었다. 지도상의 거리를 대충 훑어보니 내가 걸어온 해안 도로를 따라 오이타 시까지 가는 것보다는 내륙 산간 도로를 따라 가는 것이 더 가까워 보였다. 그런데 내륙 산간 도로를 따라가면 마을이 끊어질 것 같은 불안한 예감이 들었다. 만약 마을이 없으면 잘 곳도 없다는 건데, 텐트와 침낭이 없는 지금 상황에서 그 선택은 큰 모험이었다.

잠깐 망설이다가 간 크게 내륙 산간 도로로 방향을 잡았다. 국도를 따라 1시간쯤 걷다가 지방 도로로 들어서서 가파른 언덕을 오르는데, 어찌 된 일인지 지나는 차들이 거의 없었다. 날은 저물어 가는데 나무로 우거진 산길은 점점 가파르고, 이젠 마을도 보이지 않았다. 다시 되돌아가기에도 너무 늦어 오기 하나로 버티며 걸음을 재촉했다.

어둑한 산길을 걸어가고 있는 내 손에는 전등과 칼이 쥐어져 있었다. 갑자기 자동차 소리가 들리기에 반가운 마음으로 손을 내밀었더니, 그냥 스쳐 지나가 버렸다. 등허리에서는 식은땀이 흐르고, 머리카락이 하늘로 치솟는 듯했다. 게다가 주변의 잡목들은 나무들로 우거진 밀림을 연상시키고 있어 금방이라도 맹수가 달려들 것만 같았다. 연신 헛기침을 해 대며 고갯마루에 올라서는데, 먼발치에 불빛 몇 개가 옹기종기 모여 있는 것이 보였다. 휴, 나도 모르게 긴 한숨을 토해 냈다. 우리나라도 아닌 일본의 산속을 밤에 걷는다는 것은 참으로 맹랑한 짓이었다.

이곳을 1초라도 빨리 탈출하는 것이 급선무라고 판단하고 뛰기 시작했다. 15분쯤 내리막길을 달렸을까. 산 아래 모롱이 사이로 새어 나오는 자동차 불빛에 집들이 희미하게 보였다. 차량 불빛 사이로 민박이나 여관이 있을까 하고 유심히 쳐다보았다. 몇 채 안 되는 작은 마을에 어떻게 그런 것이 있겠는가. 실낱 같은 희망에 기댄 간절한 바람이었다.

그때 트럭 한 대가 마이크 소리를 내며 천천히 뒤돌아 내려오고 있었다. 조금 전 나를 스쳐 지나간 그 차가 틀림없었다. 다짜고짜 손을 들고 세워 달라는 표정을 했더니, 좌측 골목길로 사라져 버렸다. 차에 생선을 싣고 마을마다 돌아다니며 찬거리를 파는 수산물 트럭 같았다.

히치(차를 얻어 타는 것)를 하지 못했다고 해서 초저녁인 지금, 아무 집이나 찾아 들어가 숙박을 요구할 정도의 긴박한 상황은 아니었다. 산속 밤길 도보의 공포 때문에 긴장했고, 땀을 많이 흘리긴 했지만 마을 길로 접어들어 마음이 안정되었기에 좀 더 걸을 수 있을 것 같았다. 불빛이 많이 모여 있는 저 아래 마을에 가면 편히 잠들 수 있는 숙소가 있을 것이라고 기대하면서 다시 길을 나섰다.

편안한 마음으로 황량한 도로를 따라 내려오는데 뒤따라오는 자동차 소리가 내 옆에서 멈췄다. 돌아보았더니 조금 전에 만난 생선 파는 자동차였는데, 나에게 타라는 시늉을 했다. 잠시 망설이다가 겨우 기억해 낸 일본말로 트럭 기사에게 말했다.

"와타시와 강코쿠징데스. 니폰고오 나라이마시."(한국인인데 일본말을 못해요.)

그러고는 덥석 자동차에 올라탔다. 그 기사는 아랑곳하지 않고 태연스럽게 차를 몰고 달렸다. 말이 통하지 않는 두 사람이지만 서로의 입장은 어느 정도 눈치챈 것 같았다. 그 기사는 나의 초라한 모습을 보고, 차비가 없어 밤길을 걸어가는 불법 체류자 정도로 판단한 듯했다. 반대로 나는 그가 마을을 돌아다니며 늦게까지 생선을 팔다가 집으로 돌아가는 길에 나를 태웠을 것이라고 생각했다. 배낭 속에 들어 있던 작은 김 몇 봉지를 꺼내 대시보드 위에 올려두니 그 기사의 목소리가 갑자기 달라진 듯 느껴졌다.

산길 모퉁이를 빠져나와 10분도 채 안 되어 가로등이 밝은 작은 도심의 삼거리에 도착했다. 그 기사는 차를 세우고는 손가락으로 방향을 가리켰다. 그가 가리키는 방향을 보니 불 켜진 여관 간판이 보였다. 기사와 나의 행동은 마치 밀림 속에서 서로의 눈빛으로 뜻을 판단하고 행동하는 야생동물 같았다.

규슈 북단 도시 오이타를 향해

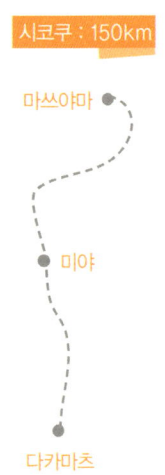

숙소에서 나와 오늘은 오이타 시를 향해 걸었다. 이정표에는 65km라고 되어 있었다. 이 정도 거리라면 오늘 밤은 오이타 시에서 잘 수 있으리라. 점심을 먹은 30분을 제외하고는 내처 걷기만 했다. 어디서 그런 체력이며 끈기가 생기는지……. 밤 11시가 넘어서야 오이타 항의 페리 부두 근처 여관방에 투숙할 수 있었다. 꼬박 65km를 걸은 셈이었다. 내일은 다른 여정이 나를 기다리고 있겠지. 푹 자자!

아침 일찍 일어나 부두에 나가 시코쿠로 가는 페리 편을 알아보았더니, 오후 5시에 마쓰야마로 가는 배가 있었다. 5시까지라면 장장 8시간이나 남았다. 차를 타고 인근 온천 도시인 벳푸로 가서 온천이

나 할까 망설이다가 그냥 시내 구경을 하기로 했다. 벳푸는 조금 먼 곳이라까딱 잘못하면 배를 놓칠까 염려되었기 때문이다.

시가지는 번잡했지만 깨끗하게 정돈되어 있었다. 그리 큰 도시가 아니라 한번 훑어보고는 시가지를 빠져나와 새로 건축된 오이타 종합 경기장에 당도했다. 지구를 모티브로 한 메인 스타디움의 지붕이 주변 경관과 잘 어울렸다. 이날이 휴일이라 경기장 주변에서는 북 치는 공연이 펼쳐지며 몇 개월 남지 않은 월드컵의 분위기를 고조시키고 있었다. 우리나라의 월드컵 경기장도 이처럼 완성되어 함성 소리가 울려 퍼질 날을 기다리고 있겠지!

오후 5시에 오이타를 출발한 페리는 4시간 정도 바다 위를 미끄러져 마쓰야마 항에 도착했다. 어두워진 뒤에 육지에 발을 들여놓은 터라 잠시 방향 감각을 상실했다. 마쓰야마 시의 상세 지도를 보고 간신히 방향을 잡아 시 외곽으로 빠져나갔다. 그런데 2시간을 더 걸어 시 외곽으로 빠져나왔는데도 도로 옆에는 집들만 드문드문 있을 뿐 묵을 만한 곳이 좀처럼 보이지 않았다.

마침 인적이 모두 끊어진 도로 저편에서 누군가가 자전거를 타고 왔다. 다짜고짜 다가가서 자전거를 세웠는데, 젊은 아가씨였다. 서툴다 못해 다급하게 여관을 묻는 나의 거동을 보고 외국인임을 간파한 그녀는 나의 보폭과 속도를 맞추려고 자전거를 끌고 길을 안내해 주었다.

이렇게 친절할 수가 있을까? 야밤인 데다가 인적도 드문 길에서 그것도 요상한 차림의 남자를 겁내지도 않고 길을 안내하고 있는 그녀에게 조금 감격했다. 영어 단어 몇 마디를 주고받으며 함께 길을 걸었다. 그녀는 내가 걸어온 그 길을 2km 정도 되돌아가서 어느 모퉁이의 비즈니스 호텔에 나를 데려다 주었다. 그러고는 내가 방값을 치르고 난 뒤 주인장이 전달해 주는 열쇠를 받더니 방 안에까지 인도해 주었다.

일본인들이 친절하다는 것을 알고는 있었지만 이 정도일 줄은 몰랐다. 한국에 돌아가면 나도 이런 친절을 베풀어야겠다는 다짐이 절로 생겼다. 친절은 친절을 낳는다는 말이 실감 났다.

몽롱한 상태에서 눈을 떴다. 어제는 배를 타고 시코쿠로 왔기 때문에 많이 걷지도 않았는데, 몸이 천근만근 늘어져서 일어나기가 힘들었다. 더

안개가 차츰 걷히어 시야가
확보되니 우리나라 남부 지방 같은
풍광이 나타났다.

자고 싶은 마음을 간신히 누르고 일어났는데, 아침 거리가 아무것도 없었다. 집에서 준비해 온 라면과 미숫가루는 이미 떨어졌고 과자 부스러기라도 있을까 싶어 배낭을 뒤졌지만 허사였다. 물 한 잔으로 아침을 대신하고 길을 나섰다. 국도를 걷노라니 안개가 자욱한 주변 공기 속에 달큰한 밀감 꽃 향기가 섞여 있었다. 이 냄새는 내가 제주도에 살 때 코에 익은 냄새여서 제주도의 향수를 느끼게 해 주었다. 자세히 보니 길섶의 덤불들도 제주도처럼 활엽수들로 이어져 있었다.

안개가 차츰 걷히어 시야가 확보되니 우리나라 남부 지방 같은 풍광이 나타났다. 문득 한반도를 홀로 종주하던 때가 떠올라 나도 모르게 미소가 번졌다.

추억에 잠겨 평야 길을 따라 하염없이 걷다가 정신을 차리고 주위를 돌아보니 온천 지대란 팻말이 산모퉁이에 서 있었다. 이왕 지나가는 김에 이곳에서 온천이나 해야겠다고 생각하고 마을로 들어섰다.

조그마한 산기슭에 자리 잡은 온천 마을은 바깥에서 보이는 것과는 달리 제법 규모가 컸다. 도로변의 잘 다듬어진 사철나무 울타리 사이로 올망졸망한 간판들이 걸려 있는가 하면, 번듯하게 간판을 세운 고풍스런 큰 건물도 있었다. 그곳의 잘 다듬어진 정원수만 보아도 온천의 역사를 알 수 있을 것 같았다.

마을을 지나가다 보니 제법 커 보이는 공중 온천탕이 산기슭에 자리 잡고 있었다. 잠시 쉬어 갈 수 있다는 반가움에 성큼 들어섰다. 배낭을 짊어진 채 카운터 앞에 서서 1,000엔짜리 지폐를 내밀었더니 거스름돈 300엔과 열쇠를 건네주었다. 옷장을 잠그고 내부 온천탕으로 들어갔다. 여기저기 아기자기하게 탕들을 꾸며 놓았지만 다다미 휴게실을 제외하고는 한국의 온천탕과 거의 다를 바가 없었다.

오사카행
페리 속에서

혼슈 : 475km
오사카
이세
시즈오카
요코하마
도쿄

시코쿠 마쓰야마에 발을 들여놓은 지 4일 만에 거의 130km를 걸어 다카마츠 항에 도착했다. 말이 4일이지 마쓰야마에 밤에 도착해 시가지를 벗어났으니 꼬박 3일 만에 도착한 것이다. 내가 생각해도 억척스럽게 걷고 있었다.

다카마츠 항 대합실은 내가 배를 타고 내린 오이타 항이나 마쓰야마 항과 분위기가 비슷했다. 표를 파는 창구며 구석에 놓인 벤치, 항로 게시판들로 채워진 벽, 대기자들을 위해 켜 놓은 텔레비전까지도. 그러나 대합실 밖의 분위기는 다른 부두와는 달리 여행객들로 북적거렸다. 왜 그런가 했더니 다카마츠 부두와 인접하여 300m 거리에 다카마츠 역이 자리하고 있었다. 그러니까 선박을 이용하는 여행객들은 곧장 기차를 탈 수 있고 기차를 이용한 승객들은 곧장 페리호를 이용할 수 있었기 때문에 여행객들이 많다는 것이었다. 그도 그럴 것이 바다 건너 저편에 일본 제2의 도시 오사카가 버티고 있고, 다카마츠 또한 제법 큰 도시라 왕래하는 사람들이 많으니 기차역과 부두가 인접한 것은 당연한 것이라고 여겨졌다. 우리나라에는 부두와 기차역이 서로 인접한 거리에 있는 도시가 없는 것 같아 씁쓸한 생각이 들었다.

오사카행 페리가 자주 있어 시간을 지체하지 않고 바로 표를 구입해 선실로 향했다. 어느 나라나 페리의 크기는 다를지라도 선실 구조는 동일한 것 같았다. 나는 이용객들로 꽉 찬 선실 구석에 자리를 만들어 놓고 갑판 위로 올라갔다. 어느새 어둠이 내려 있었다. 밤바다 위는 건너편 육지의 도심 불빛과 바다 위를 누비는 선박들의 불빛으로 물들어 있었다. 밤배를 타고 다카마츠에서 오사카로 이동한다고 생각하니 어릴 적에 내 고향 삼천포에서 밤배를 타고 부산으로 다니던 추억이 아련하게 떠올랐다. 그 시절 배를 탈 때에는 어린 마음에도 부산이라는 대도시에 간다는 까닭 모를 설렘이 있었다.

갑판 위에서 혼자 생각에 잠겨 그동안의 여정을 되돌아보기도 하고 오사카에서 도쿄까지 근 500km 거리를 어떻게 하면 빠르게 통과할지 궁리해 보기도 하다가 밤바람이 차가워 선실로 내려왔다.

그런데 내 옆 사람 건너편에 자리한 젊은 여성과 자꾸 눈이 마주쳤다. 그녀가 내게 말을 걸 듯 말 듯 망설이고 있다는 느낌이 들었고, 그러다 보니 나 역시도 말을 걸어 보고 싶다는 생각에 자꾸 눈길이 갔다. 아무래도 여행객인 내가 일본에 대한, 그리고 내가 가야 할 코스에 대한 정보를 얻을 요량으로 먼저 말을 걸어 봐야겠다고 생각하고 입을 뗐다.

그녀는 영어를 잘 알아듣지는 못했지만 외국인인 나에게 호감을 가지고 일본인 특유의 친절한 표정으로 응대해 주었다. 하지만 내가 영어로 써서 보여 주면 그녀가 모르겠다는 표정을 지었고 그녀가 일본어로 종이 위에 써 주면 내가 고개를 흔들었다. 그러다 가지고 있던 지도를 펴 놓고 한

자와 영어 단어를 섞어 가며 의사소통을 하니 서로 고개를 끄덕이는 횟수가 잦아졌다. 손짓, 발짓에다 몸짓, 거기에다 영어 단어와 한자, 그리고 짤막한 일본어까지! 궁하면 통하게 되는 모양이었다.

내가 가고시마에서 다카마츠까지 걸어왔고, 또 도쿄까지 걸어갈 것이라고 자랑했더니 그녀가 가까스로 알아듣고는 놀래서 눈이 휘둥그레졌다. 그녀는 오사카에 살고 있으며 이름은 아야꼬라고 했다. 문구 회사에 다니는데 다카마츠에 있는 거래처에 다녀가는 길이라고 했다. 또 오사카에 도착하면 그녀의 약혼자가 마중을 나와 있을 것이라는 이야기까지는 알아들었는데, 일본 문화에 대한 이야기를 해 줄 때는 제대로 알아듣지 못해 일본어 공부를 못한 것이 후회가 되었다. 10년 전 첫 외국 나들이로 뉴질랜드에 갔을 때 내 딴에는 영어가 통할 줄 알고 호텔에서 택시를 타고 한인 식당을 찾아갔는데 기사에게 식당 위치를 제대로 설명하지 못해 혼쭐이 난 적이 있었다. 그 이후 영어 공부는 꽤 했지만 일본어에는 그다지 관심이 없었다. 일본 도보 여행을 계획했을 때부터라도 열심히 했다면 좋았을 것을!

발바닥 물집 속에
또 다른 물집이

오늘은 도보 11일째 되는 날이었다. 오사카를 뒤로하고 미에 현 이세 시로 향했다. 오사카에서 이세 시까지는 족히 150km의 거리지만 내 걸음으로 3일이면 충분하리라. 그러나 고도 500~600m 되는 긴 산악 지대를 지

나야 하기에 긴장의 끈을 늦추어서는 안 된다. 그런데 일이 벌어졌다. 일본으로 떠나기 전 형님이 오사카에 가면 어떤 분을 만나 보라고 했는데 그게 발단이 되었다. 그분이 근무하는 WTC(오사카 무역센터) 건물의 일류 식당에서 점심으로 일본 최고급 우동을 사 주셨는데, 그만 탈이 나고 말았다.

　길을 걷다가 급한 김에 편의점에 들어가 화장실을 이용하고 나오니 맥이 다 풀어져 걸을 힘조차 없었다. 어제부터 내리던 비도 멈추지 않고 계속 발걸음을 무겁게 했다. 엎친 데 덮친 격으로 발바닥의 통증 또한 여전히 나를 괴롭혔다. 걸음이 제대로 나가지 않아 산길을 오르며 신발을 벗어 보았더니 빗물이 들어와 발이 허옇게 불어 있고 발바닥을 살펴보니 터진 물집 속에 또 다른 물집이 생긴 게 아닌가. 며칠 전부터 물집 고통을 견디며 막무가내로 걸음질만 계속했던 결과였다. 걸음질이고 뭐고 어디라도 퍼질러 앉아 좀 쉬어 가면 좋으련만, 주변에는 잠시 비를 피할 만한 장소도 없었다.

　어찌하랴, 걸을 수밖에! 젖 먹던 힘까지 다 내어 일본의 10경 중 하나라는 국립공원의 언덕을 통과하고 있는데 그 아름다운 경치가 눈에 들어올 리 만무했다. 오로지 걸음질만 해야 하는 나의 선택이 무엇을 위한 것인지 곰곰이 곱씹으며 신발 밑창을 뜯어내어 버리고는 걸음질을 재촉했다. 문득 내가 내 자신을 악마로 몰아가고 있다는 느낌이 들었다. 인간이 이렇게 독할 수 있느냐는 질문을 스스로에게 던져 보니 내 자신이 너무 모질고 독한 것 같아 저주스럽기 그지없었다. 하지만 고행의 끝은 환희라고 하지 않았나! 약해지는 나 자신을 다독이며, 좀 쉬어 가자, 쉬어 가자, 위로하면서 그렇게 또 하루가 지나고 있었다.

　밤길을 꾸역꾸역 걸어 오사카에서 사흘 만에 미에 현 이세 시에 도착했는데 또 다른 시련이 나를 기다리고 있었다. 이세 시를 경유지로 정한 것은 또다시 배를 타고 이치 현 도요하시 시로 이동하며 걷는 거리도 줄이고 배를 타는 동안 잠시나마 걸음질에서 해방되기 위함이었다. 헌데 이세 시에 도착했을 때는 도요하시 시로 향하는 뱃길이 이미 끊겨서 숙소를 구할 길이 없었다.

발길이 멈춘 곳은 부두와 인접한 곳에 위치한 이세 역이었다. 막막한 기분에 사로잡혀 역 앞에 세워진 관광 지도판을 물끄러미 보고 있는데 저쪽에서 키 작은 여고생 한 명이 내게로 다가오더니 서툰 영어로 말을 걸어

발길이 멈춘 곳은
부두와 인접한 곳에
위치한 이세 역이었다.

오는 게 아닌가. 얼마나 반가웠던지, 지푸라기라도 잡고 싶은 심정으로 나는 다짜고짜 내 사정을 털어놓았다.

　여학생은 내 사정을 듣자마자 자기를 따라오라면서 역사 안으로 들어갔다. 그러고는 창구의 역무원에게 말을 건네더니 전화번호 책자 하나를 받아들고는 자기 휴대 전화로 빈방이 없는지 여러 곳에 문의를 하는 듯했다. 하지만 빈방이 있다는 대답은 없는 모양이었다. 하필이면 오늘이 일본 천황의 탄신일로 황금 연휴가 시작되는 첫날이라 어느 관광지에서건 예약을 하지 않으면 잠자리를 구할 수 없단다. 뒤늦게 알게 된 사실이기는 하지만 이세 시는 일본인들이 최우선적으로 참배하고 싶어 하는 이세신궁이 있는 이름난 관광지였던 것이다.

　그가 또 다른 역무원에게 도움을 청하자 그도 합세하여 여관을 잡아 보려고 수없이 전화를 해 주었지만 헛수고였다. 그사이 시간은 밤 11시를 넘어섰고 이제는 역사 문을 닫아야 할 시간이라고 다른 역무원이 알려 주었다.

　까딱하다가는 노숙을 해야 할 판이었다. 다급한 김에 역사 안에 자리를 깔고 잘 수 있게 해 달라고 그녀를 통해 역무원에게 부탁했더니 역무원이 역사 안 구석진 곳을 가리켰다. 아마 그렇게 하라는 소리 같았다. 그런데 갑자기 여학생이 울기 시작했다. 다급한 상황에 처한 외국인에게 숙소를 잡아 주어야 할 자기의 의무를 끝내 다하지 못했다는 눈물이었다. 나는 몹시 당황하며 이렇게까지 잠자리를 구해 주었으니 고맙다는 인사를 하고 어서 돌아가라고 했더니 여학생은 저편에 엄마와 이모가 자기를 지켜보고 있기 때문에 염려하지 말라고 했다.

　헉! 딸이 외국인에게 베푸는 선행을 먼발치에서 지켜보고 있었단 말인가! 가까이 가서 고맙다는 인사를 건네고 돌아서는 순간 역사의 셔터가 내려지는 소리가 들려왔다. 황급히 그들과 작별 인사를 나누기는 했지만 그들이 떠나고 난 후의 느낌은 정말 오묘했다.

모두가 떠난 텅 빈 역사 한구석에 나는 빨래판 매트를 깔고 무거운 몸을 눕혔다. 이렇게 비참해진 신세 역시 내 도보 여행의 추억을 장식할 한 페이지가 되리라!

후지산 자락을 지나며

역사 셔터 올라가는 소리에 잠을 깨 황급히 화장실에서 세수를 하고, 행장을 꾸렸다. 이제 일본에서 세 번째 배를 타고 바다를 건너 다시 걸음질을 시작할 시간이었다. 노숙이기는 했지만 잠자리가 그렇게 험하지는 않았고 또 배를 타는 동안 푹 쉬었더니 몸이 한결 가벼워진 느낌이었다.

산뜻한 걸음으로 페리에서 내려 아름다운 해변을 따라 걸은 지 하루가 지나 도요하시 시와 하마마쓰 시에 둘러싸여 바다 호수가 되어 버린 하마나 호의 하구 관문을 통과했다. 인구 50만 명이 넘는 수산 도시 시즈오카 시도 지났다. 그러니까 오늘이 호텔과 여관 그리고 민박집에서 번갈아 여장을 풀어 가며 고통 속에서 일본의 거리 문화들을 즐긴 지 16일째 되는 날이었다. 엄밀히 말하면 그간 거리 문화를 즐긴 것이 아니라 16일 동안 자신과의 고투를 이어 온 것이다.

길을 걷다가 그 지방의 기차역 앞을 지나칠 때는 차표를 사고 싶은 유

혹을 뿌리쳐야 했고, 또 중도에서 포기하고 싶은 마음으로 하루 50km 이상을 걸어야 했던 여정은 생지옥의 현장 그 자체였다. 그러나 분명한 것은 매일같이 몸이 굳어졌다가 풀리기를 반복하는 속에서 완주의 의지는 점점 더 높아지고 있다는 사실이었다. 아마 길바닥에서 쌓아 올린 고통의 탑을 한꺼번에 와르르 무너뜨려서는 안 된다는 굳은 의지가 나를 지켜 주었을 뿐 아니라 목표 지점인 도쿄가 점점 가까워 오고 있었기 때문이었으리라. 오늘 하루만은 너무 객기를 부리지 말자! 목적지 도쿄 땅이 눈앞에 있지 않은가!

날이 어둑할 즈음 후지 시 중심가를 통과하고 있는데 주변에 비즈니스 호텔들이 즐비하게 늘어서 있었다. 잠자리 찾기에 익숙해진 터라 호텔도 예약하지 않고 먹을거리부터 구하러 건너편 백화점으로 향했다. 백화점으로 들어서니 폐장 30분 전이라는 팻말이 여기저기서 눈에 띄었다. 바쁘게 식료품 코너를 훑고 지나는데 먹음직스레 생긴 생선회 포장 위에 70% 할인이라는 딱지가 붙어 있었다. 언뜻 시즈오카의 대형 슈퍼에서 보았던 맛깔스런 감성돔이 떠올랐다. 그놈이 진열장 속에 누워 나를 보고 방긋 웃는데 나는 가격표에 질려 그놈을 업어 오지 못했다. 그런데 지금 여기서는 둘이 먹고도 남을 것 같은 감성돔 생선회 한 접시 포장이 우리나라 돈 7천 원이었다. 너무 값이 저렴하여 얼른 손에 넣으니 일본식 양념도 덤으로 주었다. 옆 코너에서 30% 할인된 스시 2인분을 추가로 구입하여 내일 아침 식사까지 마련했다.

나는 후지 시의 한 비즈니스 호텔에서 흡족하고도 행복한 밤을 맞았다.

오늘은
후지산을 보리라

일본의 명산이며 거봉인 후지산은 높이가 약 3,800m에 이른다. 사시사철 눈에 덮여 있는 이 산을 사진으로는 수없이 보았지만 아직까지 내 눈으로 직접 보지는 못했다. 어쨌든 일본 열도 도보 여행을 하며 후지산을 보지 못한다면 말이 안 되지 않는가?

하지만 시즈오카에서부터 해안을 끼고 후지 시에 이르는 동안 하루 종일 잔뜩 찌푸린 날씨라 시계가 좋지 않았다. 이곳 해안과 그리 멀리 떨어지지 않은 곳에 위치한 후지산이기에 날씨만 좋다면 정상이 보일 것만 같아 북쪽을 쳐다보고 또 쳐다보아도 낮게 깔린 비구름이 시선을 가로막았다. 후지산 바로 아래 후지 시의 숙소를 떠나 오타와라 시로 향하는 오늘도 날씨는 어제와 마찬가지였다.

미시마 시를 빠져나와 하코네로 이어지는 고갯길을 오르면서 혹시나 싶어 후지산 쪽을 바라보았더니 구름에 덮인 거대한 후지산은 산자락만 보여 줄 뿐이었다. 결국 내가 보고 싶었던 눈 덮인 후지산 정상은 끝내 볼 수 없었다. 다음에 또 일본 여행의 기회가 생긴다면 후지산 정상을 내 눈에 똑똑히 각인시켜 놓으리라!

기다리는 사람은 없지만 늘 갈 길이 바쁜 나는 하코네의 유명한 온천이나 이시노코 호수를 구경할 마음의 여유도 없이 아름드리 우거진 히노키 숲길을 지나 곧장 오타와라로 향했다. 하코네 동쪽 고갯마루에 올라서니

기다리는 사람은 없지만 늘 갈 길이 바쁜 나는
아름드리 우거진 히노키 숲길을 지나
곧장 오타와라로 향했다.

먼발치에 오타와라 시가 자리하고 있고 중턱 산골짜기에는 케이블카가 왕래하고 있는 것으로 보아 이곳에 유명한 관광지가 있는 것 같았다. 산천의 풍경이 우리나라 지리산 자락보다 더 아름다운 느낌이었다. 잠깐 머무르면서 풍경을 감상하고도 싶었지만 이미 날이 저물고 있어 오늘의 목적지 오타와라 시에서 숙소를 잡으려면 서둘러야 했다.

도쿄 입성과
한국식 만찬

도보 시작한 지 18일째, 내 계획으로는 오늘이 도쿄에 입성하는 날이었지만 오타와라에서 거의 80km나 떨어진 도쿄 땅을 밟는다는 것은 무리였다. 중간에 신발 밑창을 뽑아 버리고 난 후부터는 발바닥의 물집도 사라졌고 덕분에 걸을수록 가속도가 붙으면서 체력이 강해졌다. 또 17일 동안 걸어온 경험으로 미루어 보아 마지막 힘을 쏟는다면 하루 80km 정도는 걸을 수 있을 것만 같았다. 하지만 자신감만 믿고 도전했다가 마지막에 탈이 나면 그간 쌓아 올린 공든 탑이 와르르 무너질 것 같아 도쿄 시내를 관광하겠다고 남겨 둔 하루 예비 일정을 포기하기로 마음먹었다.

이제 '가고시마에서 도쿄까지 일본 열도 종주 1구간' 완보의 쾌거가 눈앞에 있었다. 그런데 도쿄가 바로 눈앞에 다가오니 내가 당초 구상했던 도쿄에서 홋카이도까지의 제2구간 도보는 언제 시작할 수 있을까 하는 또 다른 숙제가 나를 엄습했다. 이번 일본 열도 종주는 내게 주어진 시간이 짧기도 했지만 조카 녀석의 결혼도 코앞에 닥쳐 있었던 터라 도리 없이 1구간 완주에 만족해야만 했다.

오타와라 숙소를 빠져나오면서 도쿄 대학 교환 교수로 나와 있는 대학 동창놈에게 전화를 걸어 내일 오후 6시 신주쿠 역 고양이 동상 앞에서 만나기로 약속을 잡았다. 80km를 더 걸어 도쿄 땅을 밟은 뒤 신주쿠행 전철을 타고 고양이 동상 앞으로 간다면 6시까지 충분히 갈 수 있다는 계산이 나왔기 때문이다.

오타와라 시를 빠져나와 도쿄로 향하는데 거의 다 왔다는 안도감 때문인지 왠지 걸음이 무거웠다. 마음을 다잡아 부지런히 걸음을 옮겼더니 어느새 도쿄의 남쪽 턱 아래에 자리한 요코하마 시의 스즈키 구 부근에 이르렀다. 여기서부터 도쿄의 경계까지는 20km 남짓 남았으니 이제 서너 시간만 열심히 걸으면 내일 오전까지는 충분히 들어갈 수 있을 것이다. 설레는 마음으로 낯선 도시에서 또 하룻밤을 보냈다.

오늘은 도쿄 땅을 밟는다는 들뜬 마음에 일찍 잠에서 깼다. 어제 여유롭게 걸어서인지 몸도 가볍고 마음도 상쾌했다. 완주의 쾌감을 빨리 맛보고 싶어 스즈키 구를 가리키는 이정표를 따라 열심히 걸음질을 했다. 큰 시가지라 그런지 신호등이 많았다. 중간중간 멈춰 서야 하는 신호등이 도보인에게 큰 장애물이기는 하지만 마음은 벌써 도쿄 땅을 밟고 있었다.

스즈키 구를 지나자 바로 눈앞에 도쿄가 강 하나를 사이에 두고 펼쳐졌다. 이 다리만 건너면 내가 그리던 도쿄 땅이었다. 이곳을 밟기 위해 19일 동안 내 자신을 너무 혹사시켰다. 미친 짓거리를 했다는 서글픈 느낌이 없지는 않지만 내 스스로 기획하고 자처한 여행이라 뿌듯하기가 이루 말할 수 없었다. 비교할 것은 아니지만 그래도 한국에서 두 번이나 느낀 완주의 쾌감과는 다른 차원의 쾌감이 마음을 채웠다. 그것은 어쩌면 낯설고 물선

도보 여행은 오롯이 자신과 만나고,
대화하고, 화해하고, 보듬는
치유의 여행이기도 하다.

이국땅에서 하나부터 열까지 전부 다 내 힘으로 해냈다는 만족감일지도 모른다.

　도보 여행은 한없이 걸으며 사색에 잠겨 보고 시련에도 빠져 보는 고난의 여행이지만 걷는 동안 오롯이 자신과 만나고, 대화하고, 화해하고, 보듬는 치유의 여행이기도 하다. 한 발 한 발 내딛는 발걸음 속에 정직한 고통과 진정한 위안이 함께한다.

　한편으로는 여행 특유의 즐거움이 있다. 여행이란 서서 하는 독서라고 누군가 말했다. 그렇다면 도보 여행은 독서의 여러 방법 중에서 정독인 셈이다. 꼼꼼히 한 문장 한 문장, 행간의 의미까지도 온몸에 아로새기며 밑줄을 긋는 여행.

　19일간의 긴 고행 속에서 느끼는 완보의 성취감을 내 몸과 마음속에

보물로 간직하며 나는 도쿄의 남서쪽 초입에서 지하철에 몸을 실어 시부야로 향했다. 처음 타는 도쿄의 지하철은 너무 복잡했다. 더군다나 지상과 지하 동굴 속을 번갈아 따라가기에 방향을 도통 잡을 수가 없었다. 지도와 해, 그리고 산천의 지형지물로 방향을 찾으며 가고시마에서 도쿄까지 방향 잃지 않고 길을 따라왔던 분위기와는 전혀 달랐다.

중간에 겨우 지하철을 갈아타고 시부야 역까지 찾아왔다. 시간이 일러 시부야 역 주변을 서성거리는데 교차로로 된 사거리 건널목을 수많은 인파가 출렁거리며 동시에 건넜다. 퇴근 시간이라 그런지 너무 많은 인파가 동시에 출렁거리니 두렵기까지 했다. 고양이 동상 앞에 다시 찾아오니 두 사람이 나를 기다리고 있었다. 한 명은 내 동창이고, 또 한 명은 다른 동창의 딸이었다.

그들은 일본 도보 10일째 되던 날 오사카에서 한국 사람을 만난 이후 내가 두 번째로 만나는 한국 사람들이었다. 그것도 나와 오랫동안 친분을 가졌던 이들이라 반갑기 그지없었다. 인사를 나누고 근처의 한식집에 들러 불고기와 김치 그리고 된장국으로 이국땅에서 만찬을 즐기니 감회가 새로웠다.

여기까지 오는 도중 일찍 잠자리를 정한 날 주변 식당에 들러 옆자리에 앉은 일본인들과 종이 위에 필담을 나누던 것과는 아주 다른, 무척이나 편안하고 자연스러운 분위기였다. 더구나 일본 열도 1차 도보 대장정이 끝나고 완보의 성취감에 사로잡혀 있었던지라 나는 더없이 들떠 있었다.

그들에게 그간 겪었던 모험담들을 우리말로 신나게 내뱉었더니 19일 동안 길 위에서 겪었던 무수한 고통들이 한꺼번에 사라지고 언어 장벽으로 막혔던 오장육부가 시원해지는 느낌이었다. 또 그들의 도쿄 생활담을 진지하게 듣는 동안 내가 일본어를 배우지 못해 일본에서 19일 동안 바보 생활을 하고 지냈구나 하는 잔잔한 후회가 밀려오기도 했다.

　　앞으로 도쿄에서 삿포로까지 2차 일본 열도 도보 종주를 값지게 마무리하기 위해서라도 집에 돌아가면 일본어 공부에 전념하리라 다짐하기도 했다.

일본 열도 종주 도보 개요

1. **기간** : 2002년 4월 22일~5월 10일(19일간)
2. **구간** : 가고시마에서 도쿄까지 1,200km 구간
3. **코스** : ■ 규슈(280km) : 가고시마(鹿兒島) → 미야자키(宮琦) → 오이타(大分)
　　　　　■ 시코쿠(150km) : 마쓰야마(松山) → 미야(三井) → 다카마츠(高松)
　　　　　■ 혼슈(475km) : 오사카(大阪) → 이세(伊勢) → 시즈오카(靜岡) → 요코하마 → 도쿄(東京)
4. **거리** : 905km

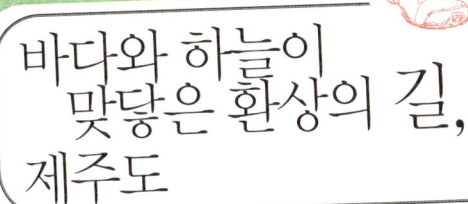

바다와 하늘이 맞닿은 환상의 길, 제주도

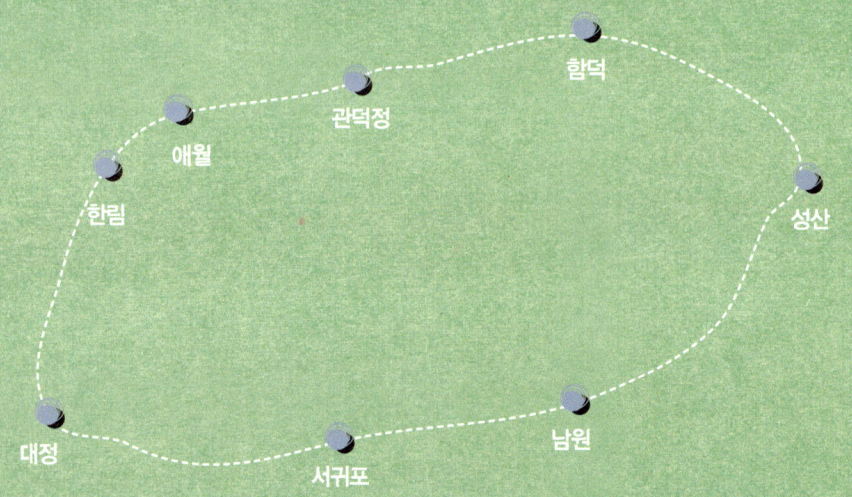

그만둘 것인가, 계속할 것인가

오래 걷기는 중독성이 강하다. 서울에서 삼천포까지 한반도 도보 종주 후 몇 차례 더 국내와 일본을 걸으며 나는 걷기의 매력에 완전히 빠져들었다.

사람들은 종종 내게 묻는다.

"도대체 왜 그렇게 걸으세요?"

나는 왜 걷는가?

한반도 도보 종주의 감흥 때문일까? 단순히 그 이유라면 짜릿한 성취감을 맛보기 위해 몇 번 더 도보 여행을 했을 것이고, 그것으로 만족하지 않았을까? 분명 다른 이유가 있다.

우선 첫 장기 도보를 마친 후 몸 상태가 아주 좋아졌다. 무엇보다 소화가 잘 되고 변이 20대처럼 단단하고 규칙적으로 변했다. 한마디로 건강해진 것이다. 이렇게 건강을 되찾고 보니 보이는 게 하나 더 있었다. 그것은 내 안에 꿈틀거리던 '자유'라는 놈이었다. 걸으면 걸을수록 무언가 형언할 수 없는 느낌에 빠져들고는 하는데, 사실 그 매력에 빠져 미친 놈 소리를 들어가며 몇십 킬로미터, 몇백 킬로미터

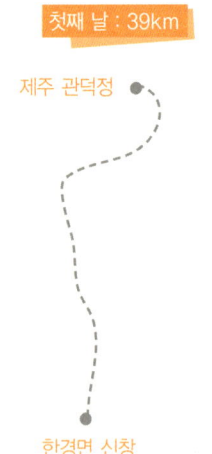

첫째 날 : 39km

제주 관덕정

한경면 신창

걷는 순간
세상의 주인은 자신이 된다.
주인 된 자는 언제나
자유롭고 행복하다.

를 걸었는지 모른다. 아무것도 거치적거리는 것 없이, 차 시간에 얽매이지도 않고, 사람에도, 길에도 얽매이지 않고 그저 발길 닿는 대로, 내키는 대로 걸을 수 있는 행복감의 원천은 자유롭다는 느낌이었다. 이 느낌은 산책을 하면서 갖는 고즈넉하고 사색적인 분위기와는 사뭇 다르다. 물론 처음 걸을 때면 이런저런 고민이나 생각할 거리가 떠오르기도 하고, 그 떠오른 생각을 붙잡고 있지만 그 시간이 한두 시간이 지나고 서너 시간이 지나면 오롯이 걷는 일에 집중하게 된다. 그 집중이 생각을 비우는 시간을 만들어 준다. 비움의 과정은 자유를 회복하는 과정이라고 나는 자신 있게 말할 수 있다. 그래서 만나는 사람들에게 일단 앞뒤 가리지 말고 걸어 보라고 권하고 싶다. 걷다 보면 저절로 느낄 것이기 때문이다. 걷는 순간 세상의 주인은 자신이 된다. 주인 된 자는 언제나 자유롭고 행복하다.

나는 또 내 의지력을 시험하기 위해 걷는다. 걷기는 굉장히 쉽고 평범한 것 같지만 의외로 굳은 의지가 필요한 운동이다. 특히 오랜 시간 걷는 장기 도보는 그야말로 대단한 의지가 필요하다. 순간순간 자신을 시험하는 위기가 찾아온다. 그만둘 것인가, 계속할 것인가에 대한 선택의 기로에 서는 것이다. 그때마다 나는 내 의지력을 평가받는다. 좋은 평가는 또 다른 도전을, 나쁜 평가는 재도전을 하게 만든다. 그렇게 해서 나는 현재 내 인생의 위치, 인생의 좌표를 확인해 보곤 한다.

한 몇 년 사이 이렇게 걷기 중독에 빠진 가장 덕분에 자식들도 걷는다는 일을 자연스럽게 받아들이게 되었으니 그 또한 걷기로 인한 우리 집의 변화이다. 그렇다고 아이들이 먼저 배낭 메고 나서는 우호적인 분위기는 아니다. 다만 도보 여행 가자고 할 때 마지못해 따라나서는 정도는 된다. 덕분에 당시 중학교를 졸업하는 둘째와 자전거로 해안 도로를 일주할 수 있었다. 당초에는 두 아들놈과 함께 걸어서 일주하려 했는데, 큰놈은 핑계 거리를 만들어 미꾸라지처럼 빠져나가고, 눈치 빠른 작은놈과는 협상을 벌여 걷는 대신 자전거 일주로 대체했다. 2박 3일간의 짧은 자전거 일주 여행이었다. 내 딴에는 아들놈을 리드하며 살아가는 것이 어떤 것인가를 한 수 가르쳐 주려고 시도한 것인데, 신체적으로 어른이 된 아들놈에게 끌려 다니느라 아주 혼쭐이 났다.

여기서 아들과의 자전거 여행을 말하려는 게 아니다. 나는 그때 제주도의 해안 도로가 육지의 어느 국도보다 훨씬 좋다는 것을 확실히 터득했다. 지나다니는 차들로 인해 위험할 줄 알았는데, 왕복 4차선인 도로 노견에 자전거 전용 레인이 붙어 있어서 훨씬 안전한 해안 도로 일주를 할 수 있었다. 또 볼거리가 많아 자전거로 해안 도로를 일주하는 느낌이 무척이나 좋았다. 조금 힘들긴 했어도 계속 달리고 싶은 도로였다. '달려, 달려, 한 바퀴'를 외치면서 말이다.

자전거 일주가 끝난 뒤에도 그 짜릿했던 감정에서 헤어나지 못했다. 그래서 도보로 다시 일주하고 싶은 충동에 사로잡혔다. 그리고 희미해져 가는 제주 학창 시절의 아련한 추억도 되새겨 보고 싶었다. 결국 2002년 겨울 문턱에 들어설 즈음, 제주도 해안 도로 일주 도보 여행을 시작했다.

이쯤 되면 도보 여행에
숙달이 되었으련만,
시작할 때는 항상
가슴이 잔잔하게 요동을 친다.

여기 내가 있는 이곳, 이 시간
하늘에 달은 있어야 하는데,
왜 달빛이 없지?

오랜만에 달 타령을 해 보네. 그려, 달 타령.
달이 있으면 귀신 나온다는 동화 속의 달 타령!

그도 그럴 것이
서울의 야경을 벗어나
제주에 가면 휘영청 늘어진
달빛 별빛을 볼 수 있으리라고 기대했는데.

    도보 여행을 하기 전날 밤, 나는 달이 없어도 야경이 황홀한 제주 중심가의 동문통에서 달 타령을 하고 있었다. 마음속으로만 그려 오던 제주 해안 도로 일주 도보 여행을 시작하려고 말이다. 다시 도보 여행의 출발점이 될 관덕정 근처로 갔다. 이제 5박 6일간의 외롭고 고통스러운 도보 여행이 시작되는 것이다.
    이번 제주 해안 도로 일주 도보 여행은 내가 시도하는 통산 다섯 번째 도보 이벤트였다. 이쯤 되면 도보 여행에 숙달이 되었으련만, 시작할 때는 항상 가슴이 잔잔하게 요동을 친다. 도보 여행이라는 것이 삶에 대한 애착을 심어 주기 때문일까? 아니면 내가 지금 정신 나간 짓을 하고 있기 때문일까?
    이유야 어찌 되었건 고된 길만 찾아다녀 보려고 스스로 결정한 선택의 길이었다. 내가 택한 길이기에 어렵고 힘들어도 이 길을 걸으면서 무언가를 많이 생각해 보기로 했다. 내 행동이 변할 때까지 생각하며 걷고, 걸으며 생각하기로 한 것이다.

아름다운 길에서
인생을 배우다

둘째 날 : 17km
한경면 신창
대정읍 읍내

관덕정을 출발하여 서쪽으로 발길을 옮길 때부터 제주 시가지는 이국적 냄새를 물씬 풍겼다. 육지에서는 보지도 못하는 야자수와 협죽도들이 가로수로 정돈되어 있었다. 시내에서 공항으로 이어지는 길은 꽃길로 단장되어 제주시의 운치를 한결 더해 주었다.

애월을 지나 한림으로 향하는 4차선의 넓은 길에는 흐린 날씨에도 바닷바람이 살랑거리며 불고 있었다. 살랑거리는 바람을 마주하고 한라산 기슭의 땅끝과 파도가 출렁이는 바다의 경계 사이로 걸어갔다. 넘실대는 파도와 내가 맞닿았다가도 조금 더 걸으면 파도는 오른쪽 저 멀리 사라져 보이질 않았다.

서울 도심의 매연 섞인 공기와 확연히 구분되는 맑은 공기를 마시며 빼어난 경치 속을 걷고 있다는 것이 마냥 흐뭇했다. 도로의 경사가 없는 평지 길을 부담 없이 걸으며 이런저런 생각에 잠겨 보았다. 살아간다는 것은 무엇인가? 삶은 어떤 것인가? 나는 누구이며, 어디서 왔는가? 삶의 본질을 생각하면 생각할수록 끝없는 미궁의 연속이었다. 이런 나의 쓸데없는 생각을 조롱이나 하는 듯 길섶에는 초겨울 들국화가 고개를 들고 많이도 피어 있었다.

도보 첫날 밤을 할머니가 혼자 운영하는 한경면 신창리의 자그마한 민박집에서 지냈다. 저녁을 식당에서 먹고 돌아오니 나의 차림을 이상하게 생각하고 계셨던 민박집 할머니가 말을 먼저 꺼냈다. 도보 여행 왔다는 것을 굳이 밝히고 싶지 않았지만 할머니에게 자초지종을 이야기했더니 이젠 할머니의 인생사가 시작되었다.

간단히 정리하자면, 13살 때 시작한 물질(해녀 생활)을 근 60년 동안 계속해 오다가 무릎관절에 이상이 생기고부터 민박집을 운영하고 있다는 것이다. 그런데 60년의 물질 생활이 휘황찬란하다. 한창때는 왕복 24질(1질은 한 사람의 키 높이)의 깊이를 오르내리면서 전복, 소라, 문어 등 남보다 많은 생산을 올렸다고 한다.

해녀 경력 60년의 할머니! 어떤 분야의 종사자에서도 쉽지 않은 경력 60년, 누가 감히 이 할머니를 해녀 할망이라고 얕잡아 볼 수 있으랴! 해녀 기능 보유 할머니로 칭송받아야 마땅할 할머니의 인생 역정은 시간이 갈수록 진지해졌다. 할아버지를 5년 전에 보낸 이야기며, 8남매의 어머니로서 자식 키운 이야기며, 나는 이 할머니에게서 사람은 부지런하고 억척스럽게 살아가야 한다는 교훈을 배웠다. 걸으면서 생각하고 느끼는 것도 좋지만 이런 귀한 자리를 가져 인생을 배운다는 것 또한 여행의 묘미다.

오늘은 둘째 날인데 좀처럼 속도가 나지 않았다. 어제 너무 많이 걸은 탓에 다리통은 천근만근이었고, 새 신발로 바꾼 탓에 오른발 앞 발바닥 전체에 물집이 생겼다. 통증 또한 이만저만한 것이 아니었다. 그래도 가야 했다.

　도보 첫날의 숙소인 신창을 출발하여 6시간 만에 겨우 대정읍에 도착했다. 아마 18km 정도를 온 것 같았다. 그렇다면 시간당 3km다. 시간당 3km라니, 이건 기어서 온 것이나 다름없었다. 다른 도보 여행 때는 1시간에 평균 5~6km를 걸어 다녔는데, 자존심에 먹칠을 한 거리였다.

　그런데 더 이상 가기가 힘들었다. 발바닥 물집으로 인해 벌써 발목 앞 정강이로 이어지는 근육에 이상이 느껴지고 있었다. 그것도 도보 여행 둘째 날에 말이다. 이놈의 다릿병은 심심찮게 나를 귀찮게 했다. 하지만 이대

오늘은 몸이 좀 풀린 듯했다.
발바닥에 생긴 물집 때문에 불편하긴 해도
걸음이 어제보다는 훨씬 경쾌했다.

로 멈출 수도 없었다. 다시 한 번 다짐을 해보았다. 어디 나하고 다시 한 번 싸워 보자! 겨루어 보자!

대정을 떠나 서귀포로 향하는 날이다. 오늘은 몸이 좀 풀린 듯했다. 발바닥에 생긴 물집 때문에 불편하긴 해도 걸음이 어제보다는 훨씬 경쾌했다.

모슬봉 아래로 걷고 있는데, 경치가 무척 아름다웠다. 모슬포만이 풍기는 제주의 독특한 경치인데, 말로는 설명하기가 어렵다. 제주도에서 흔히 볼 수 있는 밀감 밭은 온데간데없고, 줄을 지어 서 있는 마늘밭 풍경을 보며 걸었다. 나도 모르는 사이 어느새 산방산을 끼고 걷고 있었다.

오후 3시쯤 대정읍 경계를 벗어나 안덕면에 접어들었다. 오전에 가벼워지는 듯했던 몸은 계속 무겁게만 느껴지고, 또 '다릿병'도 점차 심해져 왔다. 그래도 한 발짝씩 전진하며 꾸역꾸역 두어 시간을 더 걸었더니 중문 관광단지 입구가 보였다. 쉬었다 가고 싶지만 그럴 수도 없었다. 아직 10km나 남은 서귀포 시내에 오늘 밤 둥지를 마련하려면 게으름 피우지 말고 부지런히 걸어야 했다.

도순 마을을 지날 즈음 주위가 캄캄해졌다. 고통스러운 몸뚱이를 끌고라도 야간 도보를 하기로 마음먹고 서귀포를 향해 걸었다. 준비해 간 랜턴으로 마주 달려오는 자동차에다 불빛을 보내어 사람이 걷고 있다는 걸 알렸다. 걷는 내가 자동차를 두려워하는 게 아니라 불빛을 본 운전자가 오히려 놀래서 나를 비켜 갔다. 8시가 넘어서야 시내 중심의 한 모텔에다 배낭을 풀었다.

저녁 먹은 뒤 밀린 숙제 좀 해 보려고 근처 PC방의 컴퓨터 앞에 앉았는데, 몸이 너무 지쳐 있는지라 숙제할 의욕도 나지 않고 그냥 시간만 갔다. 가는 시간 속에 내일에 대한 걱정이 가득 차 있었다. 이렇게 안 좋은 컨디션으로 어디까지 갈 수 있을까? 중도 포기하는 것은 아닐지…….

그러다가 또 다른 생각이 나를 깨웠다. 패잔병처럼 엉금엉금 기어서라도 가 보자. 가다 보면 힘이 솟구치리라. 분명 어디선가 새로운 힘이 솟구칠 것으로 확신한다. 나의 인생길 도보 길이 언제나 이런 것이었으니까. 내일도 전진해 보자! 오늘 밤처럼 PC방에 왔다가 숙제도 못하고 돌아가는 그런 내일은 아니겠지!

다릿병을 극복하고
다시 길로 들어서다

셋째 날 : 33km

대정읍 읍내

서귀포 중심

성산포를 목표로 12번 국도를 따라 걸었다. 12번 국도는 지난겨울 아들놈과 자전거로 일주했던 그 도로다. 그 길을 1년 뒤에 도보로 일주하고 있으니 어딜 가도 지난해의 추억이 되살아났다. 안덕 계곡을 지나면서 자전거를 끌고 오르막길을 낑낑대며 오른 일도 생각났고, 중문 관광단지를 향해 뻗은 시원한 내리막길을 신나게 달려 내려오다가, 감시 카메라 앞에서 자전거 브레이크를 잡던 웃지 못할 일들도 생각났다.

이런 추억만이 아니다. 25여 년 전 나는 제주시의 변두리에서 2년을 살았던 적이 있었다. 대학 학창 시절 2년을 제주에서 보낸 것이다. 그러므로

가는 시간 속에 내가 서 있다.
내일은 또 어디에 있을지,
좋지 못한 컨디션으로
어디까지 갈 수 있을까?

제주는 나의 제2의 고향이나 마찬가지다. 그래서 이곳의 지리나 풍습, 심지어는 언어에도 아주 익숙해 있다.

　　토요일과 일요일에는 자취방에 있지 않고 거의 예외 없이 제주도 전역을 돌아다녔다. 그 후 25여 년이란 오랜 세월을 보내고 뒤늦게 나타나 도보 일주를 하고 있으니 한마디로 감개무량이었다.

　　옛날 추억을 뒤로하고 12번 국도에서 길을 바꾸어 위미 해안 길로 걸었다. 태평양의 탁 트인 바다를 바라보았다. 그리고 해안선을 따라 밀려드는 파도를 보았다. 장엄한 바다요, 제주 사람들의 애환이 스며 있는 바다였다. 그 바다 위에 고기잡이배들이 애환을 싣고 떠 있었다.

　　위미를 지나 남원으로 가는 도로는 매우 시원하게 뚫려 있었다. 뻥 뚫린 길로 간혹 차들이 지나가고 있을 뿐, 인도를 걷는 사람은 나 혼자뿐이었다. 길 양옆을 따라 늘어서 있는 돌담길 뒤로 밀감이 노랗게 익어 있었다. 밀감 과수원 안에서는 작업자들이 모여 선별하는 작업이 한창이었고, 주변 대로에서는 밀감을 실은 트럭들이 분주히 오가고 있었다.

넷째 날 : 42km

서귀포 중심

성산면 성산

　　표선을 뒤로하고 성산포로 이르는 길은 너무 멀게만 느껴졌다. 어둠을 뚫고 가야 하는 멀기만 한 길인데, 다릿병이 또 방해를 했다. 지금 이 시각, 무리를 하지 않아야 한다는 교과서적인 말은 사치에 불과할 뿐이었다.

　　성산포까지라도 가자고 마음을 다잡아 보았다. 그곳에서 포기를 해 버릴지라도 말이다.

　　오른 발목의 통증을 참아 가며 온평을 지나고 겨우겨우 성산까지 왔다. 성산 숙소에 도착했을 때는 이미 녹초가 되어 있었고, 다릿병 때문에 한 발자

110

국도 움직일 수 없는 상황이었다.

하루만 더 걸으면 완주할 수 있는데, 신체적 고통을 참지 못하고 결국 포기해야만 했다. 집사람에게는 내일 돌아가겠다고 통보를 하고, 또 제주에서 한 편뿐인 사천행 오후 8시 비행기 표를 전화로 예매해 버렸다.

다음 날 아침, 저녁도 먹지 않고 자 버린 탓에 일찍 일어날 수 있었다. 이왕 포기한 마당에 성산 일출이라도 구경할까 망설이다가 주섬주섬 짐을 챙겨 숙소를 나왔다. 비행기를 타야 할 시간은 많이 남아 있었는데 마땅히 갈 곳이 없었다. 쉽게 포기해 버린 것에 대한 잔잔한 후회가 밀려왔다. 패잔병 같은 내 처지가 초라하기 짝이 없었다. 중도 포기할 일을 왜 시작했을까? 이 정도의 고통을 참지 못한다면 앞으로 닥칠 더 큰 시련을 어떻게 극복해 나갈 것인지…….

다시 걸어 보자! 가는 데까지 다시 가 보자!

천천히 걸으니 몸이 좀 풀렸다. 다리의 통증도 어제보다 좀 가셨고, 약간의 스피드를 더해 보니 몸이 말을 들어 주고 있었다. 다시 시도하면 완주할 것 같은 자신감이 생겼다. 1시간 정도 지나 종달리를 걸으면서는 완주의 자신감을 되찾았다. 중도에서 포기하다니, 실패한 제주 도보 여행이었다는 오명을 남기고 싶지 않아 주먹을 힘껏 쥐었다.

그런데 오늘은 바람이 너무 거세게 불었다. 태풍 주의보가 내렸다더니 예사 바람이 아니었다. 작년 아들놈과 자전거를 타고 이곳 성산을 지날 때와 똑같은 날씨였다. 다만 이번은 진눈깨비가 날리지 않을 뿐, 앞으로 한 발짝 나아가기가 무척 힘들었다. 그래도 끝은 맺어야지.

김영을 지날 때 잠깐 같이 길을 걷게 된 아저씨가 있었는데, 그분이 말하기를 제주 서쪽에 제주시와 대정읍을 잇는 횡단 도로가 생겼는데 갓길이 있어 걷기에 안전하고 경치도 좋단다.

완주의 성취감을 맛보기 위해서는,
집에 돌아가기 위해서는
참고 참으며 걸음질을 계속해야지!

내가 제주에 살던 그 당시에는 한라산 동쪽 성판악을 거치는 516 횡단 도로와 서쪽 영실을 통하는 제2 횡단도로만 있었는데 새로운 길이 열렸다니 귀가 솔깃했다. 당시 516 도로나 제2 횡단 도로를 넘을 때 중산간 지역에서 바다를 내려다보는 풍경은 한라산 정상에서 내려다보는 장엄한 풍경과는 다른 매력이 있다는 것을 익히 알고 있었기 때문이다. 그리고 16번 국도인 중산간 도로와 지방 도로들을 적절히 조합하여 신횡단 도로를 따라 일주한다면 해안 일주 도로보다 더 멋진 풍경을 만끽할 수 있을 것 같은 예감이 머리를 스쳤다.

중산간 도로를 다시 걸어 본다는 상상을 하니, 이번 해안 일주 도보의 끝이 사라지고 제주 중산간 도로 도보의 새로운 장이 펼쳐지는 것 같았다. 머지않아 중산간 도로를 따라 도보할 수 있는 날도 오겠지!

그렇게 매섭게도 불어 대던 북풍은 김영을 지나 함덕에 이른 4시경에야 좀 잠잠해졌다. 오늘 비행기를 타려면 최소한 7시 반까지는 관덕정에 도착해야 했다. 남은 거리는 15~16km인데, 시속 5km로 3시간 이상 쉬지 않고 걸음질해야 가능한 일이었다. 1차 도보 여행 때 시속 6km로 7시간을 계속 달린 적은 있으나, 지금은 그때와 상황이 많이 달랐다. 무거운 배낭을 등에 메었고, 다릿병이 4일째 괴롭히고 있기 때문이다. 하지만 어쩌랴! 빠듯한 시간이긴 하지만 완주의 성취감을 맛보기 위해서는, 그리고 집에 돌아가기 위해서는 참고 참으며 걸음질을 계속해야지!

부지런히 걸은 덕분에 함덕에서 금세 많이도 지나왔다. 모교인 제주교대도 지나고, 또 사라봉도

지났는데 관덕정까지 1km 남짓 남겨 놓고 내리막길이 나왔다. 젖 먹던 힘까지 다하여 겨우겨우 도보의 최종 목적지이자 출발지였던 관덕정에 도착했다. 시간을 보니 7시 30분이었다. 가슴이 벅찼다. 이 순간의 기쁨을 위해 도보를 하는 것이 아닌가! 도보 시간이 길면 길수록 기쁨도 크고, 고통이 많으면 많을수록 환희도 큰 것이다. 설악산을 좋아하는 사람들이나 지리산을 좋아하는 사람들은 코스를 바꿔 가며 산을 오르면서 등산의 묘미를 마음껏 만끽한다. 그런데 초짜배기 산행꾼이 지리산이나 설악산을 한번 다녀오고 그 산을 말할 수 있을까? 초짜에 가까운 내가 해안 일주 도로를 한번 걸어 보고, 감히 제주도를 도보로 일주했다고 남에게 말할 수 있겠는가?

이번 제주 해안 일주 도보는 제주도 전체를 도보하기 위한 그 첫걸음이었다. 앞으로 자그마한 시간의 틈이라도 생기면 제주도로 훌쩍 다시 와 보리라 생각했다. 지리산이나 설악산 가듯이 가벼운 마음으로 말이다.

제주 해안 일주 도로 도보 개요

1. **기간** : 2002년 11월 21일~11월 25일(4박 5일)
2. **구간** : 제주 시내 관덕정에서 제주 시내 관덕정까지(서쪽에서 동쪽으로 진행)
3. **코스** : 관덕정 → 애월 → 한림 → 대정 → 서귀포 → 남원 → 성산 → 함덕 → 관덕정
4. **거리** : 179km
5. **구간별 종주 현황**

날수	출발	도착	거리	소요 시간
1일차	제주 관덕정	한경면 신창	39km	10시간
2일차	한경면 신창	대정읍 읍내	17km	6시간 20분
3일차	대정읍 읍내	서귀포 중심	33km	8시간 30분
4일차	서귀포 중심	성산면 성산	42km	10시간 40분
5일차	성산면 성산	제주 관덕정	46km	10시간 20분
계			179km	45시간 50분

혼자만의 여유로움, 동해안 길을 가다

- 고성(거진)
- 속초
- 양양
- 강릉
- 동해
- 삼척
- 울진
- 평해

마음속에 간직한 길

　서해안과 남해안을 걸으면서 언젠가 동해안도 도보로 여행하겠다는 다짐을 여러 번 했으나 그 기회가 좀처럼 오지 않았다. 한반도 내륙 코스들은 중첩해서 걸었으면서도 아직 동해안 길을 가 보지 않은 것은 여유가 생길 때 혼자 조용히 유유자적 걸어 보려고 아껴 왔기 때문인지도 모르겠다.
　젊은 시절 2년 동안 제주도에서 보낸 때가 있었는데, 그때 주말 여행을 한답시고 제주도 구석구석을 뒤지고 다녔다. 그런데도 유명 관광지였던 안덕 계곡만큼은 찾지 않고 남겨 두었다. 그것은 제주를 떠나더라도 제주에 대한 그리운 정을 잊지 않기 위한 나만의 방법이었다. 그 때문에 육지에 돌아온 뒤에도 안덕 계곡이 있는 제주도를 잊지 않았으며 30년이 지난 최근에야 안덕 계곡을 찾아 제주 생활의 옛 추억에 잠겨 볼 수 있었다.
　제주 안덕 계곡과 마찬가지로 동해안 도보 여행 코스를 마음속에 늘 숨겨 두었는데 이제 그 뚜껑을 열려고 하니 감회가 새로웠다. 강원도 고성의 통일전망대에서 시작하여 동해의 해안선을 따라 부산으로 이어지는 동해안 길이 내 마음속에 늘 환상의 길로 남아 있었다. 남해안이나 서해안에 비해 해안선이 단조로워 도보 여행을 하기에는 다소 지루한 길일지라도…….
　이 길은 승용차로는 여러 차례 달려 보기는 했지만 간성에서 통일전망대에 이르는 30km 구간을 제외하고는 이때까지 걸어 본 적이 없었다.

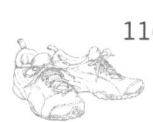

그 미지의 길을 이제야 걷게 된 것이다. 하지만 이번은 5박 6일의 짧은 여정으로 시작하는 여행이라 7번 국도 전부를 완보할 처지는 못 되었다. 그래서 간성에서 영덕까지 300km를 1차 구간으로 잡고, 영덕에서 부산까지의 200km는 시간 날 때 더 여유 있게 걸어 보기로 계획을 세웠다. 그러기에 이번 도보 여행을 마친다 해도 동해안 길은 여전히 내 마음속에 작은 미련으로 남아 있는 것이다.

꽃들의 환영을 받으며 걷는 미지의 길

마음의 준비가 끝났기에 등짐을 둘러메고 동서울 터미널로 나가 속초행 버스에 몸을 실었다. 속초에 도착하여 이번 도보 여행의 짝이 될 '창호지'(카페 닉네임)를 만나 지방 버스를 갈아타고는 간성으로 향하는데, 서울서 속초행 버스를 탔을 때보다 가슴이 더 울렁거렸다. 도보 여행을 시작할 때마다 울렁거려 오는 이 가슴을 어쩌랴. 버스를 타고 간 이 길을 걸어서 다시 내려오겠다는 나의 요상스런 행동 때문이기도 하지만, 걸어 보지 않은 미지의 길을 걷는 설렘도 있었다.

간성에서 통일전망대까지의 길은 한반도 겨울

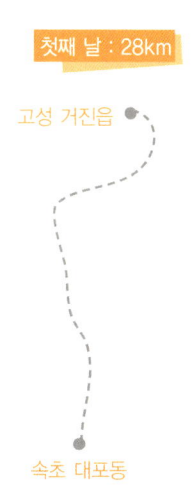

도보 횡단 때 세 차례나 걸어 본 경험이 있었다. 그래서 이 구간은 제외시키고 내 발길이 한 번도 닿지 않은 7번과 23번 국도의 교차점인 대대 삼거리에서부터 출발하기로 결정했다. 간성 시외버스 주차장에서 택시를 타고 그곳까지 올라갔는데, 택시 기사가 미터 요금보다 천 원을 더 달라고 했다. 기본 요금 거리도 채 안 되는데 간성의 경계를 넘어 거진 땅에 들어왔기 때문이라고 했다. 정말 어이없는 일이지만 개천 하나를 두고 행정 구역이 다르니 꼼짝없이 당할 수밖에 없었다.

　오후 2시경에 첫걸음을 시작했다. 삼거리에는 이른 초여름의 제법 따가운 햇살이 내리쬐고 있었다. 간성 읍내를 지나 외곽 도로로 접어드니 길가에 핀 이름 모를 꽃들이 함박웃음을 머금고 우리 일행을 반겨 주었다. 그 미소에 답례해 주려고 꽃 이름을 떠올리려니 알 듯 말 듯 기억이 나지 않았다. 옆에 있는 창호지에게 물었더니 그도 모른다고 했다. 이름을 확실히 알지도 못하면서 은근슬쩍 거꾸로 말해 주었다. "이게 길섶초야." 하고. 창호지는 그런 꽃이 있나 보다 하고 고개를 끄덕였다. 길옆에 자라고 있는 풀 모두가 길섶초인데 말이다.

　미소 짓는 꽃들의 행렬을 따라 걸으며 오랜만에 만난 창호지랑 그간 살아온 이야기도 하고, 또 2년 전 서해안 길을 같이 걸었던 추억도 더듬었

다. 걷다 보니 어느새 속초 시내가 눈앞에 다가왔고, 저물어 가는 영랑호 호수 위에 아름다운 노을이 걸려 있었다. 한 폭의 그림 같은 풍경이었다. 하지만 사진 찍을 겨를도 없이 걸음을 재촉해야만 했다. 드라마 속에 등장했던 속초의 명물 갯배를 타고 바다를 건너 저편으로 가야 하는데 8시 이후에는 갯배 운행이 중단되기 때문이었다.

다행인지는 몰라도 창호지가 이곳 속초 지리에 밝아 갯배 타는 곳을 쉽게 찾아냈다. 건너편까지는 50m밖에 되지 않는 거리인데, 이 갯배를 타지 않으면 먼 길을 돌아서 가야 했다. 호기심에 뗏목 같은 갯배를 타 보니, 멋도 스릴도 없이 2~3분 만에 끝나 버렸다. 에이, 기대를 말았어야 했는데…….

갯배에서 내려 허기진 배를 채우려는데 가게도 없었다. 또 오랫동안 도보를 하지 않다가 다시 시작해서인지 20km 정도 걸었는데도 다리가 아파 오면서 걷기가 싫어졌다. 하지만 먹을 곳과 잠잘 곳은 찾아야 했다. 속초의 내항 입구에 놓여 있는 다리를 지나자 속초 해수욕장이 나타났다. 좀 더 조용한 해변을 찾아 움막을 지어 보려고 지친 몸을 이끌고 계속 걸었더니 어느새 밤 10시가 지나 버렸다. 해변을 뒤로하고 마을 길을 통과하는 산길 모롱이에 적당한 장소가 있어 텐트를 펼치고는 취사 준비를 했다. 구멍

가게에서 사 온 쌀로 밥을 짓고 2~3일치 준비해 온 부식으로 차린 늦은 저녁은 꿀맛이었다. 이런 매력 때문에 도보 여행을 하는 걸까?

아침에 눈을 뜨고 움집 밖으로 나오니 안개가 자욱하여 지척에 있는 사물조차도 분간하기 어려웠다. 바로 건너편 아래에 있던 마을의 그림자는 물론이고, 어젯밤 텐트 바로 앞에 있던 덤불도 사라졌다. 날이 아직 새지 않았나 싶어 시계를 보았더니 6시가 막 지났는데, 어제 같으면 해가 떠올랐

오랫동안 도보를 하지 않다가 다시 시작해서인지
20km 정도 걸었는데도
다리가 아파 오면서 걷기가 싫어졌다.

을 시간이었다. 이런 자연의 신비 속에서 눈을 떴다는 것이 의아스러웠다. 젊은 20~30대에나 할 수 있는 경험을 50대에 하고 있다니 한심스러운 생각도 들었다.

　텐트를 걷어 짊어지고 남쪽으로 40km나 떨어진 주문진을 향해 안개를 뚫고 나아갔다. 1시간쯤 지났을까. 차츰 하늘이 열리면서 주변이 밝아왔다. 그 공간 사이로 넓은 바다가 펼쳐지니 좁혀져 있던 가슴이 확 트여 오는 것 같았다.

　그런데 금년 초에 주문진 지역을 휩쓸고 간 대형 산불의 시커먼 흔적들이 바다 풍경과 함께 시야에 나타났다. 조금 더 내려가니 검은 소나무 숲에 둘러싸인 낙산사가 있는 작은 동산도 보였다. 불타 버린 낙산사를 내 눈으로 목격하고 싶어 절 입구로 들어섰다. 너무 처참한 모습이었다. 흔적만 남은 사찰 터에서는 문화재 복구반이 땀 흘리며 복구 작업을 하고 있었는데, 그들 앞을 배낭을 메고 지나치려니 미안스럽기 짝이 없었다.

　하지만 미안한 감정도 잠시, 검정 소나무 숲 속에 우뚝 서 있는 해수 관음 보살상이 내 마음을 더 아리게 했다. 지난여름 군에 근무하는 아들놈 면회차 가족들과 함께 이곳에 왔을 때의 푸르름은 온데간데없이, 검정색으로 둘러싸여 있는 모습이 불교 도랑이 아니라 지옥 같은 느낌마저 들었다. 해수관

둘째 날 : 45km

속초 대포동

주문진 연곡

음 보살상 주변의 석등들도, 운 좋게 살아남은 원통보전도, 의상대로 이어지는 길도 소나무 숲이 아닌 소나무 숲으로 둘러싸여 있는 광경을 보며 안타까운 나그네의 발길을 돌렸다.

그러고는 피서객 없는 텅 빈 낙산 해수욕장의 모래밭을 한가롭게 걸었다. 이곳은 열흘만 더 지나면 개장되어 피서객들로 발 디딜 틈이 없을 곳이었다. 양양 시내를 빠져나와 남대천의 낙산대교를 지날 때 다리 끝 난간에 서 있는 표지판이 눈길을 끌었다.

'지방 1급 하천 양양 남대천'

우리나라 전역을 돌아다니며 살펴보았지만 '1급 하천'이란 글귀가 들어 있는 이정표를 볼 수는 없었다. 그런데 양양에서 처음으로 1급 하천을 접하니 반갑기 그지없었다. 일본 열도를 따라 도보 여행을 할 때는 1급 하천 이정표를 가끔씩 본 기억이 있었다. 우리나라도 하천 수질 관리를 잘 해서 1급 하천이 많이 나오길 기대해 본다.

양양의 하조대 해수욕장 입구도 지나고 38선을 알려 주는 이정표도 지나 주문진으로 향했다. 사진 찍기 좋은 멋진 해변 풍경들을 감상해 가며 주문진 초입에 다다르니 말끔히 포장된 해변 길이 나타났다. 아직 개통되지 않아 차들은 다니지 않았다. 도보 여행을 하다가 이런 미완의 도로를 만나면 질주하는 차량으로부터 해방되었다는 즐거움에 춤이라도 추고 싶어진다.

넓고 한적한 길을 걷다 보면 자연히 깊은 사색에 더 빠져들게 되고, 걸으면서 무아의 경지 속에 몰입되어 보는 것이 도보 여행의 큰 매력이 아니겠는가. 산뜻하게 칠해진 노란 중앙선을 천진스럽게 걷는 것도 잠시였다. 부산까지 이런 길이 쭉 뻗어 있으면 좋으련만……! 4~5km의 공사 구간이 금세 끝나고 차량 통행이 번잡한 시내 길로 다시 접어들었다.

새벽을
걷는 사람들

주문진 시내를 벗어나 3km쯤 떨어진 남쪽 변두리 선창에 퍼질러 앉아 저녁과 함께 술상을 차렸다. 안주는 온통 오징어 일색이었다. 주문진 시장에서 만 원어치만 달라고 했더니 스무 마리도 넘는 오징어를 비닐봉지에 담아 주었다. 초장을 파는 구멍가게 아주머니에게 절반을 주었는데도 둘이 먹기에는 너무 많았다. 바닷물에 씻어 회를 만들고, 또 삶아서 썰고, 초장에 찍어 막걸리와 함께 먹는데 강원도 막걸리 병은 밑바닥에 구멍이 뚫려 있는 것 같았다. 뚜껑을 따기가 무섭게 금방 바닥이 보이니 그렇게 생각할 수밖에 없었다.

우리가 여태 살아왔고 앞으로 살아갈 이야기를 하면서 밤중이 되도록 먹고 마셨더니 취기가 올라 잠자리에 들었다. 그런데 갑자기 '우르릉 쾅' 하는 소리가 들렸다. 반은 술에 취하고, 반은 잠에 취한 상태에서 천으로 된 문을 비집고 바깥을 내다보았다. 다시 '우르릉 쾅쾅' 하는 소리가 나더니 '후두두두둑' 비가 내리기 시작했다. 비몽사몽 중에 텐트

셋째 날 : 52km

주문진 연곡

동해 용정동

를 걷어 저만치 옆에 있는 빈 탈의실로 피신을 했는데 언제 그랬냐는 듯 서쪽 하늘이 금세 밝아왔다. 창호지에게 "어찌 할깝쇼?" 하고 물었더니, 다시 잠자기는 글렀으니 새벽 걸음 해서 강릉으로 내려가자고 했다.

재작년 가을, 전남 고창의 어느 정자에서 창호지랑 미국인 론이랑 셋이 둥지를 틀었을 때도 소낙비와 돌풍을 만난 적이 있었다. 다행히 정자의 툇마루가 넓어 간신히 억수 같은 비를 피할 수 있었다. 또 한번은 날이 밝기도 전에 일어나 달빛 비추는 새벽길을 재촉했던 적도 있었다.

도보 여행이란 이런 것인가? 도보 여행을 하다 보면 밤도 낮도 새벽도 없이 길을 걸어야 하는가? 그러기에 도보 여행은 인생의 여로와 같다고 누군가 말했나 보다. 인생의 길도 때론 풍파가 밀려왔다가도 때론 평탄한 길이 열어지니 말이다. 그래서 많은 사람들이 도보 여행을 인생살이와 같다고 비유했나 보다. 그런데 나는 왜 이 불편한 생활을 자처하고 있는 것인가? 쉰을 넘긴 주제에 무엇을 또 얻겠다고 길 위에서 이 고생을 하고 있는가? 두어 시간의 선잠에서 깨어나 경포대로 향하는 우리들 발걸음이 무겁고 더디기만 했다.

동이 틀 무렵 강릉 시외버스 터미널 부근에서 해장을 하고는 국도가 되어 버린 구 동해 고속도로를 따라 동해시로 향했다. 사람의 통행이 제한되어 있는 진짜 고속도로 위를 걷고 있는 기분이 들었다. 톨게이트 없는 정동진과 옥계 인터체인지도 지나고 묵호항을 통과할 즈음 날이 저물었다. 새벽부터 지금까지 족히 45km를 걸었는데도 동해시 외곽의 목표 지점까지 가려면 10km는 더 가야 했다. 엎친 데 덮친 격으로 피로에 지쳐 한 걸음 더 진행하기도 힘든데, 방향을 잃고 길까지 헤맸다.

그래서 가까운 시내 중심의 모텔에 여장을 풀려고 했더니, 창호지가 절뚝거리면서도 낮에 이야기한 지점까지 가자고 우겼다. 그의 얼굴에는 이

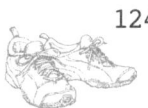

밤도 낮도 새벽도 없이
길을 걸어야 하는가? 그러기에
도보 여행은 인생의 여로와 같은 것이다.

제 오기가 보였다. 겨우 동해 시내 중심가를 벗어나 예정된 숙소에 도착했다. 거울을 보니 거지가 따로 없었다. 이틀 동안 야영을 하며 제대로 세수를 못했으니 얼굴에 땟국물이 흘러내릴 수밖에 없는 처지였다. 이래서 이틀 정도는 야영을 하고, 하루는 여관에 투숙하며 몸치장도 하자고 미리 약속해 두지 않았던가.

그러나 막상 등짐을 내려놓고 보니 씻는 것은 뒷전이었다. 궁궐 같은 방에 드러누워 보니 온 천하가 내 세상이었다. 3만 원짜리 자그마한 방이지만 시드니 해변의 호화스럽고 찬란한 호텔이나, 캐나다 캘거리의 멋스런 호텔 방에 투숙했던 것보다 아늑하게 느껴졌다. 텐트 속의 비좁은 잠자리에서 이틀 밤을 지내다가 샤워 시설이 있고, 텔레비전이 있는 모텔 방으로 옮겨 오니 부러울 게 없었다. 인간은 정말 간사한 동물인가 보다. 생각하기에 따라, 또 환경에 따라 자그마한 모텔 방이 고급 호텔 방보다 더 안락하고 사치스런 궁궐로 느껴지니 말이다.

아주 푸근하게 잠을 잔 것 같았다. 일어나서 몸을 움직여 보니 한결 가뿐했다. 하지만 밝은 햇살 줄기가 창틈으로 스며들어 길을 떠나야 하는 나그네의 목을 졸랐다. 그래도 오랜만에 화장품을 만났으니 그냥 지나칠 수 없어 넓은 세면장에 들어섰다. 순간, 지난 수차례의 단체 여름 장기 도보 때의 추억들이 머리를 스쳤다.

이름하여 '수도꼭지 쟁탈전'이었다. 자그마한 시골 마을 회관을 빌려 하룻밤 신세를 지려면 무엇보다 씻는 것이 가장 큰 문제였다. 하나밖에 없는 세면장 앞에서 차례를 기다리며 벌 아닌 벌을 서고 있어야 했다. 특히 여자들은 세면장에 한번 들어가면 함흥차사다. 여자들이 세면장에 들어가기만 하면 바깥에서 기다리는 사람은 속이 타 들어갔다.

그래서 사람들이 모두 잠든 새벽에 일어나 씻어야겠다고 다짐도 해

보았지만 그것도 공염불이 되고 말았다. 녹초가 된 몸으로 새벽에 일어난다는 것 자체가 무리였던 것이다. 여름 장기 도보 여행이 끝날 때까지 샤워한번 제대로 못했던 그 시절, 지금 모텔 세면장을 여유롭게 쓰려니 여러 사람과 함께했던 시끌벅적한 그때가 그리워졌다.

길도 인생처럼
늘 만나고 헤어지고

동해시 외곽 부근의 작은 식당에서 아침 요기를 하고 4일째 일과를 시작했다. 들판 길을 접어들었는가 싶었는데 금세 또 다른 시내가 나타났다. 여기도 동해시일까 하는 의아심이 가시기도 전에 건너편 인도를 따라 등짐을 멘 두 여자가 우리와 같은 방향으로 걸어가고 있었다. 도보 여행자인 듯했다. 말을 붙이면 서로 이야기가 통할 것 같아 앞질러 가서 주유소 화장실에 들렀다가 나오니 그들이 사라져 버렸다. 신나게 따라온 보람도 없이 '닭 쫓던 개'의 신세가 되어 버렸지만 갈 길은 가야 하기에 발걸음을 다시 재촉했다.

바다 옆길을 따라 걷다가 산길을 걷고, 또 그러다가 들판 길을 걸었다. 삼척시를 지나 20km 정

넷째 날 : 50km

동해 용정동

삼척 원덕읍

세상살이가 다 이런 법이다.
같은 길을 여럿이 걷다가 나중에는 둘이 되고,
그러다간 또 혼자가 된다.

도 내려왔을까. 그러니까 오늘 모두 30km쯤 걸은 셈인데 날이 저물고 있었다. 오늘이 낮이 제일 길다는 하지임을 감안한다면 오후 8시는 지났으리라. 길 잘 걷기로 소문난 창호지의 발에 물집이 심해져 진도가 잘 나가지 않았다. 그는 내게 미안해서인지 걷는 데까지 걸어 보고 안 되면 중도 하차하겠다고 했다. 옷도 신발도 모두 가벼운 것으로 새로 장만하는 등 도보 여행 준비를 톡톡히 하고 참여한 그였는데 말이다.

그런데 주변에 여장을 풀 만한 곳이 없었다. 그보다 더 큰 문제는 창호지가 고집을 부리며 더 걷겠다면서 내 앞을 계속 질주해 가는 것이었다. 어둠 속이라 그의 상처를 확인할 수도 없고, 확인해 보자고 했더니 그냥 걸을 수 있다며 또 고집을 부렸다. 그의 고집을 제대로 꺾지 못한 채 앞서거니 뒤서거니 하면서 별빛을 벗 삼아 계속 걸었다. 언덕에서 내려다보이는 야경 좋은 용화원 휴게소도 지나고, 경상도 땅이 지척인 원덕에 당도하여 개천 변에 둥지를 틀었다. 이때가 새벽 1시였다. 창호지의 발병에도 불구하고 밤늦게까지 걸었기에 족히 50km는 걸은 것 같았다.

철새들이 모이 찾는 개천 변에서 막 떠올라 있는 태양의 따가운 햇살을 맞으며 텐트를 접는데, 발병 때문에 고생한 창호지가 서울로 돌아가겠다고 했다. 새삼스런 일은 아니지만 막상 그를 보내고 혼자 길을 떠나야 된다고 생각하니 아쉬운 마음이 한두 가지가 아니었다. 하지만 그가 초반에는 물집 고통에 시달리다가 이젠 발목 앞정강이 근육까지 이어져 온 고통을 당하고 있으니 어쩔 수 없었다.

나도 그런 경험을 두 번이나 당하지 않았던가. 한번은 일본의 땅끝 가고시마에서 도쿄까지 근 900km를 도보 여행 할 때, 마지막 목표 지점 200여 킬로미터를 남겨 두고 발병이 났다. 또 한번은 춘천에서 출발하여 한반도 내륙 길을 따라 목포까지 가려다가 고령 부근에서 발병을 얻었다. 동병

상련이라 했던가, 발병 기억을 생생히 하고 있는 나로서는 창호지의 발목 부상을 백번 이해할 수 있었다. 그렇지만 그와 함께 되돌아갈 수는 없는 노릇이고, 혼자서라도 5박 6일 동안 강원도 간성서 경북 영덕까지 걸어가겠다는 당초 계획을 계속 실행하기로 했다.

원덕 시외버스 주차장에서 창호지를 전송하고, 혼자 읍내를 빠져나와 울진 방향을 향해 걸었다. 세상살이가 다 이런 법이다. 같은 길을 여럿이 걷다가 나중에는 둘이 되고, 그러다간 또 혼자가 된다. 이젠 정말 구름에 달 가는 외톨이 신세가 되었다. 하지만 좋은 점도 있었다. 이제는 빨리 걷든 천천히 걷든 옆 사람과 보조를 맞출 필요가 없었다. 또 자연을 감상하며 사색에 잠겨 걷기만 하면 되었다.

그런데 원덕을 떠나 3km쯤 걸었을까. 언덕을 올라가며 산모롱이를 돌았는데 저만치에 두 사람이 걸어가고 있었다. 언뜻 보아 어제 동해시 외곽 부근의 길 위에서 감쪽같이 사라진 두 사람인 듯했다.

걸음을 재촉하여 그들에게 다가가니 대학생으로 보이는 여자들이었다. 그들은 춘천에서 출발하여 지금까지 9일 동안을 걸어왔고, 해남까지 걸어서 갈 계획을 갖고 있었다. 뒤늦게 알았지만 그들은 자매였다. 언니는 일본에서, 동생은 서울에서 학교를 다니는 대학생이었다. 그냥 떠나고 싶어 갑작스레 도보 여행을 결정했다고 했다. 깜찍한 자매였다. 도보 여행을 어떻게 준비했냐고 물었더니 다음(Daum) 사이트의 '인생길 따라 도보 여행' 카페 자료실에 많이 들락거렸다는 것이다. '헉, 내 카페의 회원이었다니!' 그래서 더 반가웠지만 신분을 바로 밝히지 않고 다시 질문을 던졌다. 그 카페의 자료들이 도움이 되었냐고 물었더니, 다른 사이트보다 후기들도 많고 도보 여행 자료가 많아 유익했단다. 그제야 내가 그 카페의 주인장이라고 말했더니 둘 다 깜짝 놀랐다. 나는 그들과 함께 이런저런 이야기를 주고받으며 한참 동안 길을 걸었다.

　　길 위에서 만난 인연은 그저 단순한 인연인가 보다. 나는 아장거리며 걷는 그들 자매를 뒤로하고 기다리고 있는 사람을 만나러 가는 것처럼 다시 빠른 걸음으로 내 길을 갔다. 원자력 발전소가 있는 울진을 지나는데, 무심한 하루해가 저물어 가고 있었다. 중간에 두 자매와 걸음 보조를 맞춘다고 목표량을 걷지 못했는데, 쉬엄쉬엄 걸었던 시간을 땜질하려고 2시간쯤을 열심히 걸었더니 배가 고파 걷기가 힘들었다.

　　그래서 도로를 빠져나와 구멍가게에서 허기진 배를 빵으로 채우고는 다시 도보를 시작했다. 1시간 정도만 더 가면 해변이 있고, 그곳 덕신 해수욕장에 당도하면 백사장 위에 매트를 깔 수 있을 것이라 생각했다.

　　마을을 뒤로하고 바닷가로 이어지는 길을 가는데 자동차 그림자도 보이지 않았다. 산기슭 어둠 속으로 손전등을 비춰 보니 주변이 온통 수목으로 가득 차 있었다. 걸으면 걸을수록 산속 깊이 빠져 들어가고, 산세는 더 험해졌다. 서울서 강릉까지 횡단 도보를 했을 때 밤새워 산속 길을 걸으며 무서움에 떨었던 그때 일이 연상되면서 머리카락이 쭈뼛 섰다.

　　하지만 이런 캄캄한 산속 밤길을 혼자 걸어 본 적이 어디 한두 번인가. 무시무시한 산속 밤길의 스릴을 느껴 보려고 무서움 마다 않고 즐겨 걷는 내가 아닌가. 혹한의 추위 속 눈보라를 즐기려고 겨울 도보 여행을 수차례 해 왔고, 또 삼복더위 속에 달구어진 아스팔트를 걸으며 살아 있는 맛을 느끼려고 여름 도보 여행을 즐겨 온 내가 아닌가. 이까짓 무서움쯤이야.

　　산길을 빠져나와 민가가 있는 해변 모래사장 위에 텐트를 쳤다. 작고 네모 둥근 내 집을 얻고 나니 무서운 산길을 걸었던 긴장도 사라졌다. 배낭 속에 들어 있는 살림살이를 꺼내어 정리하고는 라면으로 밥 짓는 흉내를 냈다. 라면 끓는 기막힌 냄새로 막걸리 안주를 대신하니, 반쯤 이지러진 달이 동해 바다 위로 솟구치고 있었다.

　　망망대해를 비추고 있는 달빛은 은물결, 금물결이 되어 콜로라도의 밤을 연상시켜 주었고, 달빛 사이로 흘러나오는 별빛은 남극성을 볼 수 있는 뉴질랜드의 오클랜드 해변을 연상시켜 주었다. 해변에 부딪히는 작은 파도 소리는 달빛, 별빛과 어우러져 내 귓전을 은은히 스치며 유년 시절로 인도해 주었다. 작은 갯마을에서 태어난 나는 파도 소리를 자장가 삼으며 성장해 왔기에 바다는 내 마음의 고향이었다.

　　하지만 지금같이 황홀하고 뿌듯한 순간을 바닷가에서 느껴 본 적은 한 번도 없었다. 감성적인 시각으로 해변 분위기에 젖어 있기에 황홀함을 느끼는 점도 있을 테지만, 밤낮을 가리지 않고 수일 동안 몸을 불태워 가며 질주해 온 뿌듯함이 마음 한구석에 버텨 주고 있기 때문이리라. 나는 해외 여행에서도 느껴 보지 못한 황홀함을 동해의 초라한 해변에서 이렇듯 느끼고 있었다.

다섯째 날 : 41km

삼척 원덕읍

울진 덕신리

　　패키지로 떠나는 여행을 하다 보면 정해진 일정의 굴레를 벗어나지 못해 지금 같은 자유나 편안함을 찾을 수가 없다. 홀로 배낭 하나 달랑 둘러메고 비행기나 기차를 타고 이 지방 저 지방 기웃거리며 새로운 문화를 접하고, 또 멋진 풍경을 만끽하는 배낭 여행은 일반 여행보다는 멋지다고 말할 수 있다. 그러나 걸음질로 몸과 마음을 불태우며 고통을 즐기고 감내하는 도보 여행의 즐거움에 비길 수 있으랴! 그러기에 여행은 일반 여행보다 배낭 여행이 더 멋지고 배낭 여행 중에서는 도보 여행이 더 유익하기에 도보 여행을 여행의 정수라고 말하는 것이다.

동해 위로 힘차게 치솟는
해를 보며 하루 일과를 머릿속에
그려 보았다.

　나는 달빛, 별빛, 그리고 파도 소리에 어우러진 울진 덕신리 해수욕장의 해변 분위기에 도취되어 삼경이 지나도록 사색의 세계에 빠져 있었다. 풀릴 듯 말 듯한 내 마음의 숙제를 풀면서 말이다.

　인적이 없는 해수욕장 텐트 속에서 동해 위로 힘차게 치솟는 해를 보며 하루 일과를 머릿속에 그려 보았다. 어쨌든 오늘은 5박 6일간의 이번 도보 여행을 접어야 하는 마지막 날이었다. 오후 3시경까지 끝내야 하니 목표로 정한 영덕까지는 못 가겠지만 가는 데까지는 가 보기로 했다. 어젯밤 이곳에서 일상생활 속에 쌓여 있었던 마음의 찌꺼기를 많이도 정리했고 또 평소 망설였던 일들의 방향을 새롭게 결정했기에 이번 도보 여행은 그 어느 때보다도 풍성한 느낌이었다. 목표 지점까지 가지 못하면 어떠랴!

　아침을 거른 채로 25km를 걸어 평해의 월송정까지 내려왔다. 도보 여정을 접어야 한다는 생각을 하니 몸이 나른해지면서 배도 고팠다. 그렇

여섯째 날 : 24km
울진 덕신리
평해 월송정

지만 여기까지 왔으니 관동팔경 중의 제1경인 월송정은 둘러보고 가야 했다. 월송정 정자 위에 올라 솔밭 너머로 펼쳐지는 동해 바다를 쳐다보며 5박 6일간의 여정을 머리에 떠올려 보았다.

짧긴 했지만 의외로 소득이 많았다고 느껴지는 이유는 뭘까? 어젯밤 덕신 해수욕장에서 숙제처럼 미루어 오던 복잡한 마음들을 정리했기 때문일까? 어쨌건 두 다리로 힘들게 길을 걸으며 몸을 태우고 깊은 사색에 잠겨 마음을 불태웠던 이번 도보 여행에서 생활의 활력소를 얻은 건 틀림없었다. 가자, 가족의 품으로! 그리고 일상생활 속으로! 나는 배낭끈을 풀며 영덕행 시외버스에 몸을 실었다.

동해안 길 따라 강원도 고성에서 평해까지 도보 개요

1. 기간 : 2005년 6월 19일~6월 24일(5박 6일)
2. 구간 : 고성(거진)에서 평해까지
3. 코스 : 고성(거진) → 속초 → 양양 → 강릉 → 동해 → 삼척 → 울진 → 평해
4. 거리 : 240km
5. 참가자 : 용파리(6일간), 창호지(4일간)
6. 구간별 종주 현황

날수	출발	도착	거리
1일차	고성 거진읍	속초 대포동	28km
2일차	속초 대포동	주문진 연곡	45km
3일차	주문진 연곡	동해 용정동	52km
4일차	동해 용정동	삼척 원덕읍	50km
5일차	삼척 원덕읍	울진 덕신리	41km
6일차	울진 덕신리	평해 월송정	24km
계			240km

Tip
물집의 예방과 처치

1. 물집

물집은 마찰에 의해 생긴 열을 받아 화상을 입은 결과물이다. 걸을 때 신발과 발 사이에서 고르게 마찰이 일어나야 정상인데 신발 안에 돌출 부위가 있다든가, 신발 바닥이 자기 발바닥과 맞지 않아 특정 부위에서만 힘을 많이 받는 경우가 있다. 이렇게 되면 그 부위에서만 많은 마찰열이 발생하게 되는데, 이 부위는 살갗 조직을 보호하려고 몸 전체에서 수분을 끌어들이게 된다. 이때 피부와 살갗 사이에 끌려온 수분들이 모여 수막을 형성하는데, 이것이 곧 물집이다.

2. 물집의 원인

물집의 주원인은 신발이다. 신발이 자기 발에 잘 맞지 않을 때 주로 발생한다. 때로는 자신의 체중이나 등짐의 무게에 짓눌려서 발생하기도 한다. 또 신발 속에 들어온 이물질을 방치했을 경우에도 생긴다.

3. 물집 발생의 경험적 확률

많은 사람들은 초보자가 한꺼번에 길을 많이 걸었기 때문에 물집이 생긴다고 생각할 수도 있겠지만 초보자라고 반드시 물집이 생기는 것은 아니다. 도보 여행 전문가들도 물집 때문에 고통에 시달리는 경우가 허다하다. 그렇다면 도보 여행을 하는 전체 인원에 대비하여 물집이 생기는 확률은 얼마나 될까? 수차례 장기 도보 여행을 인솔하면서 느끼고 체험한 물집에 관한 경험적 수치는 참가자의 근 60%가 물집의 구애를 받지 않고 처음부터 끝까지 완주해 낸다는 것이다. 35% 정도는 물집의 고통을 호소하면서도 참아 가며 완주를 하지만, 5% 정도의 인원은 심한 고통을 겪거나 견디지 못해 탈락한다.

경험에 의하면 물집 때문에 고통을 받으며 도보 여행을 하는 인원은 그리 많지 않다는 결론이다. 그런데도 도보 여행을 하려는 사람들이 물집 걱정부터 먼저 하는 이유는 무엇일까? 아마도 물집이 한번 잡히면 도보 여행의 성패를 좌우할 정도로 치명타를 주기 때문일 것이다.

4. 물집의 사전 예방

1) 신발 선택

① 통풍이 잘 되는 신발 : 운동화의 천에 작은 구멍이 송송 뚫려 있어 신발 내부의 열을 밖으로 쉽게 배출시킬 수 있어야 한다(겨울용 신발 또한 동일). 통풍이 잘 안 되어 땀이 차면 피부가 쉽게 물러져서 물집이 생긴다.
② 부드러운 천으로 만들어진 운동화 : 발과 접촉하는 면의 천이 부드러우면 약간의 신축성이 생기기 때문에 마찰열이 작게 생긴다.
③ 약간 넉넉한 크기의 신발 : 장시간 걸으면 발이 부어 커지게 되는 것을 감안하여 약간 크다는 느낌의 신발을 고른다.
④ 가벼운 신발 : 물집과 신발 무게의 상관관계는 크지 않지만 도보 신발은 무조건 가벼워야 한다. 신발이 가벼우면 다리가 가벼워서 훨씬 수월하게 멀리 갈 수 있다.
⑤ 쿠션이 약간만 있는 운동화 : 무릎이 좋지 않은 사람은 쿠션이 많이 들어 있는 신발을 신어야 하겠지만, 쿠션이 지나치면 오히려 정상적 보폭을 유지하기 힘들어진다.
⑥ 자기 발 모양과 같은 모양의 신발 : 신발의 멋을 추구한다고 앞부분이 뾰쪽하게 만들어진 신발은 발가락을 몰아붙여 물집이 금방 생기게 된다.
⑦ 등산화나 농구화(신발 목이 긴 운동화) 등은 무게가 많이 나가기 때문에 도보에 좋지 않다.
⑧ 물집이 생길 경우에 대비하여 신발 구입 시 밑창(깔창) 하나를 추가로 구입하여 둔다.

2) 등짐의 무게와 물집

등짐이 무거우면 아무래도 발바닥에 하중이 많이 생기게 된다. 하중을 많이 받는다는 것은 마찰 계수가 높다는 말이며, 곧 마찰열이 많이 발생해서 물집이 생긴다는 의미다. 또한 우리 발은 평상시 짐 없이 다니기 때문에 발바닥은 짐이 없는 상태에 길들여져 있다. 이런 상황에서 갑자기 등짐을 지면 바로 적응하지 못해 발바닥에 물집이 생긴다. 등짐의 무게를 줄여야 하는 이유가 여기에 있다.

3) 기타 물집을 일으키는 것들

신고 다니는 양말의 수명이 다 되어 가면 양말 바닥이 닳게 되는데, 이때 작은 보푸라기들이 여러 곳에 뭉쳐 알갱이를 형성한다. 이 알갱이가 발 피부 조직을 마찰하면서 물집을 유발시킨다. 물집의 원인을 찾지 못하고 있을 때 양말이 원인인 경우가 있으므로 양말 바닥을 점검해 보는 것이 필요하다. 또한 걸을 때 작은 돌멩이나 모래가 신발 속으로 튀어 들어오는 경우가 있는데, 귀찮다고 털지 않고 계속 걷게 되면 이것 또한 물집의 원인이 된다.

4) 발바닥 테이핑과 물집

발바닥에 생기는 물집을 예방하려고 넓은 반창고나 파스를 붙여 주기도 한다. 이는 발바닥으로 전달되는 하중을 고르게 분산시켜 주려는 시도인데, 발바닥 피부가 제대로 호흡을 하지 못해 오히려 역효과를 낼 수 있으므로 발바닥 테이핑을 할 때는 신중을 기해야 한다.

5. 물집의 사후 대책

1) 초동 단계 대처가 중요하다

도보 여행을 떠나기 전에는 5시간 정도 연속적으로 걸어 신발을 테스트해 보고 떠나야 한다. 테스트 중 물집이 생긴다면 먼저 신발 속에 손을 넣어 점검해 본다. 신발 내부가 잘못되어 돌출된 부위 때문에 물집이 잡힌다면 그 부위를 제거해 주면 된다. 그런데 신발의 구조와 자기 발의 구조가 일치하지 않아 물집이 생기는 경우가 대부분이다. 그렇다면 신발을 바꾸어야 하는데 모처럼 맘먹고 장만한 값비싼 신발이라면 더더욱 바꿀 수가 없다. 이럴 땐 미리 사 둔 신발 밑창을 넣고 테스트해 보면 된다. 의외로 발이 편해 물집 잡히는 것이 멈추는 경우도 있고, 오히려 물집이 더 심하게 잡히는 경우도 있다. 또 물집이 찰 때 기존 신발에 들어 있는 밑창을 아예 제거해 보는 방법도 있고, 물집 차는 밑창 부위에 홈을 만들어 마찰을 줄여 주는 방법도 있다. 이런 여러 방법을 다 하여도 문제가 해결되지 않는다면 도리 없이 신발을 바꾸어야 한다.

신발 테스트를 확실히 하고 떠났음에도 불구하고 도보 여행 도중에 물집이 잡힐 수가 있다. 보통 5시간 정도만 걸어 보면 자기 신발인지 아닌지가 판명되지만 경우에 따라서는 하루 지나서 또는 이틀이 지나서 물집이 생기는 경우도 있다. 이때는 심하게 물집이 잡히지는 않는다. 이럴 때를 대비해서 신발 밑창 하나는 비상용으로 꼭 가지고 다니면 좋다.

통풍이 되지 않는 신발을 신어 발에 땀이 찬다면 물집이 금방 잡히므로 신발을 바꾸든지 아니면 적당한 크기로 신발에 구멍을 뚫는 것이 좋다.

겨울 도보 여행 때도 통풍이 잘 되는 신발을 신어야 한다. 발 시릴 것을 염려할 필요는 없다. 장시간 계속 걷기 때문에 신발 내부에서 마찰열이 생겨 동상에 걸릴 염려는 전혀 없다.

2) 물집의 치료

일반적으로 보면 도보 여행을 떠나는 사람은 물집을 치료하기 위해 실과 바늘을 가지고 다니는 경우가 많다. 바늘에 실을 이용하여 물집 속의 물을 밖으로 빼내기 위함인데, 이것으로는 근본 치료가 되지 못한다. 오히려 세균 감염이 되어 상처가 더 커질 수가 있고, 또 물집 속의 물이 빠져 버리면 피부 속의 살갗 부위와 직접 마찰이 일어나게 되므로 더한 고통을 당하게 된다. 그러므로 물집을 터뜨리지 말고 물집 주변을 붕대나 반창고 등으로 여러 겹 보강하여 물집과 직접 마찰이 일어나지 않도록 버팀목을 만들어 주는 것이 중요하다. 그렇지 않고 물집을 보호한다고 일회용 밴드나 반창고를 물집 위에 직접 붙여 주면 오히려 물집이 더 압박을 받아 부풀어 오르게 된다.

걸을 때 생기는 발의 물집은 그 치료보다 사전 예방에 더 많이 신경을 써야 한다. 물집이 잡히지 않으면 치료할 필요가 없기 때문이다. 도보 여행을 떠나기 전에 신발 테스트를 확실히 하여 자기 발에 맞는 신발을 꼭 찾아야 하고, 또 등짐 무게를 최대한 줄여야 한다. 이런 노력을 하면 물집으로부터 해방되고, 또 등짐으로부터 해방되어 즐겁고도 멋진 도보 여행을 할 수 있다.

아들과 함께 임진각에서 통일전망대까지

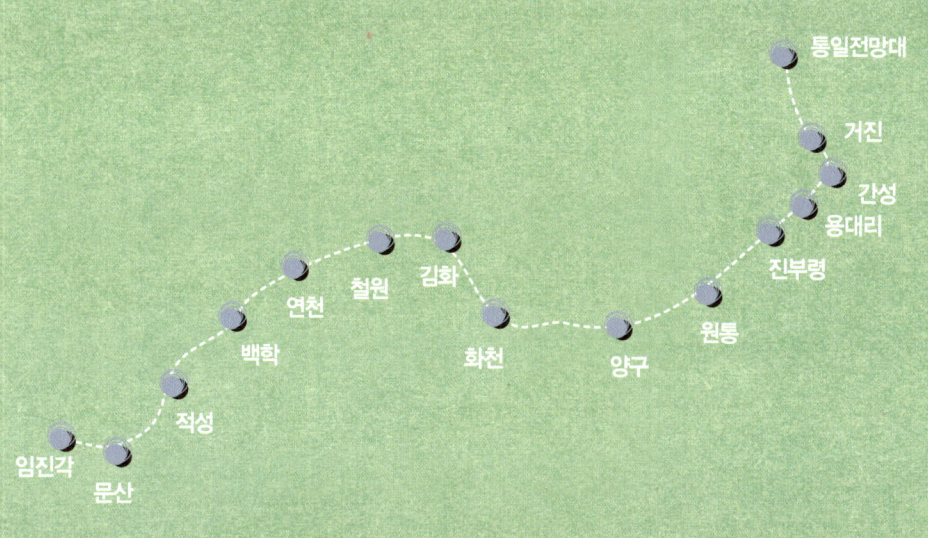

겨울 장기
도보 여행의 묘미

사람들 앞에서 내가 호언장담하는 것이 하나 있다.

'여행의 꽃은 도보 여행이고, 도보 여행의 정수는 겨울 장기 도보 여행이다.'

도보 여행은 일상생활에 얽매였던 속박으로부터 벗어나 새로운 환경 속을 걸어가며 잠시나마 해방감을 만끽하고, 자신의 나태함과 무력함을 극복해 보려고 시도하는 체험 도보라 할 수 있다. 또한 강추위와 눈보라 속을 한없이 걸으면서 인내를 터득하고, 수많은 난관을 헤쳐 나가며 자기의 의지와 능력을 시험해 보려는 작은 도전이기도 하다.

대부분의 사람들은 막연히 겨울 도보 여행이 어려울 것이라고만 생각하고 아예 시도 자체를 하지 않는다. 그러나 겨울 도보 여행이야말로 가장 값진 여행이라 할 수 있다. 그것은 내가 사계절 도보 여행을 두루 해 본 경험의 결과이기도 하다. 혹독한 강추위와 미끄러운 눈길 속에서 자신과 싸워 가며 완주한 후에 느끼는 쾌감은 어느 계절의 도보와도 견줄 수 없기 때문이다. 진흙 속에서 아름다운 연꽃이 피어나듯, 어렵고 힘든 환경을 극복해 낸 후에 느끼는 완주의 성취감은 훨씬 크다. 또 시시각각으로 변하는 겨울 날씨의 변덕스런 매력에 흠뻑 취할 수 있음도 겨울 장기 도보 여행에서 얻을 수 있는 기쁨이다.

따뜻한 온돌방의 미련을 떨쳐 내고, 움츠러드는 어깨를 펴고, 눈 덮인

산야를 걷다 보면 어느새 이마와 등에는 땀방울이 송골송골 맺히기 시작한다. 영하의 날씨에 내 두 발로 정직하게 걸어 맺히는 땀방울은 맑고 시원하다. 그래서 나는 가능하면 사람들에게 장기 도보 여행을, 그것도 겨울에 해보라고 꼭 권한다. 인생의 참맛을 즐길 줄 아는 사람이라면 말이다.

나의 첫 겨울 장기 도보 여행

2003년 2월 초, 나는 대학생이 된 아들을 데리고, 또 당시 개설했던 걷기 카페의 몇몇 회원들과 임진각에서 휴전선 주변 길을 따라 통일전망대까지 도보 여행을 했다. 이 도보 여행은 내가 시도한 첫 겨울 장기 도보 여행이었고, 도보 여행을 시작한 이후 여섯 차례의 장기 도보를 마쳤을 때였다. 이 당시의 나의 도보 이력은 최단 도보 거리 100km부터 최장 800km에 이르기까지 총거리 2,200km 정도였다. 그런데도 나는 겨울 도보 여행을 해보지 않았기 때문에 도보 총거리에 의미를 부여하지 않고 있었다. 그래서 이번에는 겨울 도보 여행을 생각하며 새로운 도전의 장을 펼치고 싶었던 것이다.

강추위를 뚫고 눈으로 뒤덮인 길을 9박 10일 동안 하염없이 걷는다! 상상만으로도 그 여행은 무척 짜릿했지만 한편으로는 '내가 너무 지독한 인간이구나!' 하는 느낌마저 들었다. 하지만 몇 차례의 장기 도보 여행에서 느낀 큼지막한 성취감이 내 상상의 여행길을 현실로 열어 주었다. 그동안의 경험들은 해 내겠다는 의지만 있다면 어떤 역경도 극복하고 완주할 수 있다는 교훈을 주었다. 오히려 더 어렵고 고생스런 길에 더 큰 성취감이 기다리고 있음을 확신할 수 있었다. 출발 지점과 도착 지점을 설정하고 그 길을 따라 자기의 두 발로 걸어 본 완주의 성취감! 이 성취감은 삶의 어떤 시련과 고난도 스스로 극복해 낼 수 있다는 자신감으로 변해 일생 동안 자신을 지켜 주는 등불이 될 것이라고 믿었기 때문이다.

또 한 가지, 내가 도보 여행에서 직접 얻은 마음의 귀중한 자산을 후대에게 전해 주고 싶은 것은 당연지사가 아닐까! 첫 도보 여행 이후 두 아들놈에게 완주의 성취감을 전해 주려고 일주일간의 제주도 일주 도보 여행을 떠나 보자고 제의했을 때, 엄마의 응원에 힘입어 반승낙은 해 놓고 결국 큰놈은 이 핑계 저 핑계 대 가며 미꾸라지처럼 빠져나갔다. 형보다 수작 부리는 기술이 못한 둘째 놈은 가기 싫어 안간힘을 쓰다가 결국은 나를 따라 나섰다. 그것도 일주일 도보가 아니라 사흘간 제주도 자전거 일주를 하는 것으로 합의를 보고서야 말이다. 이런 놈들에게 장기 도보 완주의 성취감을 맛보여 주는 것은 물 건너간 일이라고 자포자기했는데 1년 뒤 큰놈을 물고 늘어져야 할 기회가 왔다.

평범하게 자란 철부지 큰 아들놈이 군대를 갈 나이가 되었는데도, 입

영 이야기만 꺼내면 예민한 반응을 보였다. 아들의 장래를 위해서 아버지의 사랑을 실천해야 할 것 같았다. 그래서 아들놈을 고생시켜 볼 요량으로 장기 도보 여행을 떠나자고 넌지시 제의했다.

아들놈의 반응은 싸늘하다 못해 요샛말로 '됐거든요' 였다. 그래도 나는 집요하게 아들을 설득했다. "아버지는 이 나이에 삶의 의미에 무게를 더해 보고자 물집 통증 참아 가며 고행을 자처하는데, 부모의 보살핌 속에만 살아온 너는 앞으로 어떻게 험한 세상을 헤쳐 나갈 수 있겠냐?" 하지만 아들놈은 '그 추운 눈길을 9박 10일 동안 왜 걷냐' 며 도통 말을 듣지 않았다.

그래도 나는 아들놈의 장래를 위해 물러서지 않고 설득을 이어 갔다. 대한민국에서 우리 부자가 겨울 장기 도보 여행을 처음 해보는 거라는 둥, 강인한 사나이로 태어나기 위한 전초전이라는 둥, 설득을 거듭한 결과 아들의 승낙을 결국 얻어 냈다.

나의 첫 겨울 도보 여행을 아들과 함께 떠나게 되어 무척 감격스러웠다. 또한 아들에게 약속한 대로 내가 갓 만든 도보 여행 카페(당시 나는 여러 장기 도보 여행에서 얻은 완주의 성취감을 많은 사람들에게 전하고 싶어 다음 사이트에 '인생길 따라 도보 여행' 이라는 도보 여행 동아리 카페를 개설하여 회원수 30여 명을 확보한 때였다.)의 회원들까지 동행했다. 그래서 더 철저한

준비가 필요하다는 판단에 나의 든든한 도보 여행 후원자인 친구의 도움을 받아 그의 승용차로 도보 코스 사전 답사에 나섰다.

임진각에서 시작하여 비교적 안전하리라 예상되는 지방 도로를 따라 길을 개척해 나갔는데 지방 도로는 번번이 통제 구역으로 연결되어 있었고, 민간인 출입이 제한되어 있어 국도로 갈 수밖에 없었다. 처음에는 37번 국도를 따라가다가 적성을 지나서야 백학으로 이어지는 한산한 지방 도로를 따라갈 수 있었다.

출발점에서 약 25km 정도 떨어져 있는 미산 부근에 첫날의 숙소를 확인하고, 30km 정도마다 숙소가 될 만한 곳을 찾아 메모했다. 대광, 양지, 대명, 화천에 이르는 5일간의 도보 코스와 잠자리 될 만한 곳을 둘러보는 동안 하루해가 저물어 더 진행할 수 없게 되었다.

출발할 때는 통일전망대까지 조사하려고 했는데, 첫날의 진행 코스와 숙소를 잡느라고 너무 많은 시간을 허비했기 때문에 어쩔 수 없이 화천에서 서울로 돌아올 수밖에 없었고, 나머지 6일째 이후의 코스는 실전에서 그냥 부딪혀 보기로 했다.

서울역에서 시작하고, 임진각에서 출발하다

출발에 앞서 겨울 장기 도보 참가 희망자들에게 사전에 미리 출발 장소와 시간을 공지했다.

'서울역에서 단체로 출발하실 회원님은 임진각역으로 향하는 8시 20분발 경의선 기차를 타거나, 개별적으로 참가하시는 회원님은 9시 30분에 임진각역 대합실에 집결할 것!'

우리나라에서 처음으로 시도하는 '9박 10일간의 단체 겨울 장기 도보'에 참가하는 우리 부자는 떠나기에 앞서 몇 가지 원칙을 정했다. 어떤 일이 있더라도 꼭 완주하자, 어차피 고생하려고 나서는 길이니 투덜대거나 짜증내지 말자, 다른 회원들과 함께 떠나는 여행이므로 솔선수범하는 행동을 보이자 등이었다. 아, 한 가지 더. 카페 활동에서는 실명 대신 닉네임을 쓰는데, '용파리'라는 나의 닉네임은 회원들에게 알려져 있었지만 아들 닉네임은 타인에게 그림자조차도 없었다. 그래서 아들에게 닉네임을 스스로 지으라고 했더니 활동 중인 다른 카페에서 이미 '영스'라는 닉네임을 쓰고 있단다.

아들 영스와 함께 먼 길을 동행하게 되었으니 혼자 떠나던 도보 여행 때와는 반대로 집안 분위기가 확 달랐다. 걷기 중독증에 빠진 내게 그다지

첫째 날 : 32km

임진각
문산
적성
연천
백학

호감을 보이지 않던 집사람은 아들에게 '위험한 곳 걷지 말고 아빠 잘 보필해서 다니라'며 우리를 응원했다. 모처럼 집사람의 응원까지 받게 되니 힘이 절로 솟았다. 그렇게 우리는 파이팅을 외치면서 집을 나섰다.

영스와 내가 서울역에 도착했을 때는 기차 출발 시각 20분 전이었다. 아직 아무도 나오지 않았다. 운영자인 카펠라에게 전화를 해 보니 자신은 출발 5분 전에나 도착할 수 있고, 나머지 사람들은 이미 서울역에 도착해 있다고 했다. 막연히 서울역에서 만나기로만 했지, 특별히 장소를 정하지 않은 데서 온 혼선이었다. 개개인에게 전화를 해 임진각행 개찰구 앞에 집결하자고 했더니, 금방 여기저기서 가방을 메고 사람들이 나타났다. 진희, 희야, 폭주족, 은진 만들기, 방경미 등이었다.

우리는 눈인사만 겨우 나누고, 부랴부랴 차표를 끊어 기차에 올랐다. 서울역에서 출발한 참가자들은 나를 포함해 8명이었고, 문산역에서 대전에 사는 '경환'이 새벽 기차로 올라와 우리를 기다리고 있었으니, 이번 도보 여행 참가자는 총 9명이었다. 기차 안에서 우리는 정식으로 인사를 나누고 준비해 간 유인물을 돌리면서 이번 겨울 도보 여행의 개략적인 윤곽을 설명했다.

다들 처음부터 나의 설명을 무척 진지하게 들었다. 역시 도보에 대한 관심이 둘째라면 서러운 사람들만 모인 것 같았다. 모두들 초면인데도 처음 만난 사람들 같지 않았다. 언제 서열이 정해졌는지 금방 언니 동생 했고, 오랜 친구처럼 다정다감하게 이야기를 나누었다. 또 참가가 어렵겠다던 '경국지색'이 늦어도 참가하겠다며 방법을 알려 달라는 새로운 소식이 전해졌다. 출발 지점에 응원 오기로 되어 있었던 친구 '버터'에게 전화를 했더니, 자기가 직접 픽업하여 임진각까지 데리고 오겠단다. 늦게라도 참가하겠다는 경국지색이 고맙기도 했지만 그를 임진각까지 데려다 주겠다고 한 버터가 더 고마웠다.

　드디어 임진각에서 첫 겨울 도보 여행의 장도에 올랐다. 나는 1시간 늦게 도착한다는 경국지색과 함께 출발하기 위해 일행을 먼저 보내고 임진각에 홀로 남았다. 1시간 후, 경국지색이 버터의 승용차를 타고 도착했다. 늦었지만 꼭 해야 할 일, 간단히 기념 사진을 찍고, 우리는 먼저 출발한 본진을 따라잡으려고 발걸음을 재촉했다.

　얼마를 걸었을까? 임진강 전경이 한 폭의 동양화처럼 눈에 들어왔다. 강물은 꽁꽁 얼어붙었고, 얼음판 위로 철새 떼들이 한가롭게 노닐고 있었다. 고즈넉하고 평화로운 전경에 우리도 자연의 일부가 된 듯한 착각에 빠져 걸음을 멈추고 오도카니 서 있었다. 행여 발걸음 소리에 놀란 철새 떼가 푸드덕 날아오를까 염려스러워서였다. 그래도 선두를 따라잡아야 한다는 생각에 철새 떼를 뒤로하고, 걸음을 빠르게 놀렸다. 임진강의 평화로움과는 반대로 길에는 기갑 훈련한다고 굉음을 내면서 분주히 이동하는 장갑차도 많았다. 잠시 분단 국가의 아픔을 떠올리며, 우리나라가 통일된다면 꽁꽁 언 임진강을 따라 북쪽으로 도보 여행을 해보리라 마음먹었다.

　서두른 덕분인지 오후 2시쯤에 파평 중학교 운동장에서 점심을 먹고 있는 본진과 합류할 수 있었으며, 이때부터 우리의 본격적인 도보가 시작되었다. 앞서거니 뒤서거니, 선두 그룹과 후미 그룹이 생기고 간격이 멀어졌다가 다시 가까워지면서 중간 그룹이 생겨나고, 이를 반복하면서 도보 여행은 계속되었다.

　적성을 지나 지방 도로로 접어들어 2~3km를 갔는데 날이 어두워지기 시작해 후미를 이끌고 있는 나이 많고 노련미 넘치는 경환에게 전화를 했다. 지금 마을 교회 옆 다리 위를 지난다는 걸로 보아 선두인 나와는 거의 1km 정도 떨어져 있는 것 같은데, 경국지색이 많이 힘들어하고 있어 천

앞서거니 뒤서거니,
이를 반복하면서
도보 여행은 계속되었다.

천히 걷고 있지만 곧 따라가겠으니 후미에 신경 쓰지 말고 계속 진행하란다.

전화를 끊은 지 채 3분도 지나지 않아 후미 경환에게서 전화가 왔다. 백차를 타고 온 경찰에게 검문을 받고 자초지종을 이야기했는데도 경찰이 인솔 대장인 나를 꼭 만나려고 하니 현재 위치에서 기다리고 있으란다.

금세 사이렌 소리가 들리더니 백차가 다가와 우리 일행을 막고 섰다. 내가 그들에게 먼저 다가가 웬일이냐고 물었더니 이곳 주민으로부터 월북하는 듯한 수상한 사람들이 지나간다는 신고를 받고 출동했으니 파출소까지 잠시 동행하자고 했다. 어이가 없었다. 그래서 도보 여행 카페를 설명하고 뜻있는 회원들끼리 서울에서 출발하여 휴전선 주변 길을 따라 겨울 장기 도보 여행 중이라고 대답했더니 한 경찰이 서울 어느 동에 있는 카페냐고 물었다.

거의 동시에 또 다른 경찰이 덧붙이길 "카페가 큰 모양이야! 여종업원들이 이렇게 많은 걸 보면……."이란다. 카페가 취향이 같은 사람들끼리 모여 취미 생활을 하는 인터넷 동아리 활동이라고 아무리 설명해도 그들은 막무가내로 동행하자고 했다. 결국 주민 등록증을 꺼내 영스와 내가 부자지간이라는 사실을 확인하고 또 우리가 묵을 숙소에 전화를 걸어 예약된 손님이라는 것을 확인하고서야 겨우 경찰들이 돌아갔다.

뜻하지 않게 경찰들과 실랑이를 하는 사이 날은 어두워졌고 갈 길이 많이 남은지라 모두들 시큰둥해져 있었다. 숙소까지는 아직 5~6km는 족히 남았는데, 숙소 위치를 정확히 모르고 있는 일행들이 얼마를 더 가야 되느냐고 계속 물어왔다. 그럴 때마다 나의 대답은 늘 똑같았다. "조금만 더 가면……."

"조금만, 조금만 더 가면……."

조금 더 가다가 다시 물어오고, 지쳐 있는 이들에게 나의 똑같은 대답은 짜증스러웠을 것이다. 또 첫날부터 너무 강행군을 한다고 불평도 대단했다. 첫날은 25km 정도만 걷는다고 했는데, 이미 25km 이상을 걸어왔을 거라고 모두들 야단이었다. 나도 왠지 고개가 갸우뚱해졌다. 내가 생각해도 25km는 족히 걸어온 것 같은데……. 알고 보니 답사 때 30km의 거리를 25km로 잘못 측정하여 생긴 해프닝이었다. 나도 지쳐 있었지만 대원 모두가 지쳐 있었다. 조금 걷다가 쉬고, 쉬다가 걷고, 잠시 쉴 때는 체면도 없이 그냥 땅에 퍼질러 주저앉아 버렸다.

선두가 오후 8시경에야 겨우 예약된 숙소에 도착할 수 있었고, 후미는 30분쯤 뒤에 도착했다. 먼저 도착한 팀이 밥을 지었는데, 첫 취사라 그런지 모든 것이 어설퍼 보였다. 각자 조금씩 가져온 밑반찬에, 참치찌개도 끓이고, 동그랗게 둘러앉아 반주를 주고받으며 주린 배를 채우고는 내일을 위해 잠자리에 들었다. 이렇게 우리의 겨울 도보 여행의 첫 밤은 깊어만 갔다.

조금 걷다가 쉬고, 쉬다가 걷고,
잠시 쉴 때는 체면도 없이 그냥 땅에
퍼질러 주저앉아 버렸다.

시골 인심이 구수한지, 된장 냄새가 구수한지

다음 날 아침 식사를 하려는데 경국지색이 보이지 않았다. 어젯밤 피로하다고 저녁도 제대로 먹지 않고 남들보다 일찍 잠자리에 든 경국지색이었다. 상황을 들어 보니, 간밤에 너무 고통스러워해서 집으로 연락을 했고, 부모님이 오셔서 데리고 갔다는 것이다. 같이 시작했으니 같이 끝낼 수 있었으면 좋았을 텐데, 안타까운 일이었다. 더군다나 경국지색은 1월에 실시한 1일 도보에 참석하여 그런대로 잘 걷는다 싶었는데, 결과적으로 경국지색을 중도 탈락시킨 사람이 나라는 생각에 미안스러웠다. 선두를 따라잡느라고 어제 너무 무리해서 걸었던 것이다.

아침 식사 뒤에 팀원들의 발에 생긴 물집들을 점검했는데 다들 물집이 발가락 끝이나 가장자리에 생겨 염려할 단계는 아니었다. 다만 진희만이 앞 발바닥 중앙에 물집이 제법 크게 자리 잡고 있었다. 여기 생긴 물집은 도보 다릿병으로 이어질 게 뻔하기에 붕대를 감아 주고는 걷다가 더 심하면 다른 조처

둘째 날 : 30km

백학

대광

를 할 테니 알려 줄 것을 당부했다.

　오늘의 목표는 연천을 지나 철원 가는 길목에 위치한 대광리였다. 이곳 출발 지점에서 그곳의 예정된 숙소까지는 정확히 30km 거리였다. 남자 셋이 먼저 출발하여 앞서다 보니 후미와의 거리가 더 멀어졌다. 그래서 다시 경환이 후미로 인솔하러 갔고, 출발한 지 4시간 정도 지났을 즈음 진희, 희야, 강미, 폭주족과 나, 이렇게 다섯 명이 선두로 걷고 있었다. 갈림길에서 우왕좌왕하고 있을 때 영스와 경환이 따라왔다. 카펠라와 은진이 보이지 않아 전화로 상태를 확인했더니, 카펠라가 너무 고통스러워해서 천천히 걷고 있다며, 자기들 걱정은 말고 먼저 점심을 먹으라는 배려도 잊지 않았다.

　꽁꽁 얼어붙은 낡은 다리를 건너 얼마쯤을 가고 있는데, 길가에 경로당이 보였다. 우리 일행 중 누군가 경로당 마당에서 점심을 해 먹으면 어떻겠냐고 했다. 좋은 생각이다 싶어

허락을 구하려고 경로당 문을 두드리니 아무 대답이 없다. 할 수 없이 마당 앞 간이 벤치에서 코펠과 버너를 꺼내 밥을 지으려니 차가운 바람에 불이 자꾸 꺼졌다. 바람을 피해 다시 경로당 부엌 바로 앞에 자리를 깔고 밥을 짓는데 부족한 게 한두 가지가 아니었다. 물 담을 물통도 없었고, 수저는 몽땅 카펠라 짐 속에 들어 있었으며, 반찬 또한 준비한 게 거의 없었다. 이때 마을 어르신 한 분이 경로당

으로 오시더니 남의 집 부엌 앞에 진을 치고 앉아 주인 행세를 하는 우리를 쳐다보았다. 우리 일행은 밥 짓다 말고 멋쩍게 인사를 드렸다. 어르신은 금방 경계의 눈빛을 풀고는 물이며, 숟가락이며, 김치를 가져다주었다. 덕분에 뜨겁고 든든하게 한 끼를 먹을 수 있었다. 다시 한 번 시골 인심의 따뜻함을 느끼게 해 준 시간이었다.

짐을 챙겨 다시 출발하려니 몸이 천근만근이었다. 1시간 이상을 쉬었고, 추운 데서 점심까지 먹었으니 그럴 만도 했다. 다들 따뜻한 방과 포근한 이부자리가 절실했을 것이다. 그래도 마음을 단단히 먹고 출발했다. 출발 직전 점심을 같이하지 못했던 카펠라와 은진이 다시 합류했다. 자기들은 빵으로 점심을 먹었다고 했다.

어둠이 내리는데 목표 지점까지는 6km 정도가 남았다. 후미는 2km 정도 뒤에서 따라오고 있었고, 다들 어제보다 더 지쳐 있었다. 점심 식사 후에는 희야와 방경미가 선두에서 걸었고, 나와 폭주족, 진희가 함께 걸었다. 영스가 보이지 않아 두리번거리니 우리보다 몇백 미터 뒤에서 걸어오고 있는데, 아주 힘들어 보였다. 고생 제대로 하는 것 같아 짠한 마음이 없지도 않았지만 생각보다는 잘 걸어 주어서 고맙고 대견했다.

마라톤에서 35km 지점이 마의 시간이라면 도보 여행에서는 이틀째 오후부터 사흘째가 마의 시간이다. 우리 일행은 누구랄 것도 없이 30km 거리를 가면서도 쉬자는 말이 불쑥불쑥 튀어나왔다.

선두가 숙소에 도착한 시간이 7시 30분, 후미는 8시가 넘어서야 털레털레 도착했다. 철새가 이동하며 둥지를 찾듯이, 우리들도 정해진 숙소를 잘도 찾아왔다.

고산 지대를 등반하는 산악인들에게 베이스캠프가 있다면 도보 여행자들의 베이스캠프는 하루를 걷고 나서 지친 몸과 다리를 펼 수 있는 숙소였다. 숙소에는 언제나 음식과 휴식이 있었다. 먼저 온 팀이 음식을 장만했다. 여관 복도에서 구수하다 못해 퀴퀴한 된장찌개 냄새가 흘러다녔다. 보다 못한 주인장이 다른 방에서 항의를 했다며 방문을 닫고 끓이라고 했다. 쫓겨나지 않은 것만 해도 다행이었다.

　음식 앞에서는 다들 황홀했다. 우리는 모이를 쪼는 새처럼 둘러앉아 조잘거리며 음식을 쪼아 댔다. 그리고 먹으면서도 연신 하품들을 했다. 이젠 대광리의 진주장 여관에서 날개깃을 접고 눈을 감아야 할 시간인 모양이다. 오늘도 이렇게 하루를 보냈다.

　　경기도 연천을 지나
　　강원도로 접어들어

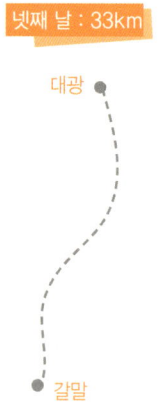

넷째 날 : 33km
대광
갈말

　대광리 숙소를 떠나 갈말읍으로 이동하는 날이다. 어제와 마찬가지로 캄캄한 새벽에 일어나 출발 준비를 했다. 그동안 도보 여행 중에 깨달은 것이 있다면 오전에 일찍 출발해 점심이 되기 전까지 더 많이 걸어 주는 것이 하루 일정을 무리 없이 소화해 낼 수 있다는 것이다. 몸이 아무리 쑤시고 아파도 걷다 보니 서서히 회복되면서 걸음에 점차 탄력이 붙었다.

　미리 준비해 둔 된장국으로 간단히 아침을 해

결하고 진주장을 나서는데 어둠이 채 가시지 않아 인적은커녕 간간이 군용 지프만 지나갈 뿐 다른 자동차의 통행은 없었다.

길섶에 눈이 쌓여 있어 우리는 2차선 도로를 점령하고 걸었다. 아침에 숙소를 나설 때는 코가 쩍쩍 얼어붙는 날씨였지만 오전 11시경이 되자 언제 그랬냐는 듯 설경 속에서 꽃이라도 필 듯 화창하고 쨍했다. 맑고 시원한 기온을 만끽하며 우리는 그렇게 겨울 속을 타박타박 걸었다.

이북으로 통하는 경원선의 마지막 역사인 신탄리역을 지나는데 '철마는 달리고 싶다'는 이정표가 역사 앞 광장에 세워져 있었다. 영스가 임진각 역에서도 이 글귀를 보았다면서 '이번 길을 걸으면서 우리나라가 분단 국가임을 새삼 느꼈다.'고 한다. 데리고 온 보람이 있군! 나는 속으로 기뻐했다.

출발한 지 서너 시간 뒤에 우리는 경기도와 강원도의 경계 지점에 다다랐다. "어서 오십시오. 여기서부터는 강원도입니다."라는 도 경계 아치를 보자 그동안 누적됐던 피로가 싹 가시는 느낌이었다. 다른 사람도 비슷한 느낌이었는지, 모두들 환호성을 지르며 여태 걸어온 거리를 계산해 보기도 하고, 도로 중앙에 자리 잡고 앉아 아치를 배경으로 사진도 찍었다. 그러기를 잠시 다시 추위가 스멀스멀 옷 사이로 파고들었다. 겨울 도보 여행을 하면서 길에서 휴식을 취할 땐 땀이 마를 새를 주지 않고 잠깐잠깐 쉬어야 한다. 오래 쉬면 땀이 마르면서 한기가 들어 추위가 더 심하게 느껴지고 자칫 감기에 걸리기 십상이다. 우리는 재빨리 행장을 꾸리고 길 떠날 채비를 했다. 그러고는 기다리는 사람은 없지만 누가 기다리기라도 하듯 서둘러 길을 재촉했다.

얼마나 걸었을까? 어느새 6·25 최대 격전지 백마고지를 바라보며 백마부대 앞을 지나 철원의 노동당사에 이르렀다. 앙상하게 뼈대만 남은 골조 건물 군데군데에 총탄의 흔적이 남아 있었다. 비밀스런 공간을 가진 듯한 건물 내부를 구경하며 다들 눈이 휘둥그레졌다.

나는 영스에게 노동당사가 '1946년 철원군의 조선 노동당에서 러시아식 건물로 지은 건물로, 반공 인사나 양민의 학살은 물론, 고문이 이루어지던 잔혹한 역사의 현장'이라고 귀띔해 주었다. 영스는 아주 열심히 내 말을 들었다.

이번 도보 여행을 함께하며 부쩍 아들과 친해진 느낌이 들었다. 사실 아이들 머리가 굵어지기 시작하면서 대화할 시간도 기회도 잘 갖지 못했다. 영스도 나와 비슷한 느낌일까?

노동당사를 관람하는 동안 기러기 떼들이 무리를 지어 이동하다가 당사 앞 들판에 내려앉아 한가로이 휴식을 취했다. 그 모습을 바라보며 우리 일행은 다시금 길을 나섰다.

당사를 지나 갈말읍으로 향하는데 영스가 멀리서 혼자 처져 따라오고 있었다. 뭔가 문제가 생긴 게 분명했다. 서툰 걸음질을 하는 아들놈이 애처로워도 보였지만 그를 보호해 준다고 아버지인 내가 끝까지 그의 곁에서 걸어 줄 수는 없는 노릇 아닌가. 게다가 그는 평소 싱글싱글 잘 웃으며 성격이 활발한 편이라 생각했는데 가만히 살펴보니 이번 도보에 참가한 또래의 이성 친구들이나 누님뻘 되는 이들과는 거리를 두는 것 같아 보였다. 다른 사람들이 영스에게 말을 걸어도 무뚝뚝하기만 하단다. 이참에 고생하면서 두루두루 잘 섞이고 융화되면 좋겠다는 생각을 하면서, 또 발 상태나 확인하려고 아들을 기다렸다.

그런데 그놈이 어정쩡하게 다가오더니 시무룩한 표정으로 더 못 걷겠으며 집에 가겠단다. 아마 걸으면서 속으로 수없이 되뇌었을 말이 내 얼굴을 보자 터져 나온 모양이었다.

이 일을 어쩐담! 나는 일단 아들놈의 신발을 벗겨 물집의 상태를 확인했다. 그리 심하지는 않았다. 그래도 안 걷겠다고 하니 달래는 길밖에 다른 방법이 없었다. 아버지가 할 수 있는 온갖 재롱을 다 피워 가며 중도 포기는 시작하지 않은 것만 못하다는 둥, 도보 여행의 고비는 3일째이니 오늘만 넘겨 보라는 둥, 그리고 여기는 돌아갈 수 있는 교통편이 없으니 숙소까지만 버티며 가자고 했다. 영스의 대답이 걸작이었다. 걷기 좋아하는 사람들끼리 걸으면 됐지, 카페 회원도 아닌 자기가 걸을 이유가 없다는 것이다. 제놈도 여기까지 따라오기는 했

하늘을 가득 메운 철새 떼들이 끼익거리며 보금자리를 향해 날갯짓하고 우리도 갈말읍의 숙소로 빠르게 다가섰다.

는데 한 이틀 걸어 보니 앞으로 남은 일주일이 생지옥처럼 여겨졌을 것이다. 어떻게 할까 궁리하다 "여자 회원도 저렇게 잘 걷는데, 사나이가 그것도 못 걷나?" 하며 자존심을 팍 건드리면서 화를 냈다. 영스는 자존심이 상하는지 아무 말도 없이 쌩하니 앞장서 가 버렸다.

오래 걷기의 좋은 점을 누누이 강조했지만, 아무리 화가 나도 걷다 보면 슬슬 화가 누그러지고 풀린다는 것이다. 혼자 감정을 정리하는 시간을

가질 수 있기 때문일 것이다. 앞장서 걷던 영스가 어느새 화가 풀렸는지, 내게 슬슬 말을 걸었다. 나도 오전의 투정은 잊은 척하면서 할아버지 이야기를 들려주었다. 장남 피는 못 속이는지 영스는 집안 내력에 관심이 많았다. 할아버지가 뿌리를 찾고 싶어서 24대 산소를 다 찾아다녔다는 이야기를 들려주자 아주 흥미로워했다.

한참 만에야 일행들과 동행하게 되었는데 벌써 날이 저물고 있었다.

하늘을 가득 메운 철새 떼들이 끼익거리며 보금자리를 향해 날갯짓하고 우리도 예약된 갈말읍의 숙소로 빠르게 다가섰다.

수피령 고개를 넘다

다섯째 날 : 26km

갈말

육단

숙소로 돌아온 아들놈의 얼굴이 확연히 밝아져 있어 안심했다. 다들 오늘 하루도 무사히 걸은 것에 대해 스스로를 대견해하며 잠자리에 들었다. 나는 잠들기 직전 일행에게 오늘 밤만 자고 나면 몸 상태가 정상적으로 돌아올 것이라는 마법의 예언을 해 주었다.

마법의 예언 덕분인지, 아침에 일어났더니 영스가 먼저 일어나 있었다. 나는 슬며시 웃으며 "그럼 그렇지, 내 아들임에 틀림없어!"라는 말로 용기를 북

돌아 주었다. 겸연쩍은 웃음을 지으며 영스는 건넛방으로 가 버렸다. 아마 누님들 틈새에 끼어 아침 준비나 하려는 모양이었다. 일단 고비는 넘겼다.

오늘은 수피령을 넘어야 했다. 고개도 높고 길도 험하니 다들 긴장한 표정으로 도보에 임했다. 숙소를 나서는데 국가 대표 핸드볼 선수를 지냈다는 '은진 만들기'가 몸 좀 풀고 가자면서 도심 한복판의 숙소 주차장 앞에 우리를 둘러 세우고 스트레칭을 시작했다. 이른 아침 행인들이 이상한 짓을 하고 있는 우리를 의아스럽게 쳐다보며 지나갔다. 준비 운동을 마치고 갈말 읍내를 빠져나와 화천으로 향했는데 곧 평야 지대를 뒤로하고 강원도의 첩첩 산길을 걷게 되었다.

갈말읍에서 화천으로 통하는 산길은 두 갈래였다. 군사 요충지인 대성산 북쪽 5번 국도를 따라 화천으로 이어지는 길과 대성산 남쪽으로 지나는 56번 도로를 따라가다가 461번 지방 도로 화천에 진입하는 길이었다.

5번 국도를 따라가면 화천에 이르는 지름길이기는 하지만 휴전선과 인접하고 있어 대낮에만 민간인에게 개방되고 일몰 후에는 통제된다고 했다. 그래서 우리는 안전하게 56번 국도를 이용하기로 했다.

56번 국도를 따라 한창 걷고 있는데 진눈깨비가 내리기 시작했다. 눈이 오거나 말거나 다들 미리 준비한 판초를 배낭 속에서 꺼내 뒤집어쓰고

걸었다. 첫 눈길 도보 여행이라 우리는 마냥 즐겁기만 했다.

서면 자등리와 잠곡리를 잇는 신술 터널 앞을 이르렀을 때 겁 많은 총무 카펠라가 터널을 통과하는 거냐고 물었다. 아마 터널 속을 걸어 본 경험이 없는 이들이라 난감해하는 듯했다. 나는 '우리가 이 코스를 완주하려면 수많은 터널을 지나야 하는데 이 따위 짧은 터널은 문제되지 않는다' 면서 앞장을 섰다. 기우도 잠시 터널 안에 들어서자마자 다들 쩡쩡 울리는 자기들의 발자국 소리에 심취되어 나보다 오히려 더 터널 속 도보를 즐기고 있었다.

이곳 신술 터널을 지나고 수피령을 넘어 화천 읍내에 도달하려면 중간에 하룻밤을 더 보내야 했다. 수피령은 길고 험난한 고갯길이라 너무 욕심을 부렸다가는 야밤에 신속에 갇힐 것이 뻔했기에 안전을 위해 군사 시설이 많은 육단리의 민박집을 숙소로 미리 정해 두었다. 그곳에서 또 하룻밤을 보냈다.

다음 날 아침 수피령 고개를 향해 굽이치는 언덕을 오르고 있었는데 입구에서부터 함박눈이 펑펑 내렸다. 도로 위에 쌓인 눈이 얼어붙으면 미끄럽기 그지없다. 처음에는 미끄러질까 봐 노심초사해 서로 끌어 주고, 격려해 주며 걸었지만 눈길에 어느 정도 익숙해지자 길을 즐기기 시작했다. 일부러 미끄럼을 지치기도 하고, 비닐을 깔고 눈썰매도 탔다. 인적 없는 첩첩산중에서 하염없이 내리는 함박눈을 맞으며 걷는 기분이란 한마디로 해탈한 고승의 깊은 눈매를 마주 대하고 있는 듯한 고요함과 아늑함과 평안함을 주었다. 그 장소에 있지 않고서는 맛보지 못할 감흥이었다.

정상에 다다랐을 무렵 뒤돌아보니 눈 덮인 계곡과 어렴풋한 하늘 아래 하얀 산등성이 즐비하게 늘어서서 겨울 산의 장엄함이 눈앞에 펼쳐졌다. 자동차로 수피령을 넘으면서 만날 수 있는 광경이기도 하겠지만 겨울 산이 내뿜는 청량한 정기를 온몸으로 받으며 얼음 땅을 한 발 한 발 내딛는 감회는 사뭇 달랐다.

　수피령 정상에 오르니 눈이 걷히고 하늘이 열린 듯 화천의 첫 골짜기에 자리 잡은 다목리가 눈 아래 펼쳐졌다. 다목리는 대성산과 백적산 그리고 복계산 자락에 둘러싸인 심산유곡이라 군사적 요충지다. 도로 양옆으로 군데군데 군인들의 막사가 자리 잡고, 탱크와 대포도 도열해 있었다.

　내가 눈이 가장 많이 쌓인 시기를 택해 휴전선 주변을 걷고자 했던 이유 중의 하나가 군대 가기 싫어하는 아들에게 이런 군사 시설들을, 또 눈보라의 혹한 속에서 생활하는 장병들의 생활을 먼발치에서나마 보여 주고 싶었기 때문이다. '백문이 불여일견'이라고 수많은 잔소리보다는 체험 한 번이 더 중요하지 싶었다.

　그런데 문제가 생겼다. 아무리 둘러봐도 식사할 곳이 마땅치 않았다. 어제까지는 답사를 했던 곳이고 오늘부터는 동물적인 감각(?)으로 먹을 곳과 잘 곳을 마련해야 했다. 수피령을 넘은 지가 이미 오래인데 가도가도 인가는 보이지 않고, 다목리는 멀기만 했다. 우리는 굶주린 이리 떼마냥 온 감각을 후각에 집중시키면서 사방을 탐색했다.

　그러기를 두어 시간쯤, 드디어 마을이 나타났고, 거기 거짓말처럼 중국집이 있었다. 우리는 세상에서 가장 행복한 미소를 지으며 빛의 속도로 중국집으로 빨려들어 갔다. 하지만 그동안 걷기를 통해 다져진 우정과 의리가 먹을 것 앞에서 쇠락할 수는 없는 일, 다들 고소한 짜장면과 얼큰한 짬뽕 국물 냄새의 유혹에 군침을 꼴딱꼴딱 삼키면서도 마지막 일행이 중국집 문턱을 통과할 때까지 면벽 자세로 기다렸다. 고진감래라고 그날 먹은 그 짜장면은 면발의 쫄깃함까지 가닥가닥 내 혀에 아로새겨져 지금도 잊지 못하는 기억 속의 음식이 되었다.

아흔아홉 구비 고개를 넘어
국토 정중앙인 양구로

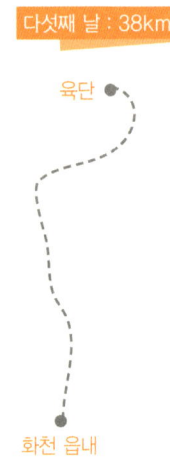

다섯째 날 : 38km
육단
화천 읍내

어젯밤 화천에 입성하며 밤이 늦었다. 숙소를 8km 정도 남겨 놓고 어둠이 깔리기 시작했는데 야간 도보가 불가피한 상황이었다. 하지만 오늘은 산길을 오르내리며 많이 걸은지라 다들 기진맥진해 있었다. 게다가 상서면은 제법 규모가 있어 도로에는 왕래하는 차까지 많았다. 차도 많고 어두운 밤길이라 나는 일행들의 안전을 최우선으로 생각해야 했다. 그래서 경환과 상의해 여자 대원들을 화천 읍내까지 지나는 차에 태워 보내 숙소를 알아보도록 하고 나와 경환만 야간 도보를 계속하기로 결정했다. 우리가 당초 출발할 때 도보 여행 전체 거리를 1m도 끊김 없이 걸어서 완주할 것을 약속했기 때문에 남자들끼리라도 이 약속을 지키기로 했던 것이다.

여자 회원들은 도보 여행의 기본 원칙을 깬 줄도 모르고 환호성을 지르며 좋아했다. 쳇, 누가 봤으면 도보를 강제로 시키는 줄 알겠네! 여자 회원들을 지나가는 차에 태워 보내고 경환과 나는 밤길을 걸으며 서로의 삶에 대한 이야기를 허심탄회하게 나누

오늘은 산길을 오르내리며
많이 걸을지라 다들
기진맥진해 있었다.

었다. 이 소중한 시간이 이번 야간 도보의 수확이라고나 할까!

여자 회원들이 먼저 가서 마련한 숙소는 화천 읍내가 아니라 화천읍 북쪽에 위치한 풍산리였다. 자동차를 얻어 타고 가는 도중 이곳 지리에 밝은 운전자에게 안내를 받아 화천 읍내를 거치지 않고 평화의 댐으로 가는 지름길을 소개받았던 것이다.

오늘은 풍산리에서 출발하여 최북단 터널을 지나 아흔아홉 구비 길을 돌아 평화의 댐을 통과하는 코스인데, 눈이 많이 내려 걸어서는 도저히 넘을 수 없을 것이라고 마을 사람들이 걱정을 했다. 그러나 여기서 아흔아홉 고개와 평화의 댐을 건너지 않고서는 인제로 빠지는 길이 없었다.

마을 사람들의 기우 속에 풍산리 마을을 빠져나와 평화의 댐으로 이어지는 삼거리에서 우왕좌왕하고 있는데 은진한테서 전화가 왔다. 무릎 부상 때문에 도저히 걸어 넘을 수 없어 사복 입은 군인 아저씨의 차를 얻어 타고 평화의 댐으로 가고 있다고.

은진이 먼저 갔으니 우리는 어쩔 수 없이 아흔아홉 구비 길을 걸어서 넘어야만 했다. 군용차의 통행만 허용될 뿐 민간인 차들의 왕래가 통제된 오르막길을 오르는데 눈길이 미끄럽기 그지없었다. 이런 언덕길을 1시간쯤 올랐을까, 최북단 터널 앞에 이를 즈음 승용차 한 대가 오더니 우리 앞에 멈춰 섰다. 차에서 내린 사람은 은진을 평화의 댐까지 태워다 준 군인이었다. 아무리 생각해도 도저히 이 길을 걸어서 넘을 수 없을 것 같아 은진을 내려놓고 우리를 태우기 위해 온 것이었다.

그런데 출발할 때 한 발자국도 끊어짐 없이 완주를 다짐했던 경환이 죽어도 평화의 댐까지 걸어서 가겠다고 고집을 부렸다. 결국 그의 고집을 꺾지 못하고 우리만 비좁은 승용차에 몸을 싣고 아흔아홉 구비 길을 통과해 평화의 댐 휴게소에서 은진과 합류했다.

고마운 군인 아저씨를 보내고 경환이 도착하기를 기다리고 있는데 내

도보 여행의 든든한 지지자들인 친구 두 놈이 차를 몰고 평화의 댐으로 응원을 왔다. 내가 장기 도보 여행을 떠날 때마다 항상 뒤에서 응원해 주는 고마운 친구들이다. 경환이 도착하자 친구들과 함께 양구 숙소에 도착하여 찬도 없는 저녁밥을 함께 먹었다. 그 초라한 밥상이 영 마음에 걸렸던지 친구들이 나가서 통닭 구이와 피자 꾸러미를 양껏 사 가지고 왔다. 이번 겨울 도보 여행을 떠난 이후 처음으로 배불리 먹어 보는 성찬이었다.

사실 나는 가능하다면 알뜰하게 여행하는 원칙을 고수하는 편이다. 알뜰한 여행이란 휴식이나 식사 시간을 줄여 걸음질에 전념하는 것을 의미한다. 휴식을 자주하거나 식사 시간이 길어지다 보면 걸음질의 맥이 끊겨 도보 여행의 묘미를 못 느끼게 된다. 끼니마다 사식에 의존하다 보면 식당이 있는 코스로 일정을 짜야 하기 때문에 일정에 차질이 생기는 경우가 종종 있다. 또 그 지방의 유명한 맛집을 찾아 포식을 하고 나면 배가 불러 걸음질을 게을리하게 되는 경우도 생긴다. 그렇기 때문에 나는 가급적이면 코펠과 버너를 들고 다니면서 필요한 때 적당한 곳에 자리 잡고 앉아 식사를 해결하거나 아침에 숙소에서 나설 때 점심으로 먹을 간단한 요기를 미리 싸 가지고 다니는 방법을 선호한다.

어쨌거나 응원 도보를 와 준 친구들 덕분으로 우리는 오래간만에 영양 보충을 하고 콧노래까지 부르며 반주를 곁들였다. 내 친구들이 영스에게 '대한민국에서 너희 같은 부자가 없다. 정말로 네가 대견하다'고 추켜세우는 바람에 녀석은 이미 완보를 이룬 양 으스대기까지 했다.

"그래도 괜찮다. 너는 충분히 그럴 자격이 있다, 영스!"

광치령을 넘어
진부령으로

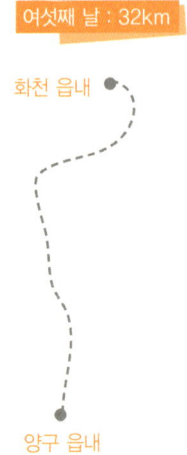

여섯째 날 : 32km

화천 읍내

양구 읍내

　　강원도의 길은 산에서 산으로 이어졌다. 긴 산길을 지날 때는 마을도 가게도 없었다. 그래도 걱정할 필요가 없었다. 각자의 배낭 속에는 끼니를 때울 주먹밥이 충분히 들어 있었고 추우면 따뜻한 국물을 끓일 수 있는 재료와 도구들이 나와 경환의 배낭 속에 준비되어 있었으니 말이다.

　　겨울이라 하루 종일 걸어도 땀 한 방울 나오지 않아 목이 마르지도 않았고, 걸음질로 인한 체온 때문에 추위도 추위를 느끼지 않았다. 걷기에는 오히려 겨울 기온이 더 알맞게 느껴지기까지 했다. 그러니 겨울 도보 여행을 처음 계획했을 때의 여러 우려를 송두리째 날려 버릴 수 있었다. 겨울 도보 여행의 묘미가 이런 것인가 보다.

　　양구를 관통하면서 읍내에 걸려 있는 현수막을 보고 이곳 양구가 우리나라의 정중앙이란 사실도 알았고 또 국토 정중앙 달맞이 축제가 매년 열린다는 것도 알았다. 또 양구에서 동쪽으로 굽이치는 높다란 방패막이 준령인 광치령을 넘으면 내설악의 고장

166

인제가 자리 잡고 있다는 사실도 알게 되었다. 걸으면서 하나씩 새로이 알게 된 것이 어디 그뿐이랴? 군사 도시로 알려진 원통을 지나 내설악의 십이선녀탕과 백담사 앞을 지나며 이곳 황태덕장에서 구수한 황태가 눈바람을 맞으며 생산된다는 사실도 알았다. 눈길 사나운 미시령 갈림길을 지나 진부령 고개를 넘으며 서쪽으로 세차게 밀려 넘는 칼바람 속에서 겨울 추위의 진수를 느끼기도 했다.

긴 산길을 지날 때는 마을도 가게도 없었다.

여기까지 걸어온 8일간의 긴 겨울 눈길 행적을 되돌아보니 새로운 것을 보고 느끼고 얻은 것이 수도 없이 많았다. 그 수많은 것들 중에서 가장 감격스러웠던 것은 여태껏 일반적으로 생각해 온 장기 도보 여행의 틀을 완전히 깨어 버렸다는 확신이었다. 첫 겨울 장기 도보 여행을 떠나겠다고 결정하기까지 얼마나 망설였던가! 또 첫 겨울 장기 도보 여행을 준비하며 얼마나 많이 겁을 먹고 두려워했던가! 첫 겨울 장기 도보 여행을 떠나는 날 얼마나 가슴이 두근거렸던가! 이제 생각하니 겨울 길 떠나길 정말 잘했다.

일곱째 날 : 40km

● 양구 읍내

● 인제 북면

따뜻한 안방에서 텔레비전이나 보며 집에 틀어박혀 있었다면 눈보라 치는 겨울 산과 길이 이렇게 아름다운 줄 내가 어떻게 체험할 수 있었겠는가. 겨울 길을 걸어 보겠다는 내 작은 욕심이 없었다면

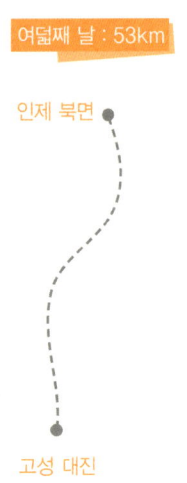

여덟째 날 : 53km

인제 북면

고성 대진

여름 장기 도보 여행보다 겨울 장기 도보 여행이 더 멋지고 아름답다는 것을 누가 깨우쳐 주었을까! 눈보라 길 위에 겨울 도보 여행을 즐기려는 길동무들과 온실 속의 화초 같았던 아들 영스의 참된 결단이 없었다면 나의 첫 겨울 장기 도보 여행이 어떻게 결실을 맺을 수 있었을까?

나는 첫 겨울 장기 도보 여행이 거의 끝나 가는 시점에서 되뇌었다.

여행의 꽃은 도보 여행이고, 도보 여행의 정수는 겨울 도보 여행이라고!

민통선 안을 걸어서 통일전망대까지

아홉째 날 : 12km

고성 대진

통일전망대

오늘은 우리가 임진각을 출발한 지 9일째 되는 날이며, 통일전망대에 도착하게 되는 마지막 날이기도 하다. 우리 일행은 경기도 연천을 지나고, 강원도 철원, 화천, 양구, 진부령을 넘어 간성을 통과하여, 어젯밤 이곳 대진항에 둥지를 틀었다. 최종 목적지는 이곳으로부터 12km 정도 북쪽에 위치해 있고, 그곳에 가려면 앞으로 서너 시간 정도는 더 걸어야 했다. 여기서 3km만 더 가면 통일전망대 매표소가 있다. 이 매표소부터는 차를 타고 통일전망대까지 가야 하기 때문에 오늘의 도보 일정은 너무 단출했다. 이른 시간에 이번 도보 여행 전체를 마무리하려고 어제 의도적으로 이곳 대진까지 힘들게 달려왔다.

아침 9시 반경 배낭을 짊어진 채 빵과 우유로 아침 요기를 하고, 화창한 아침 햇살을 받으면서 통일전망대를 향해 출발했다.

다들 마지막 날이 되어서 그런지 걸음들이 경쾌했다. 어제는 진부령에서 간성으로 이어지는 46번 국도를 따라 걸었는데, 오늘은 7번 국도를 따라 북쪽으로 걸었다. 오른쪽을 쳐다보니 잔잔한 파도가 일렁이는 바다 풍경이 철조망 뒤로 보였다. 어젯밤에는 야간 도보를 했기에 이곳 풍경을 제대로 보지 못했는데, 높은 철조망이 해변을 따라 북으로 뻗어 있었다. 이곳이 최전방임을 깨닫게 해 주는 표시였다.

통일전망대 매표소에 도착하여 우리의 최종 목적지인 통일전망대로 가는 방법을 알아봤더니, 1시간마다 출발하는 버스가 있었다. 명색이 도보 여행인데 마지막 코스를 버스를 타고 이동하고 싶지 않아서 통일전망대까지 걸어가는 방법을 알아봤다. 얼굴 아는 군인이 있으면 된단다. 급히 새로 사귈 수도 없고, 어찌하랴!

나를 찾아 길 떠나는 도보 여행 · 169

그래도 혹시나 하는 마음으로 안내소를 찾아 민통선 북방을 걸어갈 수 있는 방법을 물었더니, 군부대에 문의해 보라고 했다. 다급한 마음에 군부대 전화번호를 찾아 연락을 취했다. 전화 받은 군인은 미리 공문을 보내지 않았기 때문에 지금 당장 상관의 허락을 받기는 어렵다고 했다.

그러나 물러설 수가 없었다. 임진각에서 이곳까지 9일 만에 걸어온 대학생들이란 걸 강조하며 선처를 바란다고 졸랐다. 그러자 담당자는 다른 부대 연락처를 알려 주면서 그곳에 사정해 보라고 했다. 가능성이 있음을 암시하는 말이라 귀가 번쩍 뜨였다.

그런데 알려 준 부대에 전화를 걸어 자초지종을 이야기하자 앞의 부대와 똑같은 대답만 메아리처럼 돌아왔다. 졸라 대다가 거의 포기하려고 할 즈음, 담당자가 상급 기관의 승인을 받아 보겠다며 연락처를 남겨 두고 가라고 했다.

10여 분 뒤에 군부대에서 연락이 왔다. OK. 검문소에 연락해 두었으니 그곳의 지시에 따르라는 말이었다. 갑자기 가슴이 뭉클해 왔다. 민간인이 민통선 북방을 걸어서 갈 수 있다니 믿기지가 않았다.

휴게소에서 쉬고 있던 회원들을 불러 모아 자초지종을 이야기했다. 그리고 다 함께 파이팅을 외치며 북쪽 검문소를 향해 걸음을 재촉했다. 하

지만 일행 중 세 명은 더 걷기가 힘들어 버스를 탔다. 나머지는 북쪽으로 4km 정도를 더 걸어가 검문소에 도착했다. 미리 연락을 받은 검문소에서는 통과 수속 준비도 이미 끝내 놓고 있었다.

　민간인 출입 통제 구역이라 헌병 세 명이 우리 일행을 인솔했다. 아무렴! 길도 모르면서 우리끼리 걷는 것보다는 군인이 인솔해 주는 것이 더 안전하고 믿음직스런 일이 아닌가? 선두 그룹에는 나와 왕언니(폭주족: 제일 나이가 많아 내가 왕언니라 호칭함), 그리고 진희가 있었고, 후미에는 별나라, 카펠라, 은진이 군인과 한 그룹이 되어 따라왔다. 날씨도 맑은 데다 우리 외에는 아무도 없는 길을 오순도순 이야기하며 걸어가자니 다들 기분이 들떠 있는 듯했다.

　더군다나 여자 막내 카펠라와 동갑내기인 별나라는 군인의 환심을 서로 사려고 경쟁이라도 하는 듯 보였다. 뒤에서 들려오는 웃음소리들이 요란도 했다. 이때 나와 같이 가고 있던 진희가 뒤돌아보며 그들에게 한마디 했다. "너희들 작업 잘해! 잘못하면 언니가 다시 작업 들어갈 거야!" 내가 처음엔 진희의 말뜻을 이해하지 못하고 멍해 있다가 정신을 차리고 다시 진희를 보니 그가 싱긋 웃었다. 요새 아이들은 정말 못 말린다! 젊은이들과 함께 이런 오붓한 시간을 보내고 있다는 게 새삼 즐거웠다. 그러는 사이에

목적지는 점차 가까워졌다.

길 주변은 온통 철조망으로 둘러싸여 있고, 지뢰 표시가 여기저기 있어 으스스했다. 그래도 걷기에는 아주 좋은 길이었다. 통일전망대로 향하는 승용차가 이따금 지나갈 뿐 주위는 너무나 고요했고, 공기 또한 맑았다.

1km 정도 남은 지점에 이르렀을 때 뒤따라오고 있던 은진이 선두에 서 있는 나를 '횡' 하니 앞질러 갔다. 그녀는 여자 핸드볼 주니어 국가대표팀 시절에 무릎을 두 번이나 수술한 전력이 있어서 그런지 도보 내내 제일 꼴찌에서 따라왔다. 그런데 지금은 언제 그랬냐는 듯이 그 긴 다리로 성큼성큼 힘차게 통일전망대 언덕을 올라갔다.

언덕 끝 바로 위로 통일전망대를 알리는 아치가 우리 일행의 골인 지점인 양 서 있었다. 더구나 거기에서 버스로 이동해 미리 도착해 있던 일행 세 사람이 박수를 치며 반갑게 우리를 맞아 주었다.

우리는 해냈다. 은진이 제일 먼저 광장에 도착하는 순간, 우리의 작은 소망은 이루어진 것이다. 걸어온 9일! 이 순간을 위해서 우리는 얼마나 고생했던가! 처음 임진각에서 출발할 때부터 우리는 줄기차게도 걸었다. 비 오는 날도, 눈 오는 날도, 미끄럽고 위험한 길을 낮에도 걷고, 밤에도 걷고, 강 건너, 산 넘어 300km를 걸어 바로 여기 강원도 고성군의 통일전망대에 도착한 것이다. 한반도 횡단 도보 여행이었다.

우리는 서로 악수하며 부둥켜안았다. 무척이나 감격스러운 순간이었고, 엄청난 일을 이루어 낸 자신들이 대견스러워 감정들이 벅차올랐다.

"엄마, 완보했어요! 해냈어요!"

영스 역시 들뜬 목소리로 집으로 전화를 했다. 녀석, 그렇게 기뻐할 거면서……. 영스가 완보의 희열에 들떠 있는 것을 보니 함께하기를 백번 잘했다는 생각이 들었다. 갑자기 내가 굉장히 괜찮은 아버지인 듯 느껴져

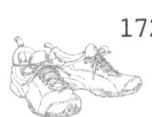

나도 모르게 눈시울이 붉어졌다. 사랑한다, 아들!

전망대 광장에서 단체 기념 사진을 찍은 뒤 북녘 땅이 보이는 전망대에 올라갔다. 저 멀리 금강산 자락의 해금강이 보였다. 북한군의 대남 선전 문구도 보이고, 북한 땅을 바라보는 감회와 여기까지 걸어서 왔다는 감회가 뒤섞여 좀처럼 흥분이 가라앉질 않았다.

전망대를 내려와서 잠깐 휴식을 취했다. 그래도 부푼 감정은 가라앉지를 않았다. 고통 속에서 이루어 낸 작은 소망, 그 소망이 준 기쁨 때문일 것이다. 우린 이 순간을 맛보려고 그렇게도 여러 날을 힘들게 걸어왔다. 여러 사람의 곱지 못한 시선도 뿌리치고 말이다.

우리 회원들이 정말 자랑스러웠다. 아니, 억척스러움에 감탄했다. 발바닥에 물집이 생기고 터지기를 몇 차례, 아픈 무릎에 보호대를 차면서까

걸어온 9일!
이 순간을 위해서
우리는 얼마나 고생했던가!

지, 쉬다가 걸으면 더 통증이 온다고 쉬지도 않은 채, 피로가 지나쳐 고통으로 변했어도 우리는 걷고 또 걸었다. 그런 고통과 역경을 이겼기에 지금의 환희를 만끽하고 있는 것이 아닌가!

더군다나 이번 도보에서 얻은 것은 환희에 찬 기쁨만이 아니다. 사람들이 힘들다고 잘 하지 않는 일을 도전하여 보기 좋게 완주하지 않았는가! 이젠 모든 일에 자신감이 생길 것이다. 지금 당장 이곳 통일전망대에서는 자신감을 가지지 못할지라도 앞으로 어려운 일에 직면했을 때, 좌절을 딛고 오뚝이처럼 일어나 다시 달려가고 있는 자신을 발견할 것이다. 그때 느끼게 되는 기분과 성취감이란 경험하지 않고는 알 수가 없다.

들뜬 기분이라 그런지 도착한 지 채 10분도 지나지 않은 것 같은데 벌써 돌아가야 할 시간이 되었다. 집으로 돌아가기 위해선 이곳 전망대에서 버스를 타야 했다. 이번 버스를 놓치면 1시간을 허비해야 해서 감격스런 마음을 뒤로한 채 버스에 몸을 실었다.

오늘 아침 숙소를 출발해 통일전망대로 향하는 철조망이 둘러쳐진 길을 걸으면서 나는 다음 사이트 '국토 순례 2000' 카페의 주인장인 박희철 씨에게 전화를 했다. 아직 그의 얼굴도 모르고 전화 통화를 해 본 적도 없었다. 다만 그 카페의 회원으로서 카페를 드나들다가 박희철 씨가 이 카페의 주인장이며 우리나라 국토 순례를 수차례 이끌어 온 마산에 사는 젊은이라는 정도만 알고 있었다. 그리고 그가 부산에서 2월 4일에 8명의 회원을 이끌고 동해안 길을 따라 통일전망대를 향해 걸어 올라오고 있고, 또 오늘 이곳 통일전망대에 도착한다는 사실을 도보 도중에 알았다. 그래서 혹시나 우리 팀과 합류하여 최종 목적지까지 같이 가면 어떨까 하는 생각으로 전화를 걸었던 것이다.

내가 누구이며 자초지종을 이야기했더니 깜짝 놀라면서도 반가워했다. 그들은 거의 목적지까지 왔지만 우리 팀보다는 10km 정도 뒤에 있었다. 시간이 맞지 않아 그들과 동행하려 했던 희망을 접고, 우리 팀만 계속 전진하여 통일전망대에 도착했던 것이다.

돌아오는 길에 우리는 통일전망대 휴게소에서 그들을 만날 수 있었다. 그들은 우리 일행보다 하루 먼저 부산을 출발하여 9박 10일 만에 450km를 걸어 올라왔다. 짧은 시간에 이루어진 그들과의 생면부지 만남을 단 한 마디로 표현한다면 '동병상련'이었다.

통일전망대에서 출발한 노선 버스는 우리 일행을 간성에 내려 주었다. 간성에서 우리 모두는 각자 헤어지기로 되어 있었다. 먼저 대구로 가야 하는 진희가 눈시울을 적시면서, 아니 훌쩍거리면서 버스에 올랐다.

그러나 남은 사람들은 헤어짐이 아쉬워 서울까지 같이 이동하기로 다시 의견 일치를 보았다. 대합실에서 30여 분을 기다린 후에 우리는 동서울행 버스를 탔다. 손님들이 많지 않아 아무렇게나 자리를 잡았다. 나랑 경환은 버스 맨 뒷좌석에 소주병을 차고 같이 앉았다. 무엇보다도 우리 두 사람은 먼저 사고 없이 무사히 끝낸 것을 자축했다. 9일 동안 회원들의 안전을 우선적으로 생각해야 했던 나로서는 이제야 다리가 뻗어지는 순간이었다.

도보 여행에서 있었던 일들을 경환과 한잔하면서 회고해 보았다. 버스에 오른 지 얼마 지나지 않아 일행 모두는 잠에 빠졌다. 그러나 나는 차창 밖을 내다보며 지나간 10여 일을 돌이켜 보니 잠은커녕 오히려 정신이 말똥말똥해졌다. 도보 코스 사전 답사를 했던 일, 회원들을 서울에서 처음으로 만났던 일, 임진각을 출발하여 첫 밤을 백학에서 보낸 일, 눈비를 맞으며 수피령을 넘은 일, 평화의 댐으로 이어지는 길을 따라 걷던 일, 그리고 수호천사들의 응원에 힘찬 발걸음을 내디디던 일 등이 파노라마처럼 눈

앞을 스쳤다.

　나에게는 이번 겨울 장기 도보 여행에서 남다른 성과가 또 하나 있었다. 군대 가기를 두려워하던 아들놈이 어느 날 학교 수업을 마치고 돌아와 이렇게 말하는 것이었다.

　"아버지! 군 입대 지원했어요!"

　"그래, 장하다, 내 아들!"

　이렇게 나의 첫 겨울 장기 도보 여행은 나의 사랑하는 아들에게 바친 것이기도 했다.

임진각에서 통일전망대까지 도보 개요

1. 기간 : 2003년 2월 5일~2월 13일(8박 9일)
2. 구간 : 경기도 문산읍 임진각에서 강원도 고성군 통일전망대까지
3. 코스 : 임진각 → 문산 → 적성 → 백학 → 연천 → 철원 → 김화 → 화천 → 양구 → 원통 → 용대리 → 진부령 → 간성 → 거진 → 통일전망대
4. 거리 : 296km
5. 인원 : 11명(남 3명, 여 8명)
6. 구간별 종주 현황

날수	출발	도착	거리	소요 시간
1일차	임진각	연천 백학	32km	10시간
2일차	연천 백학	연천 대광	30km	9시간
3일차	연천 대광	철원 갈말	33km	10시간
4일차	철원 갈말	철원 육단	26km	9시간
5일차	철원 육단	화천 읍내	38km	12시간
6일차	화천 읍내	양구 읍내	32km	10시간
7일차	양구 읍내	인제 북면	40km	11시간
8일차	인제 북면	고성 대진	53km	11시간
9일차	고성 대진	통일전망대	12km	3시간
계			296km	85시간

먼 길 갈 땐 눈썹도 뽑고 가라

왕초보의
등짐 꾸리기

　나는 먼 길을 걸어서 떠나려고 할 때 등짐 속에 무엇을 넣고 갈 것인지 늘 신경을 쓴다. 등산용 배낭에 숙식을 위한 장비도 넣어 갈까? 아니면 작은 배낭에 가벼운 여벌 옷 한 벌만 넣어 갈까? 그것도 아니라면 색(sack) 하나만 옆구리에 달랑 차고 떠나 볼까?

　먼 길 떠나는 등짐을 꾸리다 보면 가슴이 먼저 설렌다. 이것도 가져가야겠고, 저것도 등짐 속에 넣으면 긴요하게 쓰일 것 같다. 이리저리 매만지다 보면 배낭 속엔 뭐가 그리도 많이 들어 있는지, 다 채워진 배낭을 한쪽 귀퉁이에 옮겨 놓으려고 들어 보면 무게가 장난이 아니다. 다시 배낭을 풀어 정리하다 보면 시간이 훌쩍 지나가 버리기 일쑤고, 때로는 짐 꾸리면서 준비물을 손질하다 밤잠을 설치는 때도 있다. 도보 여행을 해 본 사람이라면 누구나 이런 짐 꾸리기 경험을 해 보았을 것이다.

　수년 전 내가 난생처음으로 한반도 도보 종주를 시작하려고 등짐을 꾸릴 때는 기본 상식이나 정보를 전혀 갖지 못했다. 다만 어릴 적 어른들에게서 어깨 너머로 주워들어 왔던 '먼 길 걸어 떠날 땐 속눈썹도 뽑고 가라.'는 속담과 '한양에 과거 보러 갈 땐 눈썹도 뽑고 가라.'는 속담 등을 연상하면서 등짐을 꾸렸다. 힘들이지 않고 보다 빨리 걸어서 목적지에 도달하려면 털끝만 한 등짐 무게도 줄여야 된다는 뜻이 함축되어 있는 말이기 때문이다.

가벼운 속옷과 겉옷 한 벌, 예비 신발 한 켤레, 그리고 소량의 잡동사니 몇 가지를 작은 등가방에 챙겨 넣었더니 채 3kg도 안 되는 것 같았다. 이 정도면 충분히 감당할 수 있을 것이라고 자신하면서 길을 떠났다가, 등짐의 무게에 짓눌려 결국 응원 나온 친구 편으로 짐을 몽땅 보내 버린 적이 있었다.

'아! 눈썹도 뽑고 가라는 의미가 바로 이것이구나!'

속담 속에 담겨 있는 심오한 뜻을 제대로 이해하지 못했기에 대가를 치른 것이다.

그 이후로 나는 등짐을 꾸려 먼 길을 떠나는 이들에게 이 속담을 자주 인용한다. 이 속담만 잘 이해한다면 망설이지 않고, 빠르고 쉽게 가벼운 등짐을 꾸릴 수 있기 때문이다.

대중 교통수단이 없었던 우리 선조들은 오로지 먼 길을 걸어서만 다니면서 체험한 결과를 이 속담 속에 지혜롭고 해학적으로 묘사해 놓았다. 나는 이 속담이 보배처럼 느껴지기에 먼 길을 떠나려고 등짐을 꾸리시는 분들에게 이 속담의 의미를 다시 한 번 더 강조하고 싶다.

이 속담을 염두에 두고 등짐을 꾸리면 훨씬 속도가 빨라진다. 우선 배낭 속에 들어가는 짐들을 과감하게 잘라 낼 수 있다. 그리고 배낭도 얇고 튼튼한 것으로 고를 수 있다. 입고 갈 옷이나 여벌 옷을 챙길 때에도 가벼운 옷을 선택하게 된다.

다른 준비물을 챙길 때도 마찬가지이다. 여행의 성격이나 목적에 따라 다르긴 하겠지만 여벌로 챙기는 속옷과 겉옷 한 벌, 세면도구를 제외하고는 더 챙겨야 할 준비물은 거의 없다. 혹시 있다 하더라도 길을 가는 도중 필요할 때 구입하여 사용하면 된다. 대한민국 어디를 가더라도 일상생활에 필요한 것은 무엇이든 구입할 수 있기 때문에 너무 세세한 것까지 챙겨 등짐을 가중시킬 필요는 없다.

　시골 같은 곳에서 구입하면 비싸지 않느냐고 반문할지 모르지만 그렇진 않다. 오히려 여러 가지를 준비해 갔는데, 낑낑대며 짊어지고 다니다가 한 번도 사용하지 않고 되돌아왔다면 쓸데없는 금전을 지불한 꼴이 된다.

　그리고 필요 없는 등짐은 하중을 가중시켜 허리를 상하게 하고, 물집을 생기게 하는 요인이 되어 걷는 기간 내내 등짐 주인을 괴롭힐 것이다. 걷는 동안 등짐의 노예에서 벗어나 깊은 사색에 잠겨도 보고, 또 더 많은 여행 부산물을 얻어 오기 위해서라도 등짐으로부터 자유로워야 한다. 그러기 위해선 선조들이 남긴 속담을 꼭 기억해야 한다.

　'먼 길을 걸어서 가려면 속눈썹도 뽑고 가라.'
　'한양 천리길 과거 보러 갈 땐 눈썹도 뽑고 가라.'

Tip
추천하는 도보 여행 코스

우리나라에서 도보 여행을 하기에 제일 안전한 곳,
제주도 서부 관광 산업 도로 40km

제주도는 자연경관이 빼어난 곳일 뿐만 아니라 유적, 유물들이 많은 곳이기도 하며, 자연 생태계의 보전이 잘 되어 있는 관광 명소 중의 명소이다. 이런 관광 명소의 특성 때문에 제주도는 도로가 잘 발달되어 있다.

해안을 따라 섬 전체를 타원형으로 순환하는 해안 일주 도로인 1132번 국도가 있고, 한라산 기슭을 따라 산간 지방을 연결하는 중산간 일주 도로인 1136번 도로가 있으며, 한라산 1,000m 고지의 허리를 감돌아 일주할 수 있는 산록 도로도 있다. 이들 도로는 모두 한라산을 중심축으로 일주할 수 있는 도로인 반면에, 한라산 남북을 관통하는 횡단 도로도 있다. 제주시와 서귀포를 최단 거리로 연결하는 516 횡단 도로와 제주에서 한라산 서부 능선을 돌아 중문을 거쳐 서귀포에 이르는 한라

산 제2 횡단 도로가 있다. 또 제주시에서 한라산 허리를 넘어 대정(모슬포)으로 직선 연결된 1135번 도로인 관광 산업 도로도 있다. 최근에는 이외에도 새로운 도로들이 사통팔방으로 뻗고 있어 관광 제주의 면모를 과시한다.

총길이 179km인 1132번 국도인 해안 일주 도로는 중앙선 양쪽으로 왕복 4차선이 있고, 또 그 옆으로 자전거와 사람이 통행할 수 있는 인도가 있어 도보하기에 안전한 최적의 도로다. 1136번 국도인 중산간 도로는 해안 일주 도로만큼 안전하다고 말할 수는 없지만, 산간 마을을 서로 연결해 주는 도로이기에 길은 좁을지라도 통행량이 많지 않아 비교적 안전한 길이다. 산록 도로는 한라산을 효율적으로 이용하기 위해 뚫은 길이기 때문에 민가도 없고 차량 통행도 거의 없어, 안전은 물론이고 태고의 자연과 어우러진 경관을 볼 수 있는 숲길 도로이기도 하다.

제주도 도보 코스는 해안이나 중산간 도로를 따라가든, 횡단 도로를 따라가든, 요즘 유행하는 올레길을 걷든 이국적인 풍경이 펼쳐지므로 여행자에게 많은 볼거리를 제공해 준다. 이런 자연경관 때문에 제주도의 길을 추천하는 이유도 있지만, 무엇보다 안전하게 걸을 수 있다는 것이 가장 큰 추천 이유이다.

길을 안전하게 걸을 수 있다는 것은 깊은 생각에 잠길 수 있다는 것을 의미한다. 차가 빈번히 다니는 좁은 도로에서는 안전 문제에 신경을 써야 하므로 도보 여행의 본질을 종종 잊어버리는 경우가 많다. 하지만 제주도를 도보 여행할 때는 교통사고에 대한 경계심에서 벗어나 무의식 세계를 넘나들며 환상의 세계를 맛볼 수 있다.

특히 제주시에서 대정으로 연결되는 1135번 관광 산업 도로는 일본의 국도에 비해 조금도 손색이 없다. 일본 열도를 따라 도보 여행하는 동안에 느낀 것이지만 일본의 국도는 우리나라의 국도와는 조금 다른 구조를 가지고 있다. 아마도 자전거 문화가 발달한 나라여서 그런지 차도와 인도 사이에 경계 벽이 있고, 어떠한 경우라도 질주 차량이 인도를 침범할 수 없게 되어 있다. 일본의 국도는 양옆으로 튼튼한 화단을 길게 쌓아 차도와 인도를 구분 지어 놓은 곳도 있고, 우리나라 국도의 중앙선에 설치되어 있는 것과 같은 가드레일을 인도와 차도 사이에 설치해 놓은 곳도 있다. 그래서 인도를 따라 통행하는 자전거나 사람은 지나가는 차량의 방해를 받지 않고 안전하게 지나 다닐 수 있다.

심지어는 터널을 통과할 때도 마찬가지다. 차량이 통행하는 차량 전용 터널이 있고, 그 터널 옆 양쪽에는 자전거나 사람이 통행할 수 있는 작은 터널이 따로 있다. 이것이 일본의 국도와 우리나라 국도의 큰 차이점이다.

그러나 아쉽게도 우리나라에는 이런 국도가 제주도 외에는 없다. 전국 방방곡곡을 승용차나 버스로, 혹은 도보 여행을 하면서 살펴보았지만 일본 국도와 같은 곳을 찾을 수가 없었다. 제주시에서 한라산 서쪽 능선을 직선으로 넘어 대정으로 이어지는 1135번 국도를 제외하곤 말이다.

이 산업 관광 도로를 따라 걷노라면 안전하다는 푸근한 느낌뿐 아니라, 한라산 중턱 1,000m 고지의 언덕을 힘들게 올랐다가 미끄러지는 듯 내려오는 경쾌한 발걸음에서 도보의 묘미를 한층 진하게 맛볼 수 있다. 뿐만 아니라 오르내리는 길 내내 펼쳐지는 서쪽 해안의 아름다운 풍경과 시간이 지날 때마다 달라지는 한라산 중턱의 식물 군락들의 모습도 볼 수 있다. 때론 초원의 언덕에서 한가롭게 노닐고 있는 야생 노루도 구경하고, 또 여기저기서 들려오는 장끼의 울음소리도 들을 수 있다.

44km 길이의 이 도로는 하루 만에 도보 여행을 끝내기는 힘들겠지만, 각자 걷는 능력에 따라 알맞은 도보 거리를 정하고, 버스나 택시로 도심을 벗어난 지점부터 걷는다면 제주 올레길 걷기에 식상한 사람들에게는 멋진 1일 도보 코스로 안성맞춤일 것이다.

Chapter 3
함께 걷는 사람들이 있어 더 행복하다

많은 이들이 시련을 마다하지 않고 길 위에서 자신을 찾기 위해 도보여행을 떠나고 싶어 한다.
나태한 현실을 극복하기 위해, 혹은 좌절의 굴레에서 벗어나기 위해, 아니면 진보된 내일을 준비할 목적으로 자기 의지를 시험대에 올려 보려고 하는 것이다.

함께하는
길동무들

사람은 요람에서 무덤까지 이르는 인생길을 걸으며 무수히 많은 시련을 겪게 된다. 도보 여행 길 또한 인생의 길처럼 수많은 시련의 연속이라 할 수 있다.

그것은 육체적 고통의 연속일 뿐만 아니라 심리적 갈등의 연속이기도 하다. 길을 오래 걸으면 걸을수록 심리적 갈등은 그 정도가 더해 간다. 내가 왜 편한 길을 두고 이 길을 가고 있는가? 무엇을 얻기 위해 걷고 있는가? 나는 어디서 온 것일까? 누구를 위해, 무엇 때문에 살아가고 있는 것일까? 걷다 보면 이런 선문답 같은 수많은 질문을 만들어 낸다.

꼬리에 꼬리를 무는 질문 속으로 계속 걷다 보면 이제는 신체적 고통이 전신을 짓누르고 있음을 느끼게 된다. 그래도 자신이 스스로 택한 고행의 길이기에 참고 견디며 걸음을 계속한다. 끊임없는 걸음 속에는 무한한 공상과 가상의 세상이 숨어 있고, 심리적 갈등도 그 속에 포개져 있다. 어떻게 보면 도보 여행의 목표는 자신의 심리적 갈등을 걸음으로 해소하며, 계속되는 걸음 속에서 자신의 능력과 의지, 그리고 삶의 좌표를 찾는 것이라 할 수 있다.

내가 걸음질의 유혹에 빠져 도보 여행 중독자가 된 이후, 10년이 넘게 도보 여행을 지속하고 있는 것은 함께하는 길동무들이 있었기 때문이다. 도보 여행은 혼자일 때도 그 매력이 무궁무진하지만, 내가 만약 혼자만을

고집했다면 10년이 넘게 걸음질을 지속시키지는 못했을 것이다. 그래서 나는 도보 여행 카페를 도보 여행의 동반자, 내 인생의 동반자라고 생각한다.

우리나라 최초의
도보 여행 카페를 만들다

    도보 여행 카페와의 인연은 2002년부터 시작되었다. 나의 네 번째 장기 도보 여행이 끝났을 무렵인 2002년 어느 여름날로 기억한다. 친구들과 설악산을 등산하려고 빗속에 차를 몰고 백담사로 향하고 있었는데, 우의를 입고 길을 걸어가던 한 젊은이가 차를 세웠다. 차림새를 보니 도보 여행 중인 학생이 틀림없었다. 그 학생은 우리에게 원통 읍내까지만 태워 달라고 부탁하였고, 마침 방향이 같은지라 그를 태우고 행적을 물었다. 그는 친구들 20여 명과 함께 국토 순례 중이라고 했다. 일행들은 모두 앞서 출발했고, 자기만 뒤처져서 따라가는 중이라고 말했다.
    도보 여행을 많이 한 내게는 이 친구가 예사롭게 보이지 않았다. 편안함을 집에 두고, 수백 킬로미터에 이르는 고행의 길을 자처하며 빗속을 걷고 있는 그가 무척이나 대견스러웠다. 젊어서 고생은 사서도 한다는 옛말을 스스로 실천하고 있기 때문이다. 그에게 먹을 것들을 건네주면서 어떻게 여러 사람들과 국토 순례를 할 수 있었느냐고 물어보았다. 그런데 같은 학교 학생도 아닌 인터넷 카페 회원들이 모였다는 것이다. 인터넷 카페 동아리? 컴맹에 가까운 내게는 생소한 단어였다.

인터넷에 카페가 있다니 신기할 따름이었다. 궁금해서 꼬치꼬치 물었더니 다음 사이트에 들어가면 국토 대장정을 하는 카페도 있고, 이런저런 카페들이 많이 있다고 알려 주었다. 하지만 컴퓨터 바둑이나 장기를 즐기는 수준의 컴퓨터 실력을 가진 나로서는 그 말들이 쉽게 이해가 되지 않았다.

집으로 돌아와 아들놈들의 도움을 받아 가며 이리 뒤지고 저리 뒤져 마침내 '젊음의 국토 대장정' 카페를 찾아냈다. 찾고 보니 가슴이 벌렁거렸다. 이런 곳도 있었구나! 컴퓨터 앞에 앉아 전국의 도보 마니아들과 의견을 나누고, 또 정보를 서로 교환할 수 있다니 놀랍고도 반가웠다. 인터넷 시대를 실감케 해 주는 순간이었다.

처음 도보 여행을 시작할 때는 도보에 관한 자료를 찾지 못해 무척이나 고민하고 망설였다. 그래서 카페를 만들어 도보 여행 경험담을 올려놓으면 여러 사람들이 읽어 보고 도움을 받을 것 같았다. 일본 도보 여행 후기를 많은 사람들이 읽고, 격려도 해 주고, 부러워하며 감탄했던 기억도 났다. 도보 여행을 하고 나서 쓴 멋진(?) 경험담을 나 혼자만 간직하기에는 너무 아깝다는 생각이 들었다. 경험담을 쓰면서도 자랑 삼아 남들에게 알리고 싶은 마음이 굴뚝같았는데, 카페를 만든다면 마음속 숙제 하나도 해결될 수 있었다.

술이나 차를 파는 카페가 아닌 인터넷 공간 속의 카페는 찻집 카페만큼이나 편안하고 정보가 많은 공간이었다. 또 이런 카페를 공짜로 이용할 수 있다는 것이 더 매력적이었다. 카페를 잘만 운영한다면 회원들과 함께 더 즐겁고 전문적으로 도보 여행을 즐길 수 있다는 생각에 마음이 급해졌다.

카페를 잘 모른다는 둘째 아들놈과 함께 하룻밤 사이에 낑낑대며 카페 하나를 만들었다. 컴퓨터를 잘 모르는 나로서는 모든 게 복잡하고 어려웠다. 카페 설정에서부터 키워드, 카페 관리 등 아들놈의 설명을 제대로 이해할 수도 없었다. 고등학교 2학년인 아들놈에게 온갖 구박을 받으며 우여곡절 끝에 카페 모양새를 갖추었다. 카페 이름은 '인생길 따라 도보 여행'으로 정했다. 나의 첫 도보 여행이었던 한반도 도보 종주 때의 느낌에서 힌트를 얻었다. 천리길을 하염없이 걷는 느낌이 인생길을 따라 끝없이 살아가는 우리 인생사와 같다고 느껴서 그렇게 정한 것이다.

카페 개설 즉시 회원수가 4명으로 늘어났다. 회원 수가 많으면 좋다는 아들놈의 말에 따라 가족 4명 모두를 회원으로 등록시켰기 때문이다. 카페를 개설한 후, 다른 카페들이 어떻게 운영되는가를 염탐하기 위해 이 카페 저 카페를 기웃거리기도 하고, 마음에 맞는 카페가 있으면 회원 가입도 해 가면서 운영에 대한 지식을 쌓아 갔다.

또 가입한 카페에 주인 허락 없이 내가 만든 카페를 소개했다가 쫓겨나기도 했는데, 그때는 진정 나의 소행이 정당한 줄만 알던 시절이었다.

카페 개설할 때 카페 홍보 키워드로 '도보 여행' 이란 단어를 넣어서인지 한 달도 되지 않아 회원 수가 30명으로 늘어났다. 그중에는 내가 반강제로 가입시킨 친구 두 명도 포함되었다. 그 친구들은 내가 첫 도보 여행을 시작할 때 극구 말리기도 했지만, 시작하고 난 뒤에는 하루도 거르지 않고 나의 이동 경로를 전화로 추적하고, 심지어 직접 참여하여 이틀 동안이나 응원 도보를 해 주었던 친구들이다.

이 친구들의 도움을 받아 첫 도보 여행 행사 공지도 올렸다. 장소는 올림픽공원역에서 출발하여 이성산성을 지나, 하남 천현동 한식집으로 유명한 마방집까지로 정했다. 참석자는 사전에 약속된 친구 한 명과 나, 그리고 공지를 보고 온 여자 회원 두 명이 전부였다. 이들과 함께 8km의 거리를 오순도순 걸으며 시작한 카페의 첫 공식 활동은 소박했지만 아주 의미가 있는 행사가 되었다. 앞으로 카페를 잘 운영한다면 더 많은 사람들에게 도보의 묘미를 전달할 수 있고, 또 스스로 느낄 수 있는 '체험의 장'이 될 수 있을 것이라는 확신을 갖게 해 주었던 것이다.

나를 찾아 길 떠나는
도보 여행

그렇게 우여곡절 끝에 시작한 '인생길 따라 도보 여행' 카페는 폭발적인 반응으로 발전을 했다. 아마도 여러 가지 외부 상황과 잘 맞아떨어진 결과가 아닌가 생각된다. 건강에 대한 관심이 높아지면서 걷기에 대한 관심들도 점점 더 커져 가는 상황이었고, 여가 시간이 늘어나면서 여행 또한 보편화되었던 것이다.

그런데 회원 수가 2만 명이 넘어서면서 도보 여행 카페의 본질이 훼손되어 가고 있었다. 먹고 마시기를 즐기려는 회원들의 목소리가 커지면서 내가 생각하는 도보 여행의 참뜻인 '고행'의 의미가 퇴색되어 가고 있었던 것이다. 이에 더하여 카페 이름으로 어느 출판사와 직접 계약을 체결하여 우리나라 최초의 도보 여행 코스 관련 도서를 발간하게 되었는데 이를 사유화하고자 하는 세력이 나타나면서부터 카페 내분이 일기 시작했다.

카페지기였던 나는 그동안 카페 활동을 하며 반나절 도보, 1일 도보, 야간 무박 도보, 1박 2일 도보, 릴레이 도보, 울트라 도보, 장기 도보 그리고 낭만을 찾아 즐길 수 있는 별빛 도보와 달밤 도보 등 여러 도보 여행 장르들을 개발해 왔고, 새로운 여행 장르들도 계속 구상하고 있었다. 그런데

나길도 카페는 별도의 회비도 없다.
필요한 경비는 도보 여행을 할 때,
그때그때 실경비만 개인적으로 부담을 한다.

이런 내분 때문에 내가 새롭게 기획한 도보 여행 장르들을 도보 애호가들에게 선보일 수 없었다.

그래서 아주 어려운 결정을 하고 말았다. 다른 유능한 운영자에게 카페를 인계하기로 한 것이다. 내가 처음 만들어 발전한 카페였기에 긍지와 자부심이 있었지만 기존 카페와 차별화된 도보 장르를 개발하겠다는 의지가 더 강했기 때문에 내린 결정이었다. 그렇게 해서 만든 카페가 지금의 '나를 찾아 길 떠나는 도보 여행(이하 나길도)' 카페이다.

2007년 2월 23일 개설한 '나길도' 카페는 현재 회원 수가 2만 명이 넘는다. 만 5년도 안 된 카페지만 이 역시 폭발적인 호응으로 발전하였고, 지금까지 활발하게 활동하고 있다.

짧은 기간에 이처럼 카페가 활성화된 이유는 무엇보다 신입 회원을 맞아들이는 기존 회원들의 자세가 좋았기 때문이라고 생각한다. 처음 참여하는 사람들이 소외되지 않게 경험 많은 기존 회원들이 그들과 동행하며 이야기의 상대가 되어 주고, 점심 식사도 함께하는 등 신입 회원들에게 많은 배려를 해 주었다. 이런 좋은 모습이 그대로 이어지면서 지금은 전통이 되었다.

또한 무보수로 일하는 운영자들의 봉사 정신도 카페 활성화의 중요한 이유이기도 하다. 모두 걷기가 좋고, 여행이 좋고, 사람들이 좋아서 모였기 때문에 보수가 없어도 즐겁고 행복하게 모임을 이끌어 나갈 수 있었던 것이다.

나길도 카페는 별도의 회비도 없다. 필요한 경비는 도보 여행을 할 때, 그때그때 실경비만 개인적으로 부담을 한다. 그러니 회비에 대한 부담감도 없고, 누구나 자유롭고 편하게 카페 활동을 할 수 있다. 이 밖에도 모든 것이 투명하게 운영되기 때문에 현재와 같은 모습으로 발전할 수 있었다고 생각한다.

또 나길도 카페는 다른 도보 카페와는 달리 회원의 자격에 남녀노소 구분이 없다. 남녀 불문은 물론이고, 10대부터 80대까지 걸을 수 있는 사람이면 누구나 회원으로 가입할 수 있고, 또 각종 도보 행사에 참여할 수도 있다.

나길도 카페는 현재 운영진들이 맡아서 모임을 진행하고 있다. 정기적인 행사로 매년 여름과 겨울철에 실시하는 장기 도보 여행이 있다. 이 장기 도보 여행은 무엇보다 시간과 체력이 요구되는데도 매번 수십 명의 회원들이 참가하는 열성을 보이고 있다.

또 매월 넷째 주 토요일에 실시되는 행사로 정기 도보 여행이 있다. 이 정기 도보 여행은 보통은 두세 대 대형 버스를 전세 내어 떠나는데 인기 좋은 길은 다섯 대 정도를 빌려야 할 정도로 많은 인원이 참여하고 있다. 또 전국 각지에서 승용차를 타고 현장으로 달려와 도보 여행에 참여하는 회원들도 많다. 도보 도중 점심시간이 되면 자연 속에 옹기종기 둘러앉아 각자가 싸 온 도시락을 먹는데, 맛도 일품일 뿐만 아니라 모두들 학창 시절에 소풍 갔던 추억을 떠올리며 도보 여행 아닌 과거 여행을 즐기기도 한다.

또 매주 토요일과 일요일에 각각 실시되는 주말 도보 여행이 있다. 또 평일에 진행되는 평일 및 수시 도보 여행이 있고, 공휴일을 이용하여 실시하는 특별 도보 여행 등 다양한 걷기 행사를 거의 매일같이 운영하고 있다. 참가 희망자의 성향이나 시간에 따라 언제든 선택적으로 참가할 수 있다.

각 지역별로도 별도의 모임을 만들어 운영하고 있다. 현재 충청방, 호남방, 영남방 등의 지역 모임이 운영되고 있으며, 영남방이 제일 활기차게 운영되고 있다.

나길도만의 이벤트 여행도 있다. 다른 카페에서는 찾아볼 수 없는 해

외 도보 여행을 운영하고 있는 것이다. 2007년, 동북아 3국(중국, 한국, 일본)의 수도를 잇는 장장 2,000km가 넘는 어마어마한 거리를 70여 일에 걸쳐 이룩한 해외 도보 여행은 나길도 카페의 최고 자랑으로 여겨지고 있다. 또 인간의 걷기 한계에 도전하는 '24시간 100km'와 '48시간 200km' 같은 울트라 도보도 나길도 카페에서 처음 개척하고 진행한 프로그램으로, 큰 자랑거리 중 하나다.

고행을 각오하면
다른 세상이 보인다

내가 도보 카페를 운영하고, 우리나라 곳곳을 걸어서 여행한다는 사실을 아는 주변 사람들은 '언제부터 걷기 시작했느냐?'고 묻고는 한다. 그럴 때마다 내 대답은 똑같다.

"아마도 첫돌 전후쯤부터 걷기 시작했을 겁니다."

질문하는 사람들은 내가 걸음질을 잘하는 전문가라고 생각하는 것 같다. 그러나 내 생각은 다르다. 내가 걷기 전문가라면 대한민국에 전문가 아닌 사람이 없을 것이다. 왜냐하면 사람은 첫돌 때부터 걷기 시작해 죽을 때까지 걸으면서 각자 살아가는 세월만큼 걸음질에 대한 노하우를 축적하기 때문이다. 따라서 누구나 걸음질의 경험자들이며 내로라하는 전문가인 것이다.

누구나 그렇듯이 나도 쉰이 될 때까지는 그저 배우고 익힌 대로 걸어

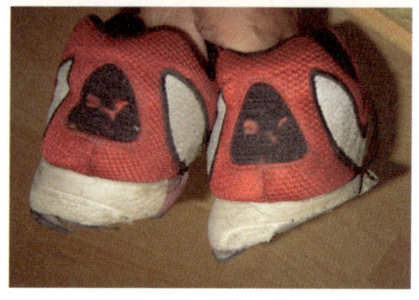

'도보 여행'이란
길을 따라 한없이 걸으며
자아를 찾기 위해
스스로 시련에 빠져 보는
고난의 여행이다.

다녔으며, 행선지가 조금이라도 멀다 싶으면 차를 탔다. 심지어 집 앞 슈퍼에 간단한 물건을 사러 가는 데도 승용차를 타고 움직였다. 게다가 40대 때는 취미 생활을 한답시고 붓글씨를 쓰느라 서실에 틀어박혀 몸 한번 움직이지 않는 나날을 10년 가까이 보내다 보니 일어서기만 해도 눈앞이 휘청거리는 지경에까지 이르렀다. 하지만 운동을 해야겠다고 마음먹은 후부터는 생활 패턴이 달라졌고, 무엇보다 걸음질에 대한 큰 재미를 갖게 됐다. 운동 겸 나이 쉰을 맞는 기념으로 걸었던 '천리길 도보'에서는 내 일생 최고의 성취감을 맛보았으며, '100km 걷기 울트라 도보'를 24시간 안에 마치면서 내 의지를 스스로 평가해 보기도 했다. 완주 후에 혼자 맛본 성취감이 매우 황홀해서 이를 길동무들에게 체험케 해 주려고 물불 가리지 않고 뛴 것도 삶의 보람이었다.

어느 누구도 시도해 보지 않았던 3,000km 동북아 대장정을 스스로 기획하고 실천하는 과정에서 삶에 대한 자신감을 얻을 수 있었고, 인생의 더 큰 희열을 맛보았다. 환갑 기념으로 도전한 '무박 200km 걷기 울트라 도보'를 성공하면서 그저 주어진 인생을 사는 것이 아닌 내 자신의 존재 가치를 조금이나마 깨달을 수 있었던 것도 사실이다.

지난 십여 년을 돌이켜 보건대 안일한 생각으로 걸음질을 시작했다면 내가 느낀 성취감은 미미했을지도 모른다. 그러나 나는 고행을 바탕으로 한 걸음질 속에서 내 자신을 찾아보려고 애썼고, 그렇기에 나의 존재 가치를 조금이나마 깨달을 수 있었다.

걷기의 본질이 고행이라고 믿지 않았다면 나는 필시 중도에 걸음질을 팽개쳤을 것이다. 고행을 감수하겠다는 각오로 걸음질을 계속했기에 길 위에서의 신체적 고통을 감내할 수 있었고, 시련을 각오했기에 역경을 인내로 극복할 수 있었다.

더불어 사람은 요람에서 무덤까지 인생길을 걸으면서 무수한 시련을 겪게 되는 것과 마찬가지로 도보 여행의 길도 인생의 길처럼 시작부터 끝날 때까지 육체적, 심리적 갈등의 연속이었음을, 또 길을 오래 걸으면 걸을수록 심리적 갈등이 그 정도를 더해 감도 알았다.

따라서 걸음으로 시작하여 걸음으로 끝나는 도보 여행의 목표가 자신의 심리적 갈등을 치유하고 삶의 좌표를 찾는 것임도 알게 되었다.

나는 고행을 동반한 그간의 도보 여행을 통해 내 삶에 영향을 끼친 나의 크고 작은 결정들이 발전적 방향으로 정리되었음을 믿는다.

이런 관점에서 "'도보 여행'이란 길을 따라 한없이 걸으며 자아를 찾기 위해 스스로 시련에 빠져 보는 고난의 여행이고, 삶의 본질에 다가서기 위해 긴 사색에 젖어 보는 외로운 여행이다."라는 말로 귀결시키고 싶다.

망설이지 말고
떠나 보자

　도보 여행을 떠나려니 망설여진다는 사람들이 많다. 무슨 일을 하든 망설임은 항상 따르는 법이다. 사람은 태어나 죽을 때까지 어느 것이 올바른 길이었는지 잘 깨닫지 못하는 경우가 많다. 그렇기에 후회하지 않고 자기가 어느 방향으로 어디쯤 가고 있는지를 깨달아 보려고 몸부림을 치는 것이 아닐까? 그럼에도 자기 인생의 좌표를 제대로 파악하지 못하고 방황하는 것은 누구나 비슷할 것이다.
　그래서인지 많은 이들이 시련을 마다하지 않고 길 위에서 자신을 찾기 위해 도보 여행을 떠나고 싶어 한다. 나태한 현실을 극복하기 위해, 혹은 좌절의 굴레에서 벗어나기 위해, 아니면 진보된 내일을 준비할 목적으로 자기 의지를 시험대에 올려 보려고 하는 것이다.
　그러나 일상생활의 굴레에서 벗어나기란 결코 쉬운 일이 아니다. 사람마다 바빠서, 의지가 약해서, 두려워서 등등 그 이유가 많다. 여성이라면 혼자 길 떠나기 무서운 점도 있을 것이다. 하지만 한 번쯤은 자기 자신을 가로막고 있는 장벽을 뚫어 보려고 노력해도 좋을 것 같다. 맹목적인 일상 탈출이 아니라, 자기 현실을 먼발치에서 바라보며 무엇이 뒤틀려 있나 곰곰이 되짚어 보면서, 앞을 가로막은 장막을 걷어 내기 위해서 말이다.
　'작은 도전은 아름답다.'고 했다. 길을 걸으며 사색에 잠겨 보고 싶다면, 또 무엇인가를 얻으려고 결심했다면 머뭇거리지 말고 당장 채비를 서

둘러 훌쩍 떠나라고 권하고 싶다. 이왕이면 먼 길을 걸어서 떠나 보길 권한다. 어디로 가야 하며 어떻게 갈 것인지는 중요하지 않다. 불안 속의 망설임을 털고 일어나 용기를 갖고 길을 재촉하는 것이야말로 도보 여행에서 가장 중요한 준비물일 것이다. 설령 돌아올 때 아무것도 얻지 못하고 빈손으로, 빈 가슴으로 되돌아올 것이 뻔해도 말이다.

다만 어디로 떠날지 지도를 펴 놓고 스스로 코스를 결정하는 것은 도보 여행의 준비 과정으로 매우 의미 있는 일임을 말해 주고 싶다. 자기에게 적합한 계획을 스스로 만들고, 또 이를 실행하다 보면 여행의 주인이 오롯이 자신이 됨을 자각할 수 있을 것이다.

도보 여행을 떠나기 위해서 자기의 의지 외에 준비해야 할 것은 그리 많지 않다. 다만 처음부터 너무 거창한 계획을 세우기보다는 최소한의 비용을 들여 짧은 일정으로 경험을 쌓는 것이 우선일 것이다. 단기 도보를 익힌 후에 장기 도보 여행에 도전해 보면 그간의 경험이 좋은 길잡이 노릇을 해 줄 것이다.

어느 경험 많은 여행가가 여행에 관해 충고하기를 '떠날 때 짐 보따리는 가볍게, 의욕은 머리 가득'이란 말을 떠올리라고 했다. 이리저리 망설이고 따지다 보면 아무것도 할 수 없다는 것을 우리는 잘 알고 있다. 반면에 무슨 일이나 확고한 신념을 갖고 도전한다면 성공한다는 것도 잘 알고 있다. 이왕에 도보 여행을 떠나려면 알맞은 목표를 세우고는 망설이지 말고 훌쩍 떠나야 한다.

그래도 초보적인 상식 정도는 파악하고 떠나는 게 안전한 여행에 도움이 될 것이다. 우선 도보 여행을 하려는 목적이 무엇인지를 명확히 해야 한다. 목표를 설정하지 않고 정처 없이 다녀도 얻는 것이 있긴 하겠지만, 미래 진로를 결정하겠다든가, 아니면 자기의 습관을 바꾸겠다든가 하는 목

'작은 도전은 아름답다.'고 했다.
길을 걸으며 사색에 잠겨 보고 싶다면,
또 무엇인가를 얻으려고 결심했다면
머뭇거리지 말고 당장 채비를 서둘러
훌쩍 떠나라고 권하고 싶다.

표를 가지고 떠난다면 더 수월하다. 도보 중 힘들고 괴로울 때는 처음에 세운 목표를 떠올리면서 새롭게 각오를 다질 수 있기 때문이다.

도보 여행 기간은 자기 상황에 맞게 하루도 좋고 이틀도 좋다. 또 하루 동안 걸을 수 있는 거리도 사람마다 다 다르므로 자신의 상황에 알맞게 기간과 거리를 정하는 게 좋다. 하지만 며칠을 걷든 하루 20~30km 이상은 걷겠다는 욕심은 내야 한다. 이 정도는 누구나 걸을 수 있다. 어떤 이는 무리하게 도보 여행 일정을 잡을 필요가 없다고 말하지만 내 생각은 다르다. 이왕이면 몸도 불태우고 마음도 불태워 보겠다는 각오로 임하는 것이 좋다고 믿기 때문이다.

사나흘 혹은 일주일 도보 여행을 가려 한다면 준비물은 작은 배낭 하나에 간단한 필기도구, 겉옷 두 벌, 속옷 두 벌, 양말 두 벌, 손수건 그리고 세면도구 정도이다. 한 벌은 떠날 때 이미 입고 있을 것이므로 여벌로 한 벌 챙겨 가서 필요할 때 숙소에서 세탁해서 다시 입으면 된다. MP3를 어깨 배낭끈에 매달고 가서 생각이 떠오를 때마다 녹음시켰다가 틈틈이 정리해도 좋다.

비용을 더 줄이려면 침낭, 1인용 텐트, 초소형 버너, 소형 코펠 등을 준비해야 한다. 이런 준비물들이 숙식을 해결해 준다. 겨울이라도 텐트에 오리털 침낭 하나면 거뜬히 하룻밤을 보낼 수 있고, 또 텐트 안이 추울 때는 코펠에 물을 담아 끓이면 1분이 지나지 않아 텐트 안이 후끈후끈해진다. 걷다가 마을 근처 보안등이 있는 적당한 곳을 찾아 둥지를 틀면 다른 불빛도 필요 없다. 물론 텐트에 따르는 빨래판 매트와 텐트 바닥에 깔아서 습기를 차단해 주는 얇은 비닐도 준비해 가면 도움이 된다. 그리고 오해 받지 않고 텐트 속에서 깊은 잠에 떨어지려면 헝겊 문패 하나는 준비하는 것이 좋다.

'서울 종로에서 해남 토말까지 걸어가는 OOO의 임시 숙소!'

그러나 길에서 텐트를 치고 혼자 자야 한다는 생각만으로도 도보 여행이 망설여지는 사람이 있다면 이런 모험은 감수하지 말기를 권한다. 하루 종일 걸었으니 좀 편한 곳에서 자야 그다음 날 걷는 데도 무리가 없다. 찜질방을 임시 숙소로 이용해도 되지만 마을마다 찜질방이 있는 것은 아니니 유의해야 한다. 아무튼 코스를 잡을 때 하루의 마무리는 꼭 잠자리를 해결할 수 있는 곳으로 해야 한다는 것만 명심하면 된다.

쌀은 세 끼 정도만, 그리고 자기가 좋아하는 밑반찬만 조금 챙기되 부족한 것은 현지에서 구입한다. 지도는 25만 분의 1 정도로, 자기가 가고자 하는 지역의 페이지만 복사해서 챙기고, 소형 손전등 하나와 야간 도보에 대비한 야광 띠는 꼭 구입해 가는 것이 안전하다. 이런 것들은 공사 안전 물품을 취급하는 가게나 고속도로 휴게소 마당에 있는 만물상에서 구입할 수 있다. 동대문 의류 상가에 가도 의류에 부착하는 야광 띠를 구할 수 있다.

도보 여행을 하다 보면 하루에 적어도 3개의 면사무소와 10개의 작은 마을을 통과하게 되는데, 이쯤 되면 흔한 농협 마트나 작은 구멍가게들이 꼭 있으니 산행할 때처럼 주부식이나 생활용품을 두둑이 준비해 갈 필요는 없다. 많이 준비해 가면 등짐을 가중시켜 발에 물집만 생긴다.

구급약 같은 것도 필요시 현지에서 충분히 구입할 수 있기에 준비물에서 제외시켜도 된다. 이런 것들을 준비해 갔다가 한 번도 사용하지 않고 돌아온다면 비용은 비용대로, 등짐은 등짐대로 늘렸으니 한참 원통하다.

그럼 멋지고 유익한 도보 여행 되시기를……

Tip
도보 여행 관련 카페들

1. 나를 찾아 길 떠나는 도보 여행(http://cafe.daum.net/walkabouts)
걷기와 도보 여행의 길잡이 카페이다. 카페지기의 오랜 도보 경험을 바탕으로 작성한 도보 여행 자료가 가득하다. 걸음을 통해 삶에 대한 자신감을 얻고, 또 자기 자신이 누구인지 깨닫고자 하는 도보 여행 전문 카페이다. 매월 넷째 주 토요일에 정기 도보를 실시하고 있다. 카페지기는 용파리, 바로 나다.

2. 인생길 따라 도보 여행(http://cafe.daum.net/dobojourney)
걷기를 좋아하는 사람들이 걸어서 우리 땅을 여행하는 동호인 모임이다. 걷기를 통해 다이어트와 건강은 물론이고, 자기성찰의 기회와 새로운 자신감까지 얻을 수 있는 순수 도보 동호인 모임이며, 도보 여행과 걷기 운동에 대한 다양한 정보를 얻을 수 있는 모임이다.

3. 발견이의 도보 여행(http://cafe.daum.net/way)
세상의 모든 걷기 좋은 길을 찾아 더 많은 사람들이 그 길 위에서 행복해하는 모습을 보고 싶어, 걷기 좋은 길을 발굴해서 소개하는 카페이다. 정기 도보는 매월 셋째 주 일요일에 있다.

4. 아름다운 도보 여행(http://cafe.daum.net/beautifulwalking)
타 도보 카페와 다른 두 가지의 특징을 가지고 있다. 첫째 도보를 하면서 기부를 한다는 것이고, 둘째 사단법인 아름다운 도보 여행을 설립하여 땅끝에서 서울까지 코오롱스포츠 후원으로 5년간 총 600km 이상의 삼남길을 개척할 예정이라는 것이다.

5. 도보 여행 걷기 여행 모임(http://cafe.daum.net/tourwalking)
평일, 주말, 전국 방방곡곡 걷기를 할 수 있는 곳이라면 어디든 찾아가서 걷고, 주변 맛집, 명소, 볼거리도 즐기는 카페이다.

6. 남도답사 도보 여행(http://cafe.daum.net/bumwooroom)
도보 여행과 문화유산 답사를 목적으로 하고 있는 카페이다.

7. 숲길 도보 여행(http://cafe.daum.net/songsare)
혼자 걷기는 어려운 길을 체력적 부담을 덜어 가며 함께 걸을 수 있는 방법을 연구하여, 자연을 가까이 호흡하고 교감하며 습관적인 일상에서 벗어나 소통과 정화의 기쁨을 맛볼 수 있는 카페이다.

8. 도전! 젊음의 국토 대장정(http://cafe.daum.net/greenwalk)
2001년에 개설된 국토 대장정 전문 카페이다.

9. 걸어서 가쟈!!(http://cafe.daum.net/walkandwalk)
걸어서 우리 땅을 느껴 보자는 취지로 만든 카페이다.

10. 강화 나들길(http://cafe.daum.net/vita-walk)
강화군청 공식 카페이다.

11. 대구 도보 여행 클럽(http://cafe.daum.net/DAEGU)
대구의 여행 동호인들의 모임이다.

12. 주말에 떠나는 도보 여행(http://cafe.naver.com/weekendwalking)
살아 숨 쉬는 자연 속으로 주말에 떠나는 도보 여행 모임이다.

알면 알수록 빠져드는 도보 여행의 매력

사색을 이끄는
도보 여행

도보 여행은 글자 그대로 자기가 가고 싶은 곳을 자신의 두 발로 걸어서 다니는 여행이다. 좀 더 구체적으로 이야기하면 집 주변을 마실 나가듯 반나절 정도 걸어 돌아다니는 것도 도보 여행이고, 하루 이틀 짬을 내어 원하는 곳을 걸어 다니는 것도 도보 여행이며, 세월 짧다고 한두 달 또는 1, 2년 동안 전국이나 세계 속을 걷는 것도 도보 여행이다.

또 젊은이들이 자기의 의지력을 키우려고 신체적 고통을 인내로 승화시키려 걷는 것도 도보 여행이고, 유적지나 고적지를 찾아다니며 선인들이 남겨 놓은 지혜를 배우는 것도 도보 여행이며, 자연 속을 걸어 다니며 자연과 동화하는 것도 도보 여행이다. 또 직업 전선에서 은퇴하신 분들이 건강을 지키며 뜬구름처럼 이 지방 저 도시로 유유자적 다니면서 산천의 풍광과 먹을거리를 즐기는 것도 멋진 도보 여행이다.

이 모든 도보 여행의 기본은 걸음이다. 모든 것이 한 걸음에서 출발하는 것이다. 걸음을 계속하다 보면 머릿속은 단순한 생리적 사고에서부터 삶의 본질적 가치에 이르는 복잡다단한 생각으로 채워져 온다. 여러 생각들이 머릿속을 채웠다가 비워지고, 비워졌다가 다시 채워지는 과정을 반복하며 수많은 생각들을 불러온다. 자연스럽게 굴러 들어온 생각은 과거와 현실, 그리고 미래를 넘나들며 새로운 사고를 창조해 낸다.

안락 속에서는 부분적으로 폐쇄적 사고가 머리를 지배할지 몰라도,

고행 속에서는 창조적이고 진취적인 사고들로 가득 채워진다. 따라서 자기의 사고를 발전적 방향으로 정리하기 위해서는 고행이 되는 장시간의 도보 여행이 제격인 셈이다.

이런 관점에서 보면 도보 여행은 자아를 찾으려고 한없이 걸으며 스스로 시련에 빠져 보는 고난의 여행이고, 삶의 본질에 다가서 보려고 끝없이 걸으며 긴 사색에 젖어 보는 외로운 여행이다.

서양의 사상가 루소는 도보 여행을 한마디로 '사색하는 여행'이라 일컬었고, 지구를 걸어서 세 바퀴 반이나 여행했다는 한비야 씨는 '지도 밖을 걷는 여행'이라 표현했다. 나는 도보 여행을 시작한 초기에는 사람이 살아가는 길과 도보 여행 길이 흡사하다고 느껴 '인생길 따라 걷는 여행'이라고 표현했다. 그러다가 장기 도보 여행을 많이 다닌 이후에는 걸음 속에서 나의 존재 가치를 찾을 수 있을 것 같은 느낌에 '나를 찾아 길 떠나는 여행'이라고 바꾸어 말하고 있다. 두 가지 모두 도보 여행을 대변해 주는 말임에는 틀림이 없는 것 같다.

가볍게 시작하는 반나절 도보

시계가 제대로 없었던 옛날에 우리 조상들은 시간의 계산을 '나절'이란 단위로 사용했다. 하루해, 한나절, 반나절, 아침나절 등. 농촌에서는 농번기에 일꾼을 사서 일을 시키고는 그 노동의 대가를 하루 종일 일했는지,

도보 여행은 글자 그대로 자기가
가고 싶은 곳을 자신의 두 발로
걸어서 다니는 여행이다.

아니면 한나절 일했는지를 계산하여 품삯을 지불하곤 했다. 이런 뜻을 지닌 '나절'이란 단어가 지금까지 전해 내려와 우리 일상생활에서 가끔 사용되고 있다. 현재의 근로 시간과 비교해 본다면 하루해는 8시간에 해당하며, 한나절은 4시간의 의미를 지니고 있는 셈이다. 이런 논리에서 보면 분명 반나절은 2시간 정도임에 틀림없다.

그렇다면 현재 도보를 즐기는 사람들이 사용하는 '반나절 도보'란 2시간 정도 걷는 것을 의미하는 것일까? 아니다. 실제는 15~20km를 4~5시간 동안 걷는 한나절 도보를 하면서도 반나절 도보를 했다고 말하는데, 이는 본래 한나절 의미가 반나절로 잘못 통용되고 있는 것이다. 하지만 명칭을 바로잡기는 이제 힘들게 되었다. '반나절 도보'라는 말이 고유명사처럼 쓰이고 있기 때문이다.

'반나절 도보'라는 말을 맨 처음 사용한 사람은 누구일까? 물론 나는 아니다. 이 말은 '인생길 따라 도보 여행' 카페의 특별 회원인 '왕초'가 처음 썼다. 내가 왕초와 첫 인연을 맺은 것은 '인생길 따라 도보 여행'이란 카페를 개설하여 운영한 지 1년쯤 되었을 때인 2003년이었다. 그는 강동 지역에 살면서 중랑천변과 한강 상류를 주말마다 혼자 걸어 다니며 즐기고 있었고, 또 한강 하류도 모두 섭렵해 보려는 의지를 가진 도보 마니아였다.

그를 만날 무렵에는 나 또한 한강변 길의 매력에 깊이 빠져 있을 때였다. 한강변에서 걷기 동호인들과 1일 30km 걷기 행사를 처음으로 시도했는가 하면, 야간 도보 경험을 살려 시도한 '야간 무박 40km 도보' 행사도 성황리에 마친 뒤였다. 성황리에 마쳤다고는 하나 약간의 문제도 있었다. 이 도보 행사는 장기 도보 여행을 꿈꾸는 초보자들이 야간 도보를 경험하여 실제에 대비한다는 목적이었는데, 낙오자들이 많이 생겨 본래 의도와는 다른 방향으로 흘러가고 만 것이다.

40km를 걷는다는 것이 힘들긴 하지만 대부분 통과할 수 있을 것이라고 안일하게 생각했던 것이 큰 잘못이었다. 그래서 생각한 것이 카페에서 최초로 시도한 올림픽공원에서 하남까지 8km 걷기 이벤트를 한강변으로 옮겨 시행하는 것이었다. 그러면 충분히 야간 무박 도보 행사의 보완책이 될 수 있을 것이라 생각했다. 또 10~20km 정도로 거리를 조정하면 직장인들도 많이 참여할 수 있을 것 같았다. 그리고 그 정도 거리라면 코스도 주위에서 얼마든지 만들 수 있으리라 생각했다.

그런데 주말 오후 한강변 도보 행사를 누가 진행하느냐가 문제였다. 나 혼자 카페의 장단기 도보 행사를 꾸려 나가기가 힘들어 함께 진행해 줄 사람을 찾고 있던 차에, 운 좋게 카페에서 도보 마니아 왕초를 만나게 된 것이다. 같은 취미를 가진 인연으로 만난 왕초에게 주말 오후 15km 단체 도보 행사를 주관해 달라고 요청했더니, 그는 처음에 부정적인 반응을 보였다. 한강변 코스가 짧고 단순하여 단체 도보 행사를 장기간 지속적으로 수행하기는 어렵다는 게 이유였다.

그러나 나는 그를 집요하게 설득했다. "요즘 마라톤 인구가 늘어나듯 도보 마니아들도 많이 늘어나고 있지 않습니까? 아직 우리나라에는 그들을 위한 걷는 코스도 없고, 걷기 고정 프로그램도 없습니다. 이 경치 좋고 안전한 한강변에서 새로운 도보 코스들을 계속 개발해 간다면 특종이 될 것입니다. 그리고 한강변 본류와 지류 길, 수도권 주변 능선 길 등 알려지지 않은 걷기 좋은 길들이 많습니다. 이들 길을 잘 연결시켜 새로운 도보 코스를 개발한다면 다른 길을 걷지 않고도 3년간은 무난히 지속시킬 수 있습니다." 이렇게 감언이설과 부연 설명까지 곁들였더니 그도 반쯤 수긍하면서 나의 부탁을 들어주었다.

이런 연유로 왕초에 의해 주말 오후 한강변 단체 도보가 '인생길 따라

도보 여행' 카페에서 처음으로 시작되었는데, 이때 왕초가 모집 공지 글을 카페 게시판에 올리면서 '반나절 도보'라는 단어를 처음 사용하였다. 아마도 그는 처음에 10km 이내의 거리를 두어 시간 정도 걷겠다는 생각으로 반나절 도보라는 이름을 붙였는지는 모르겠지만 진행을 거듭하는 동안 도보의 거리가 15~20km로, 그리고 도보 시간도 4~5시간으로 고정화되었다. 그래서 실제로는 한나절 도보가 반나절 도보로 둔갑하게 된 것이다.

이것이 반나절 도보의
진정한 매력

요즘은 교통수단의 발달로 일상생활에서 걷는 기회를 많이 잃어버렸다. 자연히 비만 인구가 늘어가고 있다. 매일매일 걸어 주면 좋으련만 직장이나 가사에 매달려 걸을 수 있는 시간적 여유도 없고, 또 마음의 여유도

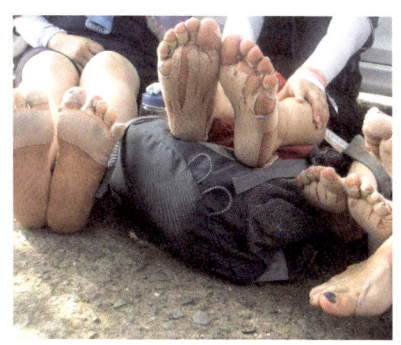

기술이나 장비 없이
가장 손쉽게 할 수 있는
유일한 운동이
걷기 운동이다.

잃어버렸다. 걸으면 여러 가지 이익을 얻을 수 있는데도 말이다. 그나마 최근엔 걷는 것이 비만 관리의 수단(유산소 운동)으로 널리 알려져 많은 사람들이 공원이나 강변 길을 걷고 있다. 기술이나 장비 없이 가장 손쉽게 할 수 있는 유일한 운동이 걷기 운동이기 때문이다.

여유로운 토요일 오후 시간에 할 수 있는 반나절 도보는 체력 향상에 가장 좋은 운동이다. 반나절 도보는 4~5km 걷는 운동이 아니라, 4~5시간에 걸쳐 한꺼번에 15~20km를 걷는 고된 운동이다. 그렇기 때문에 몸에 불필요한 지방이 제거되고, 하체 근육이 발달되어 신체의 균형을 바르게 잡아 주는 최선의 운동이라 할 수 있다.

반나절 도보를 하면 운동이 되는 것은 말할 것도 없고, 마음이 뿌듯해지면서 자신감을 얻게 된다. 이 자신감은 완주의 쾌감에서부터 시작된다. 자신의 두 발로 걸어 목표를 완수했다는 성취감이 따르고, 이 뿌듯한 성취감을 바탕으로 매사에 자신감이 생긴다. 자신감이 차오르면 피로를 느끼기는커녕 온몸이 날아갈 듯한 느낌을 받는다. 이것은 정신이 맑아졌다는 뜻이다. 정신이 맑아지면 의욕이 생기고, 생활의 활력을 찾게 된다.

반나절 도보의 기본은 신체적, 정신적 건강을 목표로 하는 면도 있지만 장기 도보 여행을 떠나려는 사람들의 첫 훈련이라고 말할 수도 있다. 장기 도보 여행을 하기 위한 걷기 체력을 테스트해 보는 셈이다. 자기의 정신력도 체력도 모른 채 장기 도보 여행을 처음 시작하려면 많이 망설여지게 된다. 하지만 반나절 도보를 해보면 자기가 하루 동안 계속 걸을 수 있는지를 판단해 볼 수 있다. 또 반나절 도보에서 자신감을 얻어 1일 도보나 주말 1박 2일 도보에 도전해 볼 수도 있다. 그리고 도보 여행의 꽃인 장기 도보 여행을 떠나면 일반 여행에서 얻지 못하는 많은 것들을 얻을 수 있다.

길동무는 연식이 따로 없다. 단체 반나절 도보를 하게 되면 많은 동호

인들을 만나게 된다. 이들과 격의 없는 대화를 나누면서 자연스럽게 친분도 쌓고, 가족끼리, 친구끼리, 그리고 연인끼리도 참여하여 끈끈한 정을 나눌 수도 있다. 값비싼 장비나 기구가 필요 없으므로 상호간에 위화감이 생기지도 않는다. 걸음 속에서 나누는 대화에는 거짓도 위선도 없다. 뿐만 아니라 걸음 속에서는 서로를 교감시켜 줄 사교의 장도 펼쳐져 있으며, 인생살이가 서로 뒤섞여 화합을 이루어 나가기도 한다. 그러기에 길동무는 모두 하나가 되는 것이다.

가다 못 가면 쉬었다 가는 릴레이 도보의 매력

릴레이 도보라는 말이 생소하고 처음 들어 본다는 사람들이 많을 것이다. 또 마라톤이나 달리기의 릴레이처럼 한 주자가 먼저 뛰고, 다른 주자에게 배턴을 넘겨 주는 그런 도보를 연상하는 분도 있을 것이다. '릴레이' 라는 글자의 뉘앙스 때문에 그렇게 생각할 수도 있다. 하지만 릴레이 도보란 달리기처럼 주자가 바뀌면서 뛰는 그런 릴레이가 아니다. 한 주자가 한 구간을 걷고 난 후, 쉬었다가 다음 구간을 동일한 주자가 이어 걷는 형태를 '릴레이 도보' 라고 한다.

산악인들이 백두대간 전체를 구간별로 끊어 종주하듯이, 도보인들도 주말이나 여유 시간에 한반도를 구간별로 끊어 완주하는 도보를 '릴레이 도보' 라고 부르고 있다. 이 말은 처음부터 '구간 릴레이 도보' 혹은 '구간

이어 걷기'라고 명명했더라면 좋았을 것이라는 생각이 든다.

어쨌든 릴레이 도보는 이제 도보 여행의 한 장르로 자리 잡기 시작했다. 이전에 이런 형태의 도보를 먼저 시작한 사람이 있을지도 모르겠지만 단체 릴레이 도보는 우리가 시초가 아닌가 생각된다.

2000년도 초반까지 우리나라의 걷기는 주로 중·고등학생들이나 대학생들이 여름 방학을 이용하여 실시하는 국토 대장정 혹은 국토 순례 같은 것이 전부였으며, 일부 신문사들이 건강 걷기의 일환으로 주최한 서너 시간 걷기가 고작이었다.

이 시기에 나는 걷기 동호회를 조직하여 단체 겨울 장기 도보 여행과 여름 장기 도보 여행 행사를 진행하고 있었다. 또 다른 단체와는 달리 매주말 오후 20km 정도 걷는 반나절 도보를 비롯하여 30km 걷는 1일 도보, 40km 걷는 야간 무박 도보, 60km 정도 걷는 1박 2일 정기 도보, 심지어 100km 걷는 울트라 도보에 이르기까지 도보의 여러 장르를 개척해 왔다. 그럼에도 2004년까지는 릴레이 도보라는 이름조차 없었다.

그런데 단체 장기 도보 여행을 수차 진행하는 동안 긴 방학 기간을 이용하여 참가하는 학생과는 달리, 짧은 휴가를 받아 참가하는 직장인들과는 중도에 작별 인사를 해야 하는 아쉬움이 많았다. 직장인들은 짧은 휴가 때문에 완주의 쾌감을 맛보지도 못한 채 동고동락한 동료들을 뒤로하고 돌아간다. 그들의 뒷모습을 바라보고 있노라면 측은한 마음과 안타까움을 금할 수가 없었다.

그들도 대학생들처럼 완주의 성취감을 느끼고, 또 그 성취감을 바탕으로 미래를 설계하려는 욕망을 가지고 있었을 것이다. 하지만 시간의 제약 때문에 얼마나 아쉬움이 컸을 것인가? 반쪽짜리 완주의 쾌감만을 느끼면서 완주자들을 또 얼마나 부러워했을 것인가? 그들의 눈망울 속에도 분명 자신의 삶을 변화시켜 보려는 의지와 욕망이 가득 차 있었는데 말이다. 평범한 직장인이라면 해변이나 계곡을 찾아 휴가를 보낼 텐데, 삼복더위 마다하지 않고 달구어진 아스팔트 길 위를 걸으며 고행을 자처하는 이들에게 완주의 기쁨이 주어진다면 얼마나 좋을까?

이런 궁리 저런 궁리를 하다가 백두대간 종주를 주말마다 끊어서 완주하는 등산 클럽에서 힌트를 얻었다. 산악인들처럼 우리도 한반도 종·횡단을 주말마다 끊어서 실시한다면 기간이 많이 걸리더라도 완주의 의미와 기쁨을 누릴 수 있을 것 같았다.

그런데 또 시작이 문제였다. 나 혼자 쉽게 할 수 있는 일이 아니었다. 혹시나 싶어 걷기를 전문으로 하는 '걷기 협회'에 문의해 봤으나, 우리나라에서는 유사 단체를 찾을 수 없을 것이라는 대답만 들었다. 정부의 지원을 받고 있는 '걷기 협회' 같은 곳에서 이런 프로그램이 없다는 것이 참으로 실망스러웠다.

까짓 거, 내가 시작해 보자! 발 벗고 나서면 안 될 일 있을라고? 도보 여행을 통해서 얻은 뚝심을 바탕으로 밀고 나가 보자는 생각을 했다. 그러고는 직장 생활을 하며 카페 운영자 일을 맡고 있는 '가가멜'에게 직장인들을 위한 주말 이어 걷기 행사를 시도해 보자고 제안했다. 물론 가가멜은 쉽게 동의를 해 주었다. 가가멜이 행사를 진행하고, 나는 뒤에서 아낌없는 지원을 하기로 했으며, 먼저 한반도 횡단 코스에서 시작해 보자는 데까지 의견이 모아졌다.

이런 결정을 한 후 한 달쯤 지났을까? 구간 릴레이 도보를 할 회원 모집 공고가 카페 게시판에 올라오기를 기다리고 있는데, 가가멜한테서 혼자 구간 릴레이 도보를 시작했다는 전화가 왔다. 서울에서 서해안 길 따라 목포까지의 한반도 종단 코스를 걷고 있다는 것이다. 어쨌거나 시작이 반이라고 출발했다는 것은 절반의 성공을 의미하기에 기쁘지 않을 수 없었다. 하지만 아쉬움도 남았다. 가가멜에게는 그가 처음으로 릴레이 도보를 시작했다는 큰 의미가 있겠지만 내가 추진한 것은 개인이 아닌 단체 구간 릴레이 도보였다. 또 처음 시도하는 릴레이 도보인 만큼 우선 짧은 구간인 한반도 횡단 코스를 제안한 것이었는데, 한반도를 종단하려는 가가멜의 릴레이 도보는 2차 구간까지만 진행되고 끝나 버렸다.

근 1년의 세월이 흐른 뒤에 다부진 마음을 가지고 다시 팔을 걷어붙였다. 가가멜을 먼저 만나 새롭게 도전해 보자는 동의를 구하고, 서해 강화

도에서 동해 강릉까지 울트라 마라톤 코스를 이용한 세부 계획을 짰다. 또 그와 함께 직장인 도보 마니아들을 개별적으로 만나 릴레이 도보의 취지를 설명하고, 3~4명의 참가 동의를 사전에 받기도 했다. 이렇게 릴레이 도보의 밑그림이 그려지자 자신감과 힘을 얻어 311km를 5구간으로 나눈 릴레이 도보가 시작되었다. 이것이 우리나라 초유(?)의 단체 주말 이어 걷기 행사, 릴레이 도보의 효시가 되었다.

밤을 낮 삼아 걷는
야간 무박 도보의 매력

　　야간 무박 도보란 글자 그대로 야간에 잠자지 않고 밤을 새워 가며 40km 정도를 걷는 것을 말한다. 지금은 50km 울트라 도보와의 유사성을 피하기 위해 거리를 35km로 하향 조정하여 진행하고 있다.

　　야간 무박 도보가 처음 시도된 날은 2003년 9월 25일 토요일이었다. 120여 명의 참가자들이 오후 5시에 올림픽공원 평화의 문을 출발하여, 한강변 둔치 길을 따라 강서구 등촌동 발산역까지 40km의 거리를 12시간 동안 걸었던 것이 야간 무박 도보의 효시다.

　　그런데 이 야간 무박 도보는 2003년 6월 6일 현충일에 한강변에서 실시한 1일 30km 걷기 행사를 배경으로 하고 있다. 20여 명이 참가한 그 행사는 빗속에서도 30km를 즐겁게 걸었고, 무엇보다 안전하게 마칠 수 있어서 다행스러운 행사였다.

안전하기 그지없는 한강변 길! 하루 종일 걸어도 차량 한 대 지나가지 않는 넓은 길이 우리나라의 한강 말고 세상에 또 어디 있을까? 일반 국도나 지방도 위에서 위험을 무릅쓴 도보 여행에 비하면 한강변 길은 환상의 도보 길이 아닐 수 없다.

장기 도보 여행 때 숙소를 찾지 못해 컴컴한 도로 위를 걸을 땐 질주하는 자동차들의 불빛에 얼마나 가슴을 졸였던가? 그런데 이렇게 안전한 한강변 길 위에서 야간 도보를 한다면 얼마나 환상적인 도보가 될까? 휘황찬란한 도심의 불빛을 눈 동무 삼아 시원한 강바람을 맞으며 걷는다면 생존의 쾌락을 더 강렬히 느낄 것 같았다.

이렇게 환상적인 길의 풍취를 혼자만 느낄 것이 아니라 누군가가 함께 느낄 수 있다면 얼마나 행복할까? 길을 염원하는 이들과 함께한다면, 도보 여행을 꿈꾸는 이들과 함께한다면, 한강변 길이야말로 도보 여행을 꿈꾸는 이들에게 정말 좋은 도보 길이 될 것 같았다.

그래서 도보를 사랑하는 사람들에게 이 길을 알려 보자고 마음먹었다. 혼자만 먼 길 다니다가 카페를 개설한 뒤부터는 단체 도보 여행의 진행 경험을 쌓았으므로, 야간에 도보를 진행한다고 해도 무리는 아닐 것이라고 생각했다. 안전한 길에서 환상적인 야경을 보면서 밤새워 걷는다면 누구나 40km쯤은 무난할 것 같았다. 하지만 초보자들이 완주해 낼 수 있을까 하는 것이 걱정이었다.

장기 도보 여행에서 밤을 새워 가며 걸었던 야간 도보의 추억은 평생 잊을 수 없는 멋진 추억이 되었다. 그들이 완주만 해낸다면 삶에 큰 도움이 될 것이라는 생각으로 걱정을 떨쳐 버렸다. 하면 안 되는 일이 어디 있으랴? 즉각 게시판에 글을 올려 회원 모집에 들어갔더니, 무척이나 반응이 좋았다. 150여 명이나 참가하겠다고 신청을 한 것이다.

야간에 잠자지 않고 걷는 무박 도보라 20명 정도 참가할 것으로 예상했는데, 150명이 넘게 신청하다니 정말 대단한 일이었다. 카페 회원들의 도전 정신을 느낄 수 있었다. 도보 여행을 해보겠다는 분들은 모두가 고행의 길을 걸어 보려는 도전적 사고를 가진 분들이라는 생각이 들었다.

그런데 그 많은 사람들을 인솔해 나갈 일이 문제였다. 여기서 다시 한 번 지난 2003년 여름 장기 도보 때의 진행 방식이 경험이 되었다. 전체를 몇 개의 조로 나누고, 각 조의 조장이 조원을 통솔하면 큰 문제는 없을 것 같았다. 저녁 식사는 간단히 김밥 한 줄과 컵라면, 간식은 도우미들이 직접 나서서 떡국과 어묵을 만들어 제공하고, 또 도보가 끝난 새벽에는 음식점에서 해장국 등으로 요기를 한다면 먹는 것도 문제는 아니었다.

참가비는 단돈 1만 원! 운영자 등 도우미들이 주방 기구를 들고 직접 나서기 때문에 가능한 일이었다. 이렇게 해서 2003년 9월 25일, 처음으로 야간 무박 도보가 시작되었다. 단돈 1만 원의 성취감으로 모든 사람들이 생활에 활력을 찾아 나가는 그날까지 야간 무박 도보는 계속될 것이다.

Tip
재미있는 도보 여행 장르

1. 반나절 도보 여행

하루의 반이라고 해서 반나절 도보로 통용된다. 15~20km 거리를 4~5시간 정도 걷는 도보 여행을 말한다.

2. 1일 도보 여행
하루 동안 걷는 여행을 말한다. 보통 20~28km 거리를 6~7시간 정도 걷는다.

3. 1박 2일 도보 여행
거리가 멀어 당일 걷기를 할 수 없을 때 진행하는 도보 여행이다. 걷는 총거리는 30~40km 정도로 이틀 동안 나눠 걷는다.

4. 야간 무박 도보 여행
잠을 자지 않고 밤을 새워 가며 40km 정도를 걷는 도보 여행을 말한다. 그런데 울트라 도보가 생긴 이후 울트라 도보의 종목인 50km와 유사해진 까닭에 지금은 35km로 조정하여 진행되고 있다.

5. 릴레이 도보 여행
전체 종주 거리를 구간별로 끊어 주말이나 여유 시간에 걸어 완주하는 도보이다. '구간 이어 걷기'가 정확한 의미라고 볼 수 있다.

6. 울트라 도보 여행
24시간 내에 100km를 걷는 도보 여행을 말한다. 50km와 100km 두 종류가 있는데, 50km는 12시간 내에 완주하는 것이다. 최근에는 200km 울트라 도보도 생겼는데, 이는 48시간 내에 완주해야 하는 그야말로 극한의 인내를 필요로 하는 도보 여행이다. 울트라 도보는 현재 '국제걷기연맹' 산하 '대한걷기연맹'에서 국제 걷기 대회로 채택하고 있다.

7. 장기 도보 여행
일주일 이상 걷는 도보 여행이다. 얼마 전까지만 해도 '국토 순례'라는 이름으로 대학생들의 전유물처럼 여겨졌으나 지금은 온 국민이 한 번쯤 시도해 보고 싶어 하는 도보 여행이다. 하루 30~35km 정도 걸으며 여름과 겨울에 시도해 보면 독특한 묘미가 있다.

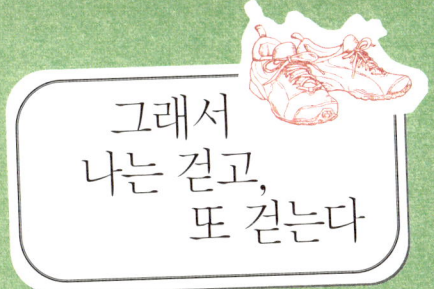

그래서
나는 걷고,
또 걷는다

건강한 걷기,
행복한 걷기

　모든 사람들은 행복하기 위해 살아간다. 인생이 불행한 것이라면 누가 살기를 바라겠는가? 또 많은 사람들이 건강해지려고 걷기를 시작하지만 결국은 행복하게 살고 싶어 건강해지려는 것이다. 건강하지 않으면 행복해질 수 없다는 것을 알기 때문이다.
　도보 여행은 걷기의 가장 행복한 모습이다. 걷기가 단순히 건강만을 위한 걷기가 아니라는 것을 도보 여행은 보여 주고 있는 셈이다. 다시 말해

우리는 행복하기 위해
도보 여행을 하려는 것이고,
도보 여행을 하면 실제 행복해진다.

서 우리는 행복하기 위해 도보 여행을 하려는 것이고, 도보 여행을 하면 실제 행복해진다는 사실이다.

그런데 나는 행복의 여행을 넘어 고통과 인내의 여행을 하려고 한다. 고인 물은 썩기 마련이듯 행복한 생활에 안주하면 삶의 변화를 가져올 수 없고, 결국 다시 불행해질 수 있기 때문이다. 그런 의미에서 나의 이 끝없는 걷기의 욕망은 끝없는 행복에로의 욕망 때문인지도 모르겠다.

행복한 걷기에서
도전과 인내의 걷기로

사람마다 개인적 성향이 다르므로 나처럼 고통과 인내를 감수하며 도전적으로 도보 여행을 할 필요는 없다. 행복한 도보 여행 그 자체만으로도 남들은 누릴 수 없는 호사가 아니겠는가?

산천의 풍광을 즐기며, 유적지나 고적지를 찾아 선인들이 남겨 놓은 지혜를 배우고, 또 걷기를 통해 건강도 챙길 수 있는 도보 여행을 상상해 보라.

시골길을 가다가 날이 저물면 민박집이나 동네 마을 회관에 둥지를 틀고, 마을 사람들과 세상 돌아가는 이야기도 나누어 보고, 이유 없이 반겨 주는 동네 강아지를 얼러 보는 여유도 가져 보고, 읍내 장터 난전에 앉아 국수도 한 그릇 먹어 보고, 파전 한 접시에 막걸리도 한잔 먹어 보는 것들이 모두 행복 아니겠는가?

걷고 또 걷다 보면 삶에 찌들어 살았던 지난날의 삶이 주마등처럼 지나간다. 지난 순간들을 탓한들 어쩔 것이며, 후회한들 무슨 소용이 있겠는가. 상념으로 새로운 기와집을 지었다가 금세 다시 허물어도 보고, 다시 대국의 황제로 등극하여 환상과 동경의 세계를 자유스럽게 넘나들어 보기도 한다.

가다 못 가면 쉬었다 가고, 도중에 행선지를 바꾸어도 누가 뭐라 할 사람도 없다. 그냥 두 발로 걸으며 취향대로 풍광을 즐기고, 사색에 빠져들어 생각을 정리하면서 자유를 만끽한다면 얼마나 큰 행복이겠는가?

그런데 나처럼 고통과 인내를 감수하며 또 다른 행복을 찾기 위해 떠나는 사람도 있다. 사람은 제각기 결점을 가지고 있다. 결점을 고쳐 더 나은 생활을 하겠다고 생각은 하지만 실행으로 옮기는 것은 쉬운 일이 아니다. 술에 물 탄 듯, 물에 술 탄 듯 허송세월을 보내다 보면, 또 다른 잘못을 잉태하고 후회가 다시 후회를 낳는다. 진흙탕의 수렁에서 벗어나려고 몸부림쳐 보건만 작심삼일이 되어 버린 적이 어디 한두 번이던가. 그럴 때 스스로의 변화를 기대하며 도보 여행을 시작해 보라.

초행길이라 망설임과 두려움이 앞을 가리지만 용기를 가지고 길 위에 우뚝 서 본다. 걷기로 시작해서 걷기로 끝날 여행이기에 또한 걷기로 몸을 풀고, 쉼 없이, 끊임없이 걷는다. 힘차게 내딛는 걸음 속에는 비장한 각오까지 스며 있다. 머릿속에는 오직 목표를 달성해 내겠다는 의지가 가득 차 있기에 도로 위를 살인마처럼 달리는 자동차도 두렵지 않다. 땀방울로 인한 갈증과 배고픔도 참을 수가 있다. 목표 달성을 위해서라면 발바닥에 잡힌 물집도, 허리에 뻗쳐 오는 통증도 문제되지 않는다. 주저앉아 버릴 것만 같은 상황에서도 신체적 고통을 참고 견디며 수일 동안 계속 걷기만 한다. 땀범벅이 된 육체의 두 다리는 그래도 계속 움직인다. 비로소 몸의 열기가 성취감이 되어 몸속으로 다시 스며드는 것이다.

목적을 달성하려고 길 위에서 몸을 불태우며 계속 걷는 것은 독선이나 아집에 찬 행동이 아니라 자신을 변형시키려는 몸부림이다. 이렇게 자신의 변화를 위해 도전 정신으로 몸과 마음을 불태우면서 목표를 향해 고된 발걸음을 내딛다 보면 한층 더 성숙한 자아를 만나게 된다.

지금 나의 도보 여행 목적도 여기에 있다. 얼마나 더 고통을 감내할 수 있는지, 얼마나 더 인내할 수 있는지, 얼마나 더 버티어 낼 수 있는지, 내 의지력의 한계는 어디인지, 그래서 내 삶의 본질은 무엇이며, 인생의 의미는 무엇인지, 그것을 확인하기 위해 나는 걷고, 걷고, 걷는 것이다.

나의 한계에
도전해 보다

오래 걸을 수 있는 나의 신체적 한계는 어디일까? 내가 계속해서 걸어갈 수 있는 거리는 얼마나 될까?

한반도를 걸어서 횡단도 하고, 종단도 해보기를 수차례 하는 동안 내가 하루에 가장 많이 걸어 본 거리는 72km였다. 맨 처음엔 56km를 걸었던 것이 최고 기록이었고, 그 뒤 어느 하루에는 62km를, 그러다가 72km까지도 걸었다. 기록을 세우겠다는 목표를 갖고 걸은 것은 아니었다. 그냥 걷다 보니 하루에 그렇게 걸었고, 최고 기록이 된 것뿐이다.

그렇다면 하루에 최고로 많이 걸을 수 있는 거리는 얼마일까? 하루 종일 걸으면 100km는 걸을 수 있을까?

그런데 24시간 내에 100km를 걸어 보았다는 말은 들어 본 적이 없다. 물론 군대 훈련 중에 100km 도보 행군이 있기는 하지만 24시간 이내에 걷는 것은 아니다. 그렇다면 내가 기회를 만들어 하루 100km를 걸어 보면 어떨까? 체력 한계에 대한 도전뿐만 아니라 자신의 지구력과 의지력도 테스트해 볼 기회가 될 것이다. '작은 도전은 아름답다.'고 하지 않았던가? 이런 생각들이 배경이 되어 듣도 보도 못한 100km 울트라 도보, 그 고통과 인내의 여정이 시작되었다.

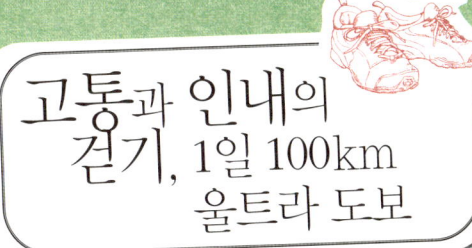

고통과 인내의 걷기, 1일 100km 울트라 도보

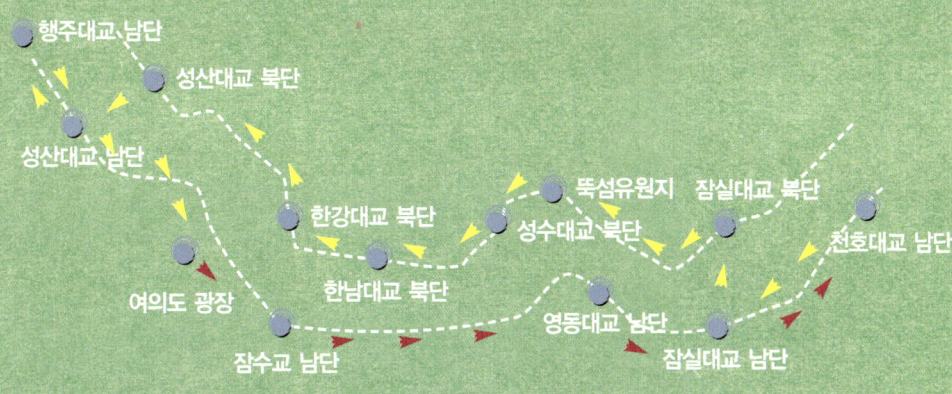

1일 100km 울트라 도보를
기획하다

2004년 4월 초 30여 명이 참석했던 '벚꽃 길 따라 1박 2일 도보 여행(부산·진해·마산)'을 마치고 회원 한 사람과 승용차로 상경한 적이 있는데, 덕분에 여러 가지 이야기를 나눌 수 있었다. 기회다 싶어 나는 그동안 꽤 깊이 구상해 왔던 1일 100km 걷기를 함께 시도해 보자고 그에게 조심스럽게 제안했다. 자칫 말을 잘못 했다가는 "정신 병원에나 가시지요?" 하는 대답이 나올 수 있는 황당한 제의였기에 정말 조심스럽게(?) 물었다. 다행히 그는 내 제안을 흔쾌히 받아들였다.

이렇게 해서 하루에 100km를 걸어 보겠다는 내 무모한 바람이 구체화되었다. 도보 이름을 '1일 100km 울트라 시범 도보'라고 짓고, 코스는 한강변 울트라 마라톤 코스를 이용하기로 결정했다. 또 그를 진행자로 내세우고 세부 준비 사항을 위임하였다.

울트라 도보 행사를 하루 앞둔 전날에는 몸과 마음이 많이도 분주했다. 갑자기 급한 일이 생겨 지방에 가야 했고, 간신히 마지막 버스를 타고 상경하는 등 바쁘기 그지없었다.

그런 와중에 고속버스 속에서나마 잠깐 쉴 수 있었는데 내 머리는 다음 날 있을 도보 행사 때문에 아주 복잡했다. 몇 명이나 참석하게 될까? 몇 명이나 완보를 할 수 있을까? 쉰을 넘긴 나의 체력으로 100km 거리를 걸어서 완보할 수 있을까? 만일 낙오하게 되면 젊은이들에게 어떤 핑계를 둘

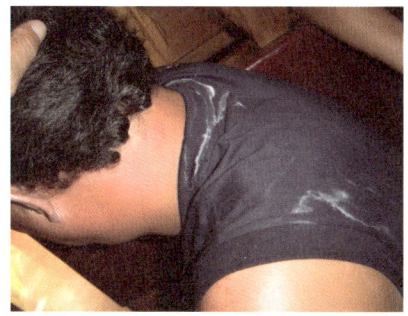

몇 명이나 완보를 할 수 있을까?
쉰을 넘긴 나의 체력으로 100km 거리를
걸어서 완보할 수 있을까?

러대야 하나? 나이 핑계 대면 이해는 해 주겠지만 그럼 내 체면이 말이 아니겠지?

11명의 전사들,
장대한 서막을 열다

    2004년 5월 22일 오후 1시 30분! 여의도 한강 고수부지 야외 음악당 앞 출발 지점에 도착하니 몇몇 참가자들이 벌써 도착해 있었다. 낯익은 후니, 못나, 38, 아~네모네, 설익은 감자도 도착해 있었고, 그 옆에 대학을 갓 졸업한 듯한 낯선 여자가 서 있다가 나를 빤히 쳐다보았다. 늙은 할아버지도 이런 행사에 참여하냐는 눈초리였다. 그런 느낌을 받은 것은 아마도 젊은이들 틈바구니에 끼어 있는 쉰 중반의 소외감 때문인지도 모르겠다. 이름을 물어보니 '알럽째즈'란다. 그때까진 알럽째즈가 엄청난 사건(?)을 일으키리라곤 전혀 생각하지 못했다.

    출발 직전에 우리 주변을 서성이는 여자 한 분이 또 있었으니 그 이름 김민하. 아직 정식 회원도 아닌 30대 초반의 여성 참가자였다. 뒤이어 신촌 귀염둥이가 헐레벌떡 뛰어오고, 또 겨울 장기 도보 때 참가했던 진짜 귀염둥이 사내 녀석 'Ulbabo'가 합류했다.

    출발 순간이 다가오자 완주에 대한 두려움이 다시 온몸을 엄습해 왔다. 이틀 전 지방 출장을 가면서 조금 연습을 하긴 했다. 삼천포 수협 정문 앞에서 오후 3시경 출발하여 창선·삼천포 간 연육교를 지나 창선 일주 도

로를 빠른 걸음으로 한 바퀴 돌아오니 밤 9시 반이었다. 시속 6km로 5시간 30분 동안 쉬지 않고 계속 걸었으니 족히 34~35km는 되는 거리였다. 그때의 컨디션이라면 24시간 안에 완주하는 것은 문제가 없을 것 같았다. 또 등짐을 지고도 72km를 거뜬히 걸었는데 맨몸으로 100km는 가능하지 않겠는가.

예정된 오후 2시의 출발 시간이 10분 지났다. 대구에서 이 행사에 참가하려고 올라오는 '눈사람'을 기다리느라 지체된 것이다. 한 사람 때문에 더 이상 시간을 지체할 수 없어 11명(남 9, 여 2)이 먼저 출발했다. 참가자 11명 중 겨울 장기 도보에 참여했던 회원이 5명이나 되었다.

1일 100km 걷기 도전, 그 자체가 무리인지도 모르고, 아니 100km가 얼마쯤인지도 모르고 무작정 도전하는 패기 있는 젊은이들이었다. 대부분 하루 30~40km밖에 걸어 보지 못한 사람들이고, 그중에는 하루 10km도 채 걸어 보지 못한 이도 있었다. 이 겁 없는 젊은이들이 대견스럽기만 했다.

5월의 따가운 봄볕이 내리쬐는 여의도를 빠져나와 한강 철교 밑을 지나려니 도로 병목 현상 때문에 지나가는 길손끼리 어깨가 서로 부딪쳤다. 명동의 밤거리만큼이나 많은 사람들이 한강 고수부지 위에 들끓고 있었다. 인라인을 타면서 여가를 즐기는 무리, 자전거 타고 달리는 자전거족, 마라톤 연습하는 달리기파, 연인들끼리 손잡고 산책 나온 연애족 등등. 수많은 무리들이 한강변에서 토요일 오후를 만끽하고 있었다. 그 틈새를 이리 비집고 저리 빠지면서 3시간쯤 걸었을 때 올림픽 주경기장 옆 양재천에서 낯익은 얼굴들과 마주쳤다.

반나절 도보 팀이었다. 이들은 매주 토요일 오후에 만나 한강변을 약 20km 걸은 뒤 부근 식당에서 뒤풀이를 하고 헤어지는 도보 팀이었다. 오늘은 각자의 취향에 따라 선택적으로 참가하였기에 두 개의 도보 팀으로

나누어진 것이다. 한 모임에서 각자의 취향에 맞게 두 개의 행사가 진행되는 것을 보니, 도보 모임이 더 왕성하고 활발하다는 느낌이 들었다. 사실 이 만남은 우연한 만남이 아니다. 울트라 도보 진행자와 반나절 도보 진행자가 사전에 의논하여 계획한 길 위에서의 만남이었다. 이 황홀한 순간을 놓칠 수 없어 기념 사진을 한 장 찍었다.

그런데 울트라 팀 사람들이 20km의 짧은 거리를 걷는 반나절 도보 팀을 은근히 부러워하는 눈치였다. 반나절 도보 팀은 이제 곧 도보를 끝내고 돼지 갈비랑 소주를 즐기게 될 테니 그 마음도 이해는 갔다.

목적지가 다른 반나절 도보 팀을 뒤로하고 발걸음을 재촉했다. 양재동 뒷길의 우면교 아래 교각에 손도장을 찍고 반환점을 돌아 다시 한강 본류 길로 접어들었다. 여기저기서 가로등 불빛이 새어 나오고 있었다. 지금까지 쉬지 않고 걸었지만 도보 속도를 계산해 보니 평균 시속 4km도 안 된다. 이렇게 걸으면 시간 안에 완주하기 어렵다는 생각이 들어 조금 빠르게 발걸음을 옮겼다.

한강변의 어둠 속에서 저녁 식사를 어떻게 해결할 것이냐는 소리가 들려왔다. 우왕좌왕하다가 당초 계획대로 30km 지점인 잠실 선착장 이동매점에서 각자 해결하기로 결정했다. 식사를 주문해 놓고 작은 테이블에 옹기종기 모여 앉아 재잘거리다가 식사가 나오니 단숨에 먹어 치웠다. 다들 배가 많이도 고팠던 모양이다.

식사 후 다시 괴나리봇짐을 둘러메고 출발하려는데 3명의 탈락자가 생겼다. 어쩔 수 없는 일이었다. 다음을 기약하며 인사를 나누고 헤어졌다. 다행히 식사 전 부근에서 6명이 합류했다. 그들은 100km 완주를 목표로 하는 것이 아니라 걷기를 목표로 한 사람들이었다. 이제 그들과 함께 본격적으로 야간 도보에 들어서게 되었다.

야경에 취해
약진 앞으로, 앞으로

매점을 뒤로하고 잠실대교를 향하니 한강변 위에 펼쳐진 아름다운 야경이 한눈에 들어왔다. 올림픽대교 위에 가지런히 늘어선 가로등과 현수교 기둥 위에서 하늘로 쏘아 올린 네온이 건너편 테크노마트 건물 조명과 어우러져 서울의 밤하늘을 황홀하게 장식하고 있었다. 또한 천호대교와 광진교를 밝혀 주는 가로등과 워커힐에서 구리로 통하는 대로의 가로등 불빛이 강물 위에서 반사되어 우리 일행의 눈을 현란하게 만들었다. 게다가 아차산 음영이 강물 속에 함께 드리워져 있는 풍경은 정말 말로 표현할 수 없었다. 한강변의 야경이 이렇게 아름다울 줄이야. 낮에는 상상도 하지 못할 멋진 광경이 서울의 밤하늘에 펼쳐지고 있었다.

천호대교 교각을 돌아 나온 후, 잠실대교를 도강하여 한강 북단 길 35km 지점에 이르렀다. 예상 시간보다 조금 늦었다. 처음 출발할 때 편의를 위해 세 그룹으로 나누었는데, 두 그룹은 이미 앞질러 갔다. 하지만 초반부터 무리하면 안 되었다. 그래서 사전 준비한 작전대로 속도를 늦추는 대신 쉬지 않고 걷기로 했다. 초보 도보자인 알럽째즈도 쉬었다 걸으면 힘들다는 것을 깨달았는지 나와 보조를 맞추며 나란히 걸었다. 식사 후 3시간쯤을 쉬지 않고 걸어, 쉬고 있는 선두 그룹을 제치고 마침내 선두로 나섰다.

그런데 성수대교를 지날 무렵 알럽째즈의 발에 문제가 생겼다. 발등이 아프다는 것이었다. 신발을 벗기고 발을 보니 발등이 붉다 못해 시커멓게 변해 있었다. 신발 안에 재봉이 잘못되어 돌출된 부분과 발등이 마찰하여 상처가 생긴 것이었다. 오래 걷게 되면 신발의 이런 미세한 부분도 엄청난 영향을 준다.

요즘은 과학적으로 신발을 만든다고 하지만 오랫동안 걸어 보지 않고는 제대로 된 신발을 만들 수는 없다. 그런 미세한 부분들은 직접 걸어 보지 않고는 모르기 때문이다. 이름 있는 회사의 신발들, 수십만 원 하는 신발들도 아직 이런 불량품들이 많다. 조금 더 신경을 써 주었으면 좋겠다.

거의 50km 지점에 이른 밤 11시 반경, 동호회 회원 두 사람이 막걸리를 사 들고 응원을 왔다. 성수대교 북단 인적이 없는 길바닥에 그냥 퍼질러 앉아 막걸리 파티를 벌였다. 입은 많고 막걸리는 부족하고, 부족하니 더 맛이 있는지는 모르겠지만 도보 중에 마시는 막걸리 맛은 그야말로 꿀맛 그 이상이었다.

50km 반환점을 돌아 한참을 내려오는데, 뒤처져서 고통스럽게 따라오던 '설익은 감자'가 기권을 한다는 전화 연락이 왔다. 너무 지쳐서 더 이상은 못 걷겠다는 것이었다. 등산을 자주 다니는 친구라서 꼭 완주할 것이라 생각했는데, 무척 아쉬운 생각이 들었다.

또 60km 지점인 잠수교 부근을 지나고 있을 때는 지난여름 진도 장기 도보와 겨울 장기 도보에 참가하여 완주했던 홍제동 물방개 김 선생님이 낙오하였다는 연락이 왔다. 나이는 40대 후반이라도 걷기 행사에 거의 빠지지 않는 신촌 귀염둥이였는데…….

어림잡아 63km 지점인 한강대교를 지날 무렵 먼동이 텄다. 오후 2시부터 시작된 우리의 발걸음은 밤을 꼴딱 새우면서 아직도 계속되고 있었다. 날이 밝아오자 체력들이 떨어지는 게 한눈에 보였다. 눈을 부비는 이가 있는가 하면, 하품을 연달아 하고, 모두들 지쳤는지 걸으면서 말도 없었다.

초반에 우리 일행을 웃기며 떠들어 댔던 못나도 시큰둥해졌다. 그가 다시 힘을 내어 팀원들에게 웃음을 주려고 했지만 모두들 호응이 없었다. 마포대교를 지나면서는 응원 부대원들마저 없었다. 또 처음부터 걸었던 38과 중간에 들어와 걸었던 검정대나무와 달빛공주가 각자의 일 때문에 떠났다.

성산대교 73km 지점에 거의 도착했다. 모두들 당장이라도 쉬었으면 하는 눈치들이었다. 좀 더 걸어서 정확히 성산대교 아래 73km 지점에서 쉬자고 했더니 금방 주저앉았던 무거운 엉덩이를 일으키면서 나를 잡아먹을 기세들이었다. 여기서 휴식을 하나 저기서 휴식을 하나 똑같은 휴식인데, 왜 그렇게 힘들게 하느냐는 눈치였다. 지칠 대로 지쳐서 모두들 신경이 날카로워졌다. 그 눈빛들이 너무 무서웠다. 아주 살벌한 분위기였다. 이럴 땐 대장이라고 불리는 나도 '수구리' 자세를 취할 수밖에 없었다. 눈을 내리깔고 곁눈질로 눈치를 살피면서 겨우 성산대교 아래 매점까지 왔다.

그곳에서 허기진 배를 컵라면으로 채웠다. 늙은 대장 용파리(나의 닉네임) 괄시(?)하지 말라는 뜻으로 막걸리 한 잔씩을 돌렸다. 그리고 나중을 위해 막걸리 두 병과 소주 한 병을 사서 곁에 있는 '젊은이'의 작은 바랑 속에 넣었더니 그가 바로 째려보았다. 먼 길 걸을 땐 눈썹도 뽑고 걸어야 된다고 하고서는 무거운 술통을 자신에게 준다고 투정하는 눈초리였다. 이럴 땐 못 본 체하는 게 상책이었다.

마침내 1일 100km, 한계는 없다

성산대교 아래서 남은 거리를 환산해 보니 27km는 더 남았다. 지금까지 남은 사람은 총 7명인데, 완주의 조건을 갖춘 사람은 5명이었다. 산꾼은 반나절 도보 후 참가했는데 너무 지쳐 여기서 탈락하겠다고 선언을 했고, 화랑도 중간에 끼어들어 완주의 조건을 갖추지 못하였다.

처음 출발할 때 서너 명 정도 완주하리라 점쳐 보았는데, 여기까지 5명

이나 조건을 갖추고 있으니 대단한 일이다. 못생긴나무, 눈사람, 젊은이, 용파리, 그리고 생각지도 않았던 여자 홍일점 알럽째즈까지 여태 버티고 있었다.

　지금부터는 체력이 아니라 정신력으로 걸어야 하고, 서로서로를 도와가며 걸어야 완주할 수 있다고 격려해 보았지만 다들 시큰둥했다. 아침 요기로 기운을 얻었기에 다시 걸음을 재촉했다. 월드컵 경기장을 향해 걷다가 하늘공원을 거쳐 가양대교 위를 계속 걸었다. 나와 알럽째즈, 눈사람이랑 셋이서 앞장서서 걸었고, 진행자와 화랑은 뒤에서 길 잃고 헤매는 못나를 기다리다 포기하고 1km쯤 뒤에서 따라왔다. 선두 셋 중에서는 눈사람이 제일 많이 지쳐 있었다. 그는 죽더라도 꼭 완주는 하고 죽겠다는 각오를 가지고 거의 악으로 깡으로 걷고 있었다.

　지난 4월, 120여 명이나 같이한 무박 한강 도보 35km 행사 때 걸은 적이 있는 가양대교 아래 토끼굴을 지나 한강 둑길로 접어들었다. 우리가 앞으로 걸어야 할 서쪽 길을 바라다보니 행주대교는 까마득하기만 했다. 그런데도 그곳으로 갔다가 다시 여기로 되돌아와야 된다고 생각하니 갑자기 온몸에 힘이 빠지는 것 같았다. 알럽째즈 역시 어깨가 축 늘어지며 길게 한숨을 쉬었다. 포기와 완주의 갈림길에 서 있는 것처럼 보였다. 하지만 이곳까지 와서 포기란 있을 수 없었다. 85km 지점인데, 굴러서라도 가야 한

다고 다시 다짐을 하고 걷기 시작했다.

　이제는 오직 완주하겠다는 일념으로 가야 했다. 말하는 것조차 힘들어하는 알럽째즈를 위해 이것저것 질문도 하고, 살아온 이야기도 해 주었다. 하지만 내 말을 듣고나 있는지……. 그만큼 지쳐 있었다. 여자인 알럽째즈가 완주한다면 남녀 동반 완주가 되어 이번 울트라 도보 행사가 매우 뜻있는 행사가 될 것 같았다. 그래서 그녀의 페이스 조절을 도와 가며 여기까지 나란히 걸어온 것이었다.

　그녀 옆에서 나란히 걷고 있는데 그녀의 걸음이 갑자기 빨라졌다. 마지막 힘을 내는 것이리라. 하지만 오버 페이스를 경계해야 했다. 나는 의도적으로 속도를 조금 늦추었다. 속도로 몸 상태를 조절해야 장시간 멀리 갈 수 있다고 한 내 말을 알아듣기라도 하는 것처럼 그녀도 나와 보조를 맞추었다.

　알럽째즈의 체력과 오기는 일품이었다. 닉네임에서 나타나듯이 재즈 댄스를 사랑한다 해서 알럽째즈란다. 국문학을 전공하면서도 재즈 댄스에 심취한 그녀는 우선 몸자세부터가 남달랐다. 거의 하루를 꼬박 걸었는데도 자세 하나 흐트러지지 않았다. 비결을 물었더니 오랫동안 길게 걸어 본 경험은 없지만 매일 2시간 이상 재즈 댄스로 몸을 단련해 왔고, 늘 새로운 일에 도전하기를 남달리 좋아하는 성격이라고 했다. 이번 100km 걷기를 도전하면서 완주하지 못하면 집에 들어가지 않겠다는 굳은 의지를 갖고 참석했단다. 그가 이렇게 확고한 완주 의지를 가졌기에 남자들 틈바구니에 혼자 끼어 있는지도 모른다. 도보 무경험자가 1일 100km 도보에 무작정 참여하는 그 당돌함에서도 그녀의 강인하고 겁 없는 오기를 충분히 짐작할 수 있었다.

　행주 대교를 돌아 출발 지점이자 종착점인 여의도로 향했다. 걷는 것

만큼 종착지가 가까워져 와야 하는데, 남은 거리가 좀체 좁혀지는 느낌이 들지 않았다.

중간중간 알코올로 체력을 보충하며 드디어 골인 지점 5km 전방까지 왔다. 목적지가 가까워 오니 모두들 얼굴에 생기가 돌았다. 먹기 싫은 개떡만큼 남은 거리 5km였다. 아니 이젠 3km로 줄어들었다. 점점 자신감이 불타오르는 순간이었다. 성취감에 빠져 들어가는 순간이기도 했다. 다들 여기까지 걸어온 자신이 대견스럽기만 한 모양이었다. 어떻게 걸었는지도 모른 채 근 24시간을 꼬박 걸어왔다.

골인 지점을 1km 정도 남겨 놓았을 즈음 벽안의 얼굴이 우리 일행을 마중 나와 축하 박수를 쳐 주었다. 그는 한국 사람도 아닌 미국인이었다. 그즈음 우리나라를 13번이나 도보 종주한 도보 여행의 대가 미스터 론이었다. 울트라 도보를 준비할 무렵, 이 친구에게 1일 100km 걷기 행사에 참가하라고 권유를 했더니, "Stupid", "Crazy trekking"이라는 말로 응수하며 거절하였는데, 지금 이곳 한강변까지 직접 나와 우리 일행에게 축하 박수를 보내 주고 있었다. 어쨌든 고마운 친구였다.

드디어 골인! 세상에 이보다 더 감격적일 수는 없다. 우리는 5월 23일 오후 2시에 출발하여 23시간 45분 만에 100km를 걷고, 골인 지점이자 출발 지점인 여의도 야외 음악당에 당도했다.

우리나라 어느 누구도 해보지 못한 일을 우리의 전사들이 기어코 해냈다. 아니 세계의 사람들도 해보지 못했을 법한 일을 우리의 전사들이 기어코 해낸 것이다. 신체적 고통을 감격으로 승화시킨 완주자 5인은 골인 지점에 흩어져 들어와 고통과 인내로 성취한 완주의 쾌감을 만끽하였다. 서로의 얼굴을 마주 보며 웃음 띠는 미소 뒤편에는 완주자들만이 느낄 수 있는 그 무엇이 흐르고 있었고, 서로의 눈빛 속으로 전달되고 있었다. 특히 젊은 여성 알럽째즈의 완주는 또 다른 기쁨이었다. 성취의 쾌감이 전율처럼 온몸을 감싸 왔다. 이런 기분을, 아니 이런 감정을 느끼려고 우리는 그토록 힘겹게 걷고 걸었나 보다.

　모든 행사를 무사히 마치고 완주를 기념하기 위해 근처에 있는 호프집으로 가려는데, 제일 늦게 비틀거리며 골인한 눈사람이 한마디했다. "대장님, 이제 한 발자국도 못 가겠심더! 고마 택시 타고 가야겠심더! 택시 불러 주이소!" 이 양반 엄살은 1급이다. 결국 150m도 채 안 되는 거리를 택시로 이동했다. 아마 이것도 택시 타고 최단 거리 가기 기록일 것이다.

　우리의 완주를 축하해 주려고 행사에 참여하지도 않은 4명의 회원이 호프집으로 찾아왔다. 이들과 함께 한 순배의 맥주가 오가는 듯했는데 눈사람이 테이블에 기대어 퍼져 버렸다. 그의 등 뒤 검정 티셔츠를 보니 소금물이 얼룩져서 범벅이었다. 1일 100km 울트라 도보에 참가한 것이 아니라 마치 염전에서 소금 굽는 작업을 마치고 우리와 합류해서 술을 마시고 있는 듯했다. 그것도 너무 고된 작업을 하고 나와 지쳤기에 여기 테이블에 기대어 잠시 잠든 듯했다. 결국 인내와 끈기로 1일 100km 울트라 도보를 성공적으로 마쳤다. 도전은 또 다른 도전을 낳는다고 하니 앞으로 어떤 도전이 펼쳐질지 궁금하다. 1일 100km를 성공했으니, 2일 200km도 가능하지 않을까? 아, 또 이런 미친 생각을 한다. 제발!

1일 100km 울트라 도보 개요

1. 기간 : 2004년 5월 22일 오후 2시~5월 23일 오후 2시
2. 구간 : 서울 한강변 일원
3. 코스 : 여의도 광장 → 잠수교 남단 → 영동대교 남단 → 탄천 → 양재천 무지개 다리 → 탄천 → 잠실대교 남단 → 천호대교 남단 → 잠실대교 남단 → 잠실대교 도강 → 뚝섬유원지 → 성수대교 북단 → 한남대교 북단 → 한강대교 북단 → 성산대교 도강 → 행주대교 남단 → 성산대교 남단 → 여의도 광장
4. 인원 : 20명

서울에서 강릉까지 무박 200km 걷기 도전의 실패

엉뚱한 생각을
실행에 옮기다

도보 여행에 재미를 붙이면서 엉뚱한 생각을 종종 하게 된다. 남들이 해보지 않은 일이라거나, 불가능하다고 생각하는 것들에 이상하게 매력을 느끼는 것이다. 서울에서 강릉까지 걸어 보겠다는 것도 그 엉뚱한 생각 중 하나였다. 자동차로 가더라도 2시간 정도를 쉬지 않고 달려야 하는 200km의 거리를 잠도 자지 않고 단숨에 걸어 보겠다는 생각을 누가 할 수 있겠는가? 도보 중독자인 나라면 모를까.

2004년 9월 3일 오후 2시, 드디어 나는 그 엉뚱한 생각을 행동으로 옮기고 말았다. 하남의 팔당대교에서 시작해 강릉까지 쉬지 않고 걸어 보기로 한 것이다.

양평을 지나 횡성으로 이어지는 6번 국도를 따라 나는 아무 생각 없이 개미처럼 부지런히 쉬지 않고 걸었다. 그러다가 어느 이름 모를 휴게소에 들러 휴식을 취한 시각이 9월 4일 새벽 3시께였다. 걷기 시작한 지 13시간 만이었다. 중간에 저녁을 먹는다고 1시간가량 쉰 것을 제외하면 12시간을 꼬박 걸었다. 시속 5km 속도를 유지했으니 근 60km를 걸은 셈이었다.

새벽 3시, 불 꺼진 휴게소에는 주인도 점원도 손님도 없었다. 이지러지는 달빛이 주변을 어슴푸레 비추고만 있을 뿐 인적 없는 휴게소는 이상하리만치 괴괴했다. 그도 그럴 것이 이곳 휴게소는 계곡을 따라 오르는 언

덕바지에 위치해 있어 주변엔 민가도 없는 황량한 곳이었다. 게다가 울창하게 둘러쳐진 나무숲 사이로 금방 산짐승들이 어슬렁거리며 나타날 것만 같았다. 아니, 하얀 소복을 입은 귀신이 머리를 풀고 나타날 것만 같은 오싹함마저 풍겼다. 그나마 위안이 되었던 건 희미한 보안등 아래 설치되어 있는 자판기였다. 으스스한 분위기를 바꾸어 볼 요량으로 나는 자판기에서 따끈한 커피 한 잔을 뽑아 들고는 힘없이 의자에 기대어 반눈을 감은 채 걸어온 길을 돌이켜 보았다.

대체 이게 무슨 꼴이람? 무엇에 홀려서 잠도 자지 않고 깊숙한 산속 폐허 같은 공간에서 추위와 공포, 허기를 참으며 이렇게 있는 걸까? 아늑한 집도, 잘도 달리는 나의 애마도 버려 두고, 이 야밤에 길을 걷고 있을까? 지금이라도 포기하고 드물게 지나가는 차에 구원을 요청한다면 따뜻한 음식

시작했으니 끝까지 걸어 보자.
목표를 세웠으면 결과를 얻어야지.
아무렴 그래야지!

이 있고, 온기가 있는 곳으로 돌아갈 수 있을 텐데…….

병신! 혼자서! 먼 길을 차도 타지 않고! 60km를 걸었다고 좋아하는 이 바보! 머지않아 환갑인데, 이게 뭐 하는 짓이여! 이렇게 걸으면 밥이 나오나, 돈이 나오나? 이 도전이 끝나고 나면 고생시킨 마누라 호강이라도 시켜 줄 대안이라도 있냐? 대체 뭘 한다고 혼자 잘난 척하며 먼 길을 걷고 있는 건지…….

처음 시작할 때와는 달리 이런저런 후회들이 꼬리에 꼬리를 물며 떠올랐지만 또 한편으로는 오기가 생기기도 했다. 시작했으니 끝까지 걸어 보자. 목표를 세웠으면 결과를 얻어야지. 아무렴 그래야지! 게다가 나보다 하루 먼저 서울을 출발해 강릉으로 떠난 카페 회원 화랑이 횡성 읍내에서 나를 기다리고 있지 않은가. 나는 한없이 꺼져들어 가는 자신감을 가까스로 되살리며 주먹을 불끈 쥐었다.

허기와 갈증을 참으며
횡성으로, 황재로

휴게소를 뒤로하고 가파른 언덕길을 10여 분쯤 걸었을까. 고갯마루에 다다랐는데 강원도라는 입간판이 나를 반겨 주었다. 이곳은 경기도와 강원도의 경계 지점으로 옛날에는 도덕고개라 불리던 곳이었다. 원래 도덕고개는 '도둑머리고개'로 불렸는데 소 장수가 이 고개를 넘다가 산적들에게 소를 자주 빼앗겼다고 해서 붙여진 이름이라는 것을 나중에 알게 되었다.

    그래도 강원도 땅에 발을 들여놓았으니 지금부터는 걷느냐 마느냐 하는 문제로 마음이 심란하지는 않을 것 같아 적잖이 안심이 되었다. 나는 도덕고개의 내리막길을 부지런히 걸어 내려갔다. 고개 하나를 넘었는가 싶었는데 산모롱이를 돌았더니 또 다른 모롱이가 나오면서 소나무 숲 내리막이 계속되었다. 마을이 나오기를 학수고대하며 무시무시한 산길을 하염없이 걸었다.

    휴게소를 출발하여 두어 시간을 걸었을까. 동쪽 하늘이 서서히 밝아오며 산기슭 아래 첫 마을이 어렴풋이 나타나는가 싶더니 가까운 거리에서 수런거리는 사람 소리가 들렸다. 몇 발자국을 더 가니 새벽 장 보러 가는 아낙들이 첫차를 기다리며 이야기를 주고받고 있었다. 순간, 밤길의 공포에서 해방되었다는 안도의 한숨이 휴! 하고 저절로 나왔다. 나도 모르게 긴 한숨을 내쉬고는 야간 도보 내내 손에 꽉 쥐고 있었던 과도를 칼집에 넣었다. 절대 겁이 많아서 그런 건 아니었다. 어디까지나 산짐승 대비용으로 준비한 칼이었다. 아무튼 캄캄하고 무시무시했던 험한 산길에서 빠져나와 다행이었다.

    해 뜰 무렵 홍성에서 횡성으로 이어지는 5번 국도와 마주쳤다. 횡성을 통과해야만 강릉에 도달할 수 있어서 횡성 방향으로 진입했더니 걷는 분위기가 확 달라졌다. 조금 전엔 차량 통행이 거의 끊겼던 어둡고 좁은 도로였는데, 이젠 간간이 통행 차량이 보이는 밝고 넓은 4차선 도로가 나타났기 때문이다.

또 넓은 도로를 따라 걸으니 낯익은 풍경이 펼쳐졌다. 2년 전 여름, 춘천에서 내륙 길을 따라 진주까지 걸어서 여행한 적이 있었는데, 그때 이 길을 걸었다. 자동차를 타고 다니면 백 번을 지나쳐도 모를 길을 한 번 걷고 나면 길 구석구석까지, 주변 풍경까지도 훤히 기억되는 게 참 신기했다. 그때의 일들을 회상하며 걷고 있노라니 어느새 고요한 횡성의 아침, 횡성 읍내가 눈앞에 다가왔다.

횡성 들머리의 다리를 건너니 아침 8시였다. 이곳에 당도하길 얼마나 고대했던가. 어젯밤 양평에서 저녁을 먹은 후 지금까지 물 한 모금 마시지 못한 채 밤새도록 걸어왔다. 출발 50km 지점인 용머리 휴게소에서 간식과 물을 준비하려 했는데, 너무 늦게 도착해서 물을 살 수 없었다. 고속도로 휴게소는 늦은 밤에도 영업을 하지만 국도 주변 휴게소는 그렇지 않은 까닭이었다.

멀리 애타게 찾던 구멍가게가 문을 열어 놓고 나를 기다리고 있었다. 배낭일랑 문밖에 팽개치고 가게 안으로 들어가 캔맥주 하나랑 빵 한 봉지를 덥석 집어 들고 탁자에 걸터앉아 조심스럽게 요기를 했다. 급히 먹으면 체할 것 같아서 맥주 한 모금에, 빵 한 입씩 먹었다. 평소 술을 즐겨 마시기는 하지만 이른 아침에 맥주를 마셔 보기는 처음이었다. 그것도 빵과 함께 말이다.

허기를 면하고 나니, 이곳에서 나를 기다리고 있을 화랑이 생각났다. 배가 고프면 만사가 귀찮고, 아무 생각도 나지 않는 모양이었다. 어젯밤 그와 횡성 읍내에서 아침 7~8시경에 만나기로 해 놓고서는. 화랑에게 전화를

하니 전화를 받지 않았다. 지금 통화가 되어야 아침도 같이 먹고, 강릉까지 함께 갈 텐데 연락이 되지 않으니 난감했다. 여기서 마냥 기다릴 수 없어서 그냥 떠나기로 마음을 정했다.

읍내를 통과하는데 마침 출근 시간이라 학생들과 직장인들로 거리가 부산했다. 그들 틈새에 배낭을 메고 힘없이 걸어가고 있는 나는 초라한 노인네 그 자체였다. 꾀죄죄한 몰골에다 지칠 대로 지쳐 겨우 걸음을 옮기고 있는 나를 학생들이 힐끔힐끔 쳐다보았다. 작은 읍내 길을 이른 아침부터 배낭 멘 늙은 나그네가 걸어가고 있으니 모두들 수상쩍은 눈으로 보는 건 당연했다.

그런 데다가 가게 앞을 지나가는데 개 한 마리가 나를 보고 사정없이 짖어 댔다. '아이고, 저놈의 새끼까지!' 개 짖는 소리에 주변의 시선들이 한꺼번에 내게 몰리는 것 같아 더 창피스러웠다. 분한 마음에 낯선 사람을 보고서 자신의 본분을 다하고 있는 개에게 분풀이를 했다.

'야, 이 똥개놈아! 서울에서 네놈이 사는 동네까지 80km가 넘는 거리를 단숨에 걸어왔는데, 환영은 못해 주더라도 나를 몰아내려고 짖어 대지는 말아야 할 거 아니냐? 이놈아!'

읍내 끝자락에 기사 식당이 보였다. 이곳을 더 빠져나갔다간 식당을 만날 수도 없을 테니 일단 이곳에서 아침 식사를 하는 게 좋을 듯 싶었다.

두루치기 한 그릇을 시켜 놓고 화랑에게 다시 전화를 걸었다. 여전히 무응답이었다. 횡성에서 분명 나를 기다리겠다고 했는데 전화를 받지 않으니 불안한 생각이 들었다. 잠 속에 빠졌다 해도 이쯤 신호를 보냈다면 분명 전화를 받았을 텐데 말이다. 화랑도 걱정이 되었지만 나도 걱정이 되었다. 연락이 안 되면 오늘 밤도 무서운 산길을 또 혼자 걸어야 하기 때문이었다.

조금 전 구멍가게에서 요기를 한 탓인지, 아니면 너무 지쳐서 그런지 밥맛이 완전히 도망을 갔다. 원기를 회복해 보려고 비싸고 기름진 것을 시켰는데 반 그릇도 비우지 못했다. 이틀 동안 너무 부실하게 먹어서 더 버텨낼 수 있을지 걱정이 되었다. 식당을 나오려고 자리에서 일어서는데 갑자기 몸이 비틀거렸다. 간신히 탁자를 잡고 일어서서 식당을 나왔다.

식당 아주머니는 이런 나를 어떻게 생각할까? 간첩으로 오인해 경찰에 신고라도 하지 않을까? 지난겨울 장기 도보 때 우리를 수상하게 여긴 주민의 신고로 경찰이 백차를 타고 나타난 적도 있었다. 혼자 도보 여행을 할 땐 수상쩍은 시선을 더 많이 받았는데…….

식당을 나서니 들판으로 이어지는 넓은 도로가 나타났다. 4차선 도로를 따라 얼마쯤 걸었을까. 식사하는 동안 굳어 버려 꼼짝도 못할 것 같았던 다리가 서서히 풀어지면서 제법 걸음이 빨라졌다. 언제나 먼 길을 걸을 땐 이렇다. 쉬면 쉴수록 몸이 굳어져 첫걸음을 내디딜 땐 한 발자국도 나가지 않을 것 같지만 몸을 추스려 움직이다 보면 다소 몸이 풀리고, 20~30분쯤 걷다 보면 언제 그랬냐는 듯이 정상 속도로 걸음이 바뀐다.

90km 지점을 지나쳤는데도 걸음 속도는 어제와 별 차이가 없었다. 이 정도의 컨디션이 계속된다면 무박 200km 걷기와 3일 안에 강릉까지 도

달하는 두 가지 목표를 이루어 낼 것 같았다. 아니 첫 번째 목표만 잘 이루면 두 번째 목표는 어렵지 않을 것이다. 내가 출발한 곳에서 강릉 경포대까지 210km 남짓하니까 말이다. 그러나 아직 속단하기에는 이르다. 지금까지 나는 잠을 안 자고 200km를 걸어 본 적이 없으니……!

벌판 가운데를 가로지르는 뻥 뚫린 4차선 도로를 외롭게 걷고 있으려니 괜스레 입에서 욕이 튀어나왔다. 차량 통행이 드문 곳인데 굳이 4차선 도로를 만들어 세금을 낭비했다고 생각하니 화가 났다. 도보 여행을 다니다 보니 전국 각지에서 이런 현상은 쉽게 눈에 띄었다.

지금은 낮 12시, 100km 지점인 황고개에 이르기까지는 4~5km 남았다. 목이 말라 물도 마시고 또 간식도 구하려는데 가게가 통 눈에 띄지 않았다. 다른 지방과는 달리 강원도를 도보 여행할 때 시골 국도변에서 가게 찾기가 힘들다는 것을 알고는 있었지만 이렇게까지 힘들 줄은 미처 몰랐다. 몇 개 마을을 지나쳐 닥박골이라는 마을에서 가게 있는 곳을 물었더니 지나온 길로 조금 내려가서 마을 안으로 들어가야 한다고 알려 주었다. 뒤돌아가기는 죽기보다 싫었다. 어떻게 걸어온 길인데, 그 길을 다시 가겠는가? 조금만 더 가면 가게가 나올 것이라고 생각하고 길을 재촉했다. 설마 어제처럼 먹을 것을 구하지 못해 굶주림에 시달리기야 하겠는가.

산모롱이를 돌았더니 비탈진 오르막길이 500m쯤 직선으로 보이더니 곧 모퉁이 속으로 사라져 버렸다. 아마 여기부터가 황고개로 오르는 길이 시작되는 모양이었다. 황고개는 황재라고도 불리는 곳이다. 경사 길을 지나 산모롱이를 돌고 가파른 언덕길을 헉헉거리면서 한참 올라왔다. 이리 돌고 저리 휘감아 오르는 비탈길을 계속 걸어 올라가도 고갯마루는 보이지 않고, 초가을 뙤약볕이 나를 못살게 괴롭혔다.

땀이 나면서 갈증이 심하게 났지만 어디서 물 한 방울 얻을 것 같지

않았다. 아까 그 식당에서 물을 좀 얻어 마시지 못한 것이 못내 후회스러웠다. 체통 지킨다고, 자존심에 얽매여 사는 못난 나 자신을 탓해 본들 갈증이 해소될 리는 만무했다. 참고 참으며 언덕길을 올라가는데 정상은 나올 기미조차 보이지 않았다.

'황고개가 높기는 높은 고개구나!' 하고 생각하며 뒤를 돌아보니 소나무 가지 사이 한참 아래에 벌판이 어렴풋이 보였다. 멀리 가파른 언덕길에서 선형 개량 공사를 하고 있는 포클레인이 보였다. 염치 불구하고 포클레인 기사에게 물 좀 달랬더니 오늘 날씨가 더워서 가지고 온 물을 다 마셔 버렸단다. 이런 낭패가 있나! 하지만 늘 희망은 있는 법. 한 200m쯤 더 올라가 왼쪽 오솔길로 빠져나가면 깨끗한 개울물을 만날 수 있다고 기사가 일러 주었다. 말이 끝나기 무섭게 나는 달음질하듯 올라가 개울물을 찾았다. 먹고 씻고, 아! 그제야 살 것 같았다.

100km 지점인 황고개의 고갯마루에 도달하니 오후 1시 30분이었다. 어제 오후 2시에 출발했으니 100km를 23시간 30분 만에 걸어온 셈이었다. 출발할 때 화랑이 계속 전화를 걸어 "대장님, 초반부터 절대 무리하지 마십시오." 하고 신신당부를 했기에 걸음 속도에 더 신경을 곤두세우면서

왔다.

그는 강릉으로 향하는 초반에 달리기 속도로 걸었다가 중간에 발병을 얻어 한 발자국도 전진하지 못하고 횡성에서 쉬고 있었다. 경험자의 충고였기에 초반 걸음 속도를 조절하지 않을 수 없었다.

문득 한강 울트라 도보 때가 생각났다. 지금 황고개까지 거리가 한강 100km 울트라 도보를 완주한 거리이기 때문이었다. 그러나 그때의 몸 컨디션과 지금의 컨디션을 비교한다면 상당한 차이가 있었다. 지난 5월 울트라 도보 때는 차량 통행이 없는 강변 길을 여러 명이 어울려 걸었기에 여유 있게 완주할 수 있었는데, 지금은 차들이 다녀 신경이 예민해진 데다 혼자 걸어서 그런지 많이도 지쳐 있었다.

새로운 도전의 시작, 100km를 넘어서다

100km 지점인 황재를 통과하는 이 시점부터가 나의 진짜 도전이다. 하루에 100km까지는 걸어 보았지만 그 이상을 잠도 자지 않고 걸어 본 적은 없었다. 그러니까 지금부터는 새로운 기록의 도전인 셈이다. 그런 생각을 하니 마음이 흥분되기 시작했다. 들뜬 마음에 잠시 쉬는 것도 잊고, 정상을 지나쳐 내리막길을 내려오는데 안흥을 가리키는 이정표가 보였.

안흥은 찐빵의 고장으로 유명하다. 강원도 사람이라면 안흥 찐빵을 모르는 사람이 없을 정도다. 물론 서울 사람들에게도 많이 알려져서 그 유명세는 대단하다. 찐빵 생각을 하니 갑자기 허기가 지면서 배가 고파 왔다.

8km 정도만 더 가면 둔내이고, 또 그곳에 도착하면 배를 채울 수 있는 휴식처가 나올 것이라는 기대감과 화랑을 만날 수 있다는 생각에 무겁던 발걸음이 가벼워졌다. 연락이 끊겼던 화랑에게서 오전 11시쯤 전화가 왔다. 그는 어제 도보를 중단했던 지점까지 버스를 타고 가서 다시 강릉을 향해 지방 도로를 걷겠다고 했다. 나는 지금 강릉을 향해 6번 국도를 따라 걷고 있으니, 국도와 지방 도로가 맞닿는 둔내 5km 전방에서 만나기로 했다.

황고개 길을 부지런히 내려와 도로가 교차하는 약속된 지점에서 그를 기다리며 전화를 해 댔다. 그러나 서로 통화만 했을 뿐 사람은 만나지 못했다. 그와는 모든 게 엇갈렸다. 전화도 엇갈렸고, 길도 엇갈렸고, 방향도 엇갈려 버렸다. 서로 엇갈려 헤매기를 한참, 둔내 3km 전방에 도달했을 때 맞은편에서 화랑이 오고 있었다. 내가 예상했던 것보다 그의 걸음걸이가 가벼워 보였다. 하루를 쉬었는데도 젊은 화랑이기에 발목 병이 많이 회복된 것 같았다. 그를 만나는 순간, 이제 혼자가 아니라는 생각에 반가움이 폭풍처럼 밀려왔다.

화랑과 둘이 108km 지점인 둔내에 도착하니 오후 4시가 넘었다. 그런데 아침을 부실하게 먹어서 그런지 배가 무척 고팠다. 황고개 정상 부근에서 개울물로 갈증을 면한 것이 아침 식사 후에 먹은 것의 전부였으니 그럴 만도 했다. 허기진 배를 움켜지고 허겁지겁 해장국 한 그릇을 해치우고 나니 몸이 나른해 왔다. 막걸리라도 한잔 하고 싶은 마음이 간절한데, 그러면 안 될 것 같았다. 최소한 120km까지는 자력으로 걸어야 된다고 나 스스로 다짐했다. 그래도 고통을 술로 달래 보고 싶은 마음은 간절했다. 하지만 참아야 했다.

점심을 먹으면서 응원 도보 오겠다던 가가멜의 소식을 물었더니, 동

서울 터미널에서 버스를 타고 우리가 있는 곳을 향해 이미 출발했다는 것이다. 그는 이번 여름에 지난번에 중단했던 서해안 길을 따라 주말 이어 걷기를 시작하려고 했는데, 일정을 취소하고 우리를 응원하러 오는 것이기에 더 고맙게 느껴졌다.

점심 먹은 그 자리에 그냥 그대로 드러눕고 싶은 마음을 간신히 이겨내고 식당을 나섰다. 이효석의 「메밀꽃 필 무렵」의 고장인 평창군 봉평으로 향했다. 여기서 봉평까지는 20km 정도는 더 가야 하고, 또 오전에 지나온 황고개보다도 더 높고 험준한 태기산을 캄캄한 밤에 넘어가야 했다. 그러려면 이곳 마을에서 야간 도보를 위한 만반의 준비를 갖춰야 했다. 근처 구멍가게에 들어가 막걸리 2병과 초콜릿 1통, 그리고 생수와 건전지를 구입하여 가방에 넣으니 무겁기는 했지만 부자가 된 것 같았다. 가게 문을 나서는데, 저 멀리 태기산이 보였다.

태기산은 북으로는 구목령, 남으로는 청태산 등선과 맞닿는 해발 1,261m의 고산으로 횡성군과 평창군의 경계를 이루는 산이다. 횡성에서 평창으로 가려면 태기산 정상 아래에 있는 1,000m 고지의 양구두미 재를 넘어야 하는데, 초입의 오르막길을 오르니 해가 서산을 넘어갔다. 화랑이 잠시 멈칫하더니 가방 속에서 손전등을 꺼냈다. 그러고는 운동화 끈을 좀 더 동여매는가 싶더니 다시 걸음을 재촉했다.

걸으면 걸을수록, 시간이 지나면 지날수록 우리는 태기산 깊은 곳으로 빨려 들어갔다. 산 밑에서 정상을 쳐다보았을 때는 별것 아니라고 생각했는데, 태기산은 정말 높고 험한 산이었다. 아마도 고산준령이라는 단어는 여기 태기산을 두고 한 말인 듯했다. 손전등은 어렴풋이 길을 확인하고 나면 끄고 걸었다. 건전지를 아끼기 위해서였다. 다행히 무수한 별들이 칠흑 같은 어둠을 걷어내 주었다. 어릴 적 고향의 밤하늘을 보는 듯했다. 서울 하늘 아래에서는 볼 수 없는 광경이었다. 조금 낭만적인 표현을 쓰자면 우리는 고요히 밤하늘에 흐르는 별빛을 사냥하면서 걷고 있었다.

큰곰자리와 작은곰자리도 찾아보고, 카시오페이아를 따라가다가 은하수 사이의 견우와 직녀별도 찾아보았다. 동녘 하늘에는 '산토'가 떠 있는 것이 확연히 보였다. 산토는 북두칠성 크기보다는 작지만 모양새는 북두칠성과 거의 비슷한 별자리이다.

이 별자리는 해가 질 무렵 동녘 하늘에 떠올랐다가 한밤중에는 하늘 한복판으로 이동하고, 또 동녘이 밝아올 때쯤 서쪽 하늘에서 사라진다. 그래서 산토의 위치를 잘 관찰하면 시계 없이도 시각을 알 수 있다. 즉, 산토가 하늘 한복판에 있을 땐 밤 12시(子時)이고, 정 동쪽과 하늘 한복판 사이의 45도쯤 위치하면 저녁 9시가 되며, 정 서쪽과 하늘 한복판 사이의 45도쯤일 땐 새벽 3시가 된다.

나는 어릴 적 어머니께 배운 산토의 특성을 아직도 기억하고 있다. 그래서 하늘의 별자리를 찾아 헤아릴 땐 으레 어머니를 생각하며 산토를 먼저 찾고, 또 그 위치를 알아 시각을 추측해 보면 거의 실제 시간과 비슷하게 맞았다. 지금은 산토가 중앙에서 동으로 40도 정도 기울어 있으니 아직 밤 9시는 되지 않은 시각이다.

별빛이 무수히 흘러내리는 산등성이 길을 돌아 양구두미 재를 향해 걸어 올라가면서 화랑과 함께 먼 옛날 동심의 세계로 되돌아갔다. 공동묘지에 귀신 나온다는 이야기라든가, 오소리 잡는 사냥꾼이 호랑이를 만났어도 사냥개 세 마리를 간신히 구출하여 뒷걸음질로 살아왔다는 옛이야기를 하며 걸었다. 아마 옛날 같으면 이 시각, 이 장소에서 호랑이를 만날 수도 있었을 것이다.

그는 또 혼자 북한산을 야간 산행했다는 무용담을 나에게 들려주고,

이 시점부터가 나의 진짜 도전이다.
지금부터는 새로운 기록의 도전인 셈이다.

나는 한라산 산간 도로를 따라 야간 도보를 했을 때 손전등 앞에 파랗고 둥그런 불빛이 나타나는 것을 본 목격담을 들려주었다. 그러고는 손전등을 여기저기 주변 숲 속으로 비추어 보기도 했다. 이렇게 깊은 산중이라면 금방이라도 한라산에서 본 파란 불빛과 마주칠 것 같은 느낌이지만 그 같은 불빛의 흔적을 여기서는 찾아볼 수 없었다.

그런데 8부 능선쯤 올라왔을까. 금방 지나온 소나무 숲 속에서 '꾸엑!' 하는 짐승의 울음소리가 들렸다. 분명 표범 새끼의 울음소리였다. 며칠 전 텔레비전의 '동물의 왕국'에서 아프리카 표범 새끼가 어미를 따라가며 울부짖던 그 울음소리와 똑같았다. 새끼 표범 주변에 큼직한 어미 표범이 있을 거라는 직감이 드는 순간, 갑자기 머리가 쭈뼛해지면서 등골이 오싹해졌다.

뒤로 돌아 손전등을 울음소리 난 자리에 비춰 보았다. 그러나 숲이 너무 짙어서 불빛이 표범 새끼에게 닿지를 못한 건지, 아니면 내가 잘못 들은 건지 아무것도 보이지 않았다. 하지만 이곳 태기산은 높고 깊기 때문에 그런 동물의 존재 가능성은 충분한 곳이었다. 화랑에게 이런 이야기를 했더니 그는 의아해할 뿐이었다. 나만 과민 반응을 한 것인가.

서로 이야기를 주고받는 동안 비탈진 언덕길을 헉헉대면서 고개 정상까지 올라왔다. 내려갈 길을 찾아보려는데 어둠이 깔려 사방을 분간할 수 없었다. 한참을 둘러보며 더듬거리고 있는데, 저쪽 능선 위로 차가 지나가는 불빛이 보였다. 그 길을 따라 내려가는 것 같았다. 그런데 너무 까마득했다. 이미 언덕 아래에서는 우리를 응원 와 준 가가멜이 2시간 동안 눈이 빠지도록 기다리고 있었다. 1시간은 족히 더 기다리게 해야 할 것 같아 걱정이 되었다.

처음에 가가멜은 이쪽 방향으로 오는 차를 얻어 타고 우리 일행과 합

류하겠다고 했다. 하지만 중간에 길이 엇갈리면 어둠 속에서 대책이 없었을 같아 언덕 아래 마을에서 기다리게 한 것이다. 태기산을 넘는 데 이렇게 많은 시간이 걸릴 줄은 미처 예상을 하지 못했다. 내리막길을 향하다가 어쩔 수 없는 상황이라 생각하고 화랑에게 산 아래까지 차를 얻어 타자고 제안해 보았다. 그는 난색을 표명하면서 그냥 계속 걸어 내려가자고 하였다. 하지만 먼 길을 응원 와 준 가가멜에게 3시간씩이나 기다리게 하는 큰 벌을 주어서는 안 될 것 같았다. 또 5km 정도의 거리를 차를 타고 갔다고 해도 가가멜을 만난 후 다른 방법으로 보충하면 될 것이었다. 나의 강권에 마지못해 화랑도 따라 주었다.

도보도 응원해 주면
신이 난다

고갯마루에 주저앉아 차를 기다려 보는데 차는 지나가지 않고, 팔다리가 굳어 오면서 온몸에 통증이 느껴졌다. 쉬는 것 자체가 오히려 고달프고 고통스러웠다. 이럴 땐 쉬지 않고 몸을 움직여야 하는데, 다른 방법이 없었다. 쉬는 동안 등짐이나 좀 줄일 요량으로 짐을 풀었다. 짐 속에는 꿀단지(막걸리)가 들어 있었다. 120km는 족히 걸었으니 막걸리 마실 자격은 충분했다.

막걸리는 정말 아끼고 아껴 둔 꿀단지였다. 서너 컵 들이켰더니 금방 약효가 나타나 굳어 오던 몸이 조금은 풀어졌다. 그런데 기다리는 차는 계

속 보이지 않았다. 한참 만에 두어 대가 휙 지나가는데 세워 주지는 않았다. 하긴 이 야밤에, 인적이 드문 태기산 고갯마루에서 누가 차를 태워 주겠는가? 내가 생각해도 웬만큼 간 큰 사람이 아니면 불가능한 일이었다.

하긴 이 야밤에, 인적이 드문 태기산 고갯마루에서 누가 차를 태워 주겠는가?

그런데 잠시 뒤 정말 간 큰 사람이 나타났다. 봉고 승합차 기사가 우리를 태워 준 것이다. 기사분의 도움으로 산 아래에서 하염없이 기다리고 있던 가가멜과 극적으로 상봉을 했다.

"허이! 가가멜!" "오! 대장님! 화랑!"

이상한 짓거리(?)를 하는 우리 세 사람의 만남이 봉평 땅에서 드디어 이루어진 것이다. 이런 곳에서 이렇게 가가멜을 만나니 더 반가웠다. 근처 편의점 앞에 자리를 펴고 앉아 컵라면과 가가멜이 준비해 온 과일로 오랜만에 배를 가득 채웠다.

저녁을 해결했으니, 이제 남은 건 떠나는 것뿐이다. 가가멜의 배낭 속에 간식거리가 잔뜩 남아 있다고 해서 막걸리만 넉넉하게 챙겼다. 가가멜을 만나니 확실히 활력이 솟았다. 게다가 가가멜에게 길잡이 역할까지 맡겼다. 가가멜은 우리가 진행하는 반대 방향에서 왔기 때문에 갈 길을 알고 있었다. 나와 화랑은 그저 가가멜만 믿고 걸었다.

봉평에서 장평까진 10km 남짓한 거리인데, 셋이서 걸으니 발걸음이 너무 가벼웠다. 나의 한반도 첫 도보 종주 때도 친구가 같이 걸어 주어 많은 도움이 되었는데, 이번에는 가가멜 덕분에 날아갈 것 같은 기분이었다. 오던 잠도 달아나고 온몸을 짓누르고 있던 통증도 사라졌다. 몸속 어디엔가 숨어 있었던 힘이 절로 솟구쳐 올라 평소와 같은 속도로 걸을 수 있었다. 농담과 장난을 서로 주고받으면서도 중간중간 사진을 찍는 여유도 부려 보았다.

가가멜의 응원 도보에 힘입어 신나게 걸었더니, 어느새 장평 읍내에 접어들었다. 정확히 말하면 장평은 행정구역상 읍이 아니라 장평리라는 부락인데, 시가지 같은 느낌을 풍겼

> 농담과 장난을 서로 주고받으면서도 중간중간 사진을 찍는 여유도 부려 보았다.

다. 12시가 넘었는데도 문을 닫지 않은 상점들이 여기저기에 보였다. 불이 켜진 마트 앞을 지나려는데 발길이 떨어지지 않았다. 이곳의 명물인 메밀꽃 막걸리 냄새 때문이다. 마트 앞 의자에 앉아 막걸리 한 잔을 마셨다.

역시 걸음을 멈추면 힘든 모양이다. 화랑도 꽤 지친 듯 보였다. 화랑은 술을 마시다 말고 건물 앞에 털썩 주저앉더니 계단 위로 길게 다리를 뻗치면서 허리를 고르는 동작을 취했다.

막걸리 세 병을 게눈 감추듯이 해치우고는 161km 지점인 진부를 향해 출발했다. 여기의 진부라는 지명은 설악산 진부령 고개가 있는 그 진부가 아니고, 평창군 진부면 면 소재지의 진부이다. 그런데 밤중을 지난 시간이라 그런지 국도엔 차량 통행이 거의 없었다. 도로 중앙의 노란 차선을 따라 한참을 걸어도 한 대도 지나가지 않았다.

얼마를 더 걸었을까? 약(?) 기운이 슬슬 떨어져 갈 무렵, 길섶에서 딴 푸성귀를 안주 삼아 약을 보충하려고 적당한 장소를 찾아보았다. 갑자기 도로 중앙선 위에 퍼질러 앉아 술을 마시고 싶은 생각이 머리를 스쳤다. 약 기운이 아니면 생각할 수도 없는 일인데, 멋진 추억이 될 것 같은 생각마저 들었다.

나의 이 기막힌 생각을 얘기했더니, 화랑과 가가멜도 대찬성했다. 아니, 나보다도 더 좋아하는 눈치였다. 순식간에 중앙선 위에 술상이 차려졌다. 화랑과 가가멜은 동갑내기인데, 이들은 길을 걸으면서 이야기할 때도, 나를 골려 줄 때도, 그리고 음식을 먹을 때도 자기들끼리 손발이 척척 맞는 친구들이다.

술잔을 채우려는데 난데없이 헤드라이트 불빛이 다가왔다. 얼른 술상을 치워 차량을 통과시키고는 다시 중앙선 위에 펼치는데, 이번에는 저편에서 두 대가 한꺼번에 달려왔다. 그렇게 지나가는 차가 없더니, 술상을 차리기 무섭게 나타나는 이 절묘한 타이밍은 무엇이라 말인가? 속에서 욕이 절로 튀어나왔다. 그렇다고 순순히 물러설 우리가 아니었다. 도로 중앙선 위에 앉아 한 순배의 잔을 돌렸다.

고지를 앞에 두고
포기를 배우다

　중앙선 위에서의 멋진 술자리를 마치고 다시 길을 재촉했다. 한참을 걸었는데도 진부는 보이지 않고, 속사라는 곳에 도착했다. 가가멜의 응원과 막걸리의 힘을 빌려 25~26km 거리를 가까스로 더 걸었는데, 이젠 한계점에 도달한 것 같았다. 술에 취해서인지, 아니면 지쳐서 몸과 마음이 완전히 굳어서 그런지 정신이 흐려졌다.

　무엇을 찾겠다고 이 길을 떠났을까. 새벽 4시가 지난 이 시간에, 무엇을 위해 이틀 동안이나 잠자지 않고 걷고 있을까. 내 인생의 어떤 좌표를 찾겠다고 이런 몸 상태로 길을 걸으며 헤매고 있을까. 무딘 머리를 휘저어 보며 '왜'라는 단어를 뇌까려 보았다. 뇌까려 볼수록, 생각할수록 머리가 복잡해지면서 그냥 주저앉고 싶었다.

　하지만 가야 했다. 여기서 멈추다니 안 될 일이었다. 다리가 으스러지고 몸이 더 굳어져도 쓰러질 때까지 걸어 보자. 마음과 몸이 따로 놀고 있었다.

　현재의 몸 컨디션으로는 두 발짝도 더 옮길 수 없을 것만 같았다. 하남을 출발하여 양평을 지나고 50km 지점인 어느 휴게소에서 잠시 쉴 때까지만 해도 200km는 쉽게 걸을 수 있겠다고 자신감에 차 있었다. 그런데 지금은 한계점에 도달하여 무릎을 꿇고 있었다. 200km를 단숨에 걸어 보겠다는 목표를 세웠는데, 결국 뜻을 이루지 못하고 중도 포기해야 했다. 안타

깜지만 화랑과 가가멜이 인도하는 모텔로 향했다.

　그런데 내 뜻을 완전히 포기하기 전, 상처 받은 내 자존심부터 치유하지 않으면 머리가 터져 버릴 것만 같았다. 우선 내 자신부터 먼저 추스려 보았다. 쉰이 넘은 나이에도 불구하고 오직 정신력으로 강원도 평창군의 속사까지 잠 한숨도 자지 않은 채 근 400리 길을 38시간 만에 걸어온 내 자신을 칭찬했다.

　'용파리, 넌 대단한 놈이야.'
　'200km를 걷겠다고 도전한 그 자체가 장한 일이야.'

　이젠 200km를 계속 걷는다는 목표는 물 건너갔지만 3일 이내에 강릉까지 걸어가겠다고 세운 목표는 아직 남아 있었다. 남은 목표 달성을 위해서라도 굳을 대로 굳어 버린 몸과 마음을 잠으로 풀어야 했다. 몽롱해져 오는 머리를 식히고 나면 두 번째 목표는 이룰 수 있겠다고 생각했다. 숙소에 들어와 씻지도 않은 채 펼쳐진 이불 위로 꼬꾸라졌다. 나를 보살피며 도와주고 있는 화랑과 가가멜에게 잘 자라는 인사도 없이······.

서울에서 강릉까지 무박 3일 도보 개요

1. 기간 : 2004년 9월 3일 14:00~9월 5일 04:00(38시간)
2. 구간 : 서울에서 강릉까지
3. 코스 : 하남시 → 팔당대교 → 팔당댐 → 양평 → 용문 → 용머리 휴게소 → 도덕고개 → 횡성 → 황고개 → 둔내 → 태기산 → 봉평 → 평창 속사
4. 거리 : 158km
5. 소요 시간 : 38시간

치열한 사투, 무박 200km 울트라 도보

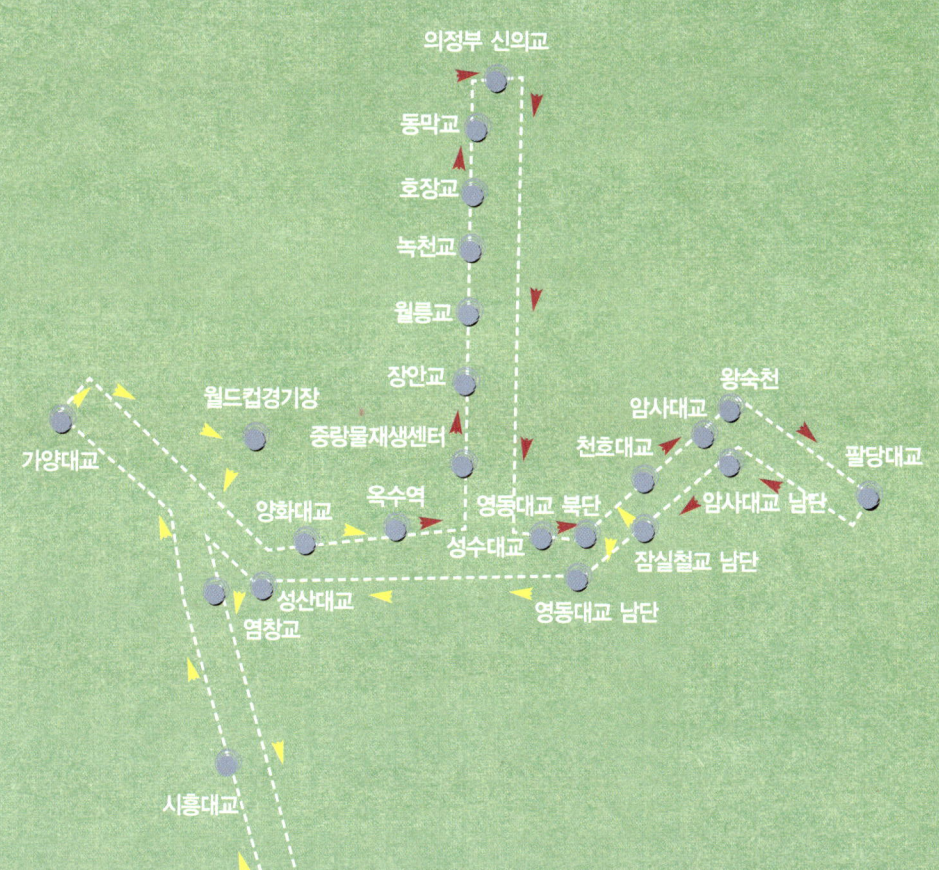

도전은
계속된다

　무박 200km 걷기, '미친 짓', '불가능한 일', '바보 같은 짓' 등 세상의 온갖 부정적인 말은 다 동원해도 될 일을 나는 지금 도전하려고 한다. 보통 사람에게는 '1일 100km 울트라 도보'도 쉬운 일이 아닌데, 그 배가 되는 거리를, 그것도 잠도 자지 않고 걷겠다고 하니 미쳤다는 소리가 저절로 나올 법도 하다.
　어차피 나는 걷기에 중독된 사람이고, 걷기에 대한 끊임없는 욕망이 있는 사람이다. 그러니 이제는 1일 100km도 성에 차지 않는 모양이다. 어쩌면 더 고통스러운 것이 더 큰 희열과 행복을 가져다준다는 것을 경험한 탓이기도 하다.
　내가 무박 200km 울트라 도보를 생각하게 된 건 뭔가 의미 있는 일을 이루고 싶었기 때문이다. 나의 첫 장기 도보 여행이 반백 년(50세)을 산 기념이라고 한다면 무박 200km 울트라 도보는 환갑을 기념하기 위해 생각한 도전이었다. 10년이라는 시간이 흘러 몸은 더 노쇠했지만 그동안의 도보 여행으로 다져진 체력을 믿었기에 가능한 시도이기도 했다.
　또 한 가지 내가 무박 200km 울트라 도보를 자신하게 된 건 36시간 만에 160km를 걸은 경험이 있었기 때문이다. 2005년 어느 가을날, 서울에서 6번 국도를 따라 강릉으로 떠난 적이 있었다. 길 떠난 지 36시간 만에 160km 지점인 평창 속사에 도착했는데, 그곳까지 응원 나온 이들이 건네

'미친 짓', '불가능한 일', '바보 같은 짓' 등
세상의 온갖 부정적인 말은 다 동원해도 될 일을
나는 지금 도전하려고 한다.

주는 술잔에 취해 주저앉아 버렸다.

200km를 무박으로 걸어 보려고 생각했었는데, 술로 인해 포기했던 것이 늘 마음속 짐이 되어 남아 있었다. 언젠가는 다시 도전해 봐야겠다는 생각을 줄곧 하고 있었지만 좀처럼 기회를 잡을 수가 없었다. 그런데, 아주 절묘하게도 무박 200km 울트라 도보는 환갑을 기념하기에 더없이 좋은 행사가 되었다.

오랫동안 마음속에 담아 두었던 무박 200km 울트라 도보 여행, 그렇게 오랫동안 담아 둔 생각이었지만 막상 시작하려니 여러 가지 걱정이 앞서기 시작했다. 주변의 시선도 마음이 쓰였다. 모두들 제정신이 아니라고 할 것이기 때문이었다. 게다가 도보에 관심이 많은 사람들조차 불가능한 일이라고 고개를 저었다.

모두가 부정적이니까 괜히 오기가 생겼다. 8년 전 100km 걷기에 처음 도전했을 때도 모두들 똑같은 반응들이었다. 하지만 160km를 걸었던 경험을 살린다면 충분히 가능한 도전이라는 생각이 들었다.

신념에는 마력이 있다는 것을 확신하며 지금까지 내 신념대로 살아왔다. 다시 한 번 그 신념을 믿고, 내 근성을 시험해 보기로 했다. 작든 크든 도전은 늘 아름답다고 했으니까 믿으면 해낼 수 있을 것 같았다. 더군다나 한동안 나태한 생활에 빠져 있었던 나 자신을 채찍질하기에도 좋은 기회였다.

다행스럽게도 열혈 도보 마니아 아송이 무박 200km 울트라 도보에 도전해 보겠다는 의사를 보내왔다. 천군만마를 얻은 셈이다. 동행하는 사람이 있으면 혼자 걸을 때보다 몇 배는 더 힘이 나기 때문이다.

그런데 이틀 밤을 뜬눈으로 지새우며 시간당 4km의 속도로 48시간 동안 계속 걸어야 하는 무박 200km 도보는 결코 쉬운 일이 아니다. 과연

내 체력이 버텨 낼 수 있을지, 그리고 졸음과 고통을 이겨 낼 수 있을지 걱정이 되었다. 또 제대로 연습을 하지 못한 것 때문에 걱정은 배가 되었다.

인생 예순의
위대한 도전

  2011년 9월 2일 밤 9시, 출발 선상인 옥수역 한강변 고수부지에 12명의 도전자와 수십 명의 응원군들이 모였다. 도전자 중에는 가장 연장자인 일흔세 살의 우소정도 있었다. 우소정은 평소 100km를 7~8번 완주했고, 120km도 주파한 경험이 있는 사람으로 걷기에 자부심이 대단한 사람이다. 다른 도전자들도 우소정과 함께 여름 내내 주말마다 50km 이상 걷는 강도 높은 도보로 체력을 단련해 온 나름 한걸음 하는 사람들이었다. 하지만 워낙 고되고 힘든 도전이라 참가자 모두 완주하리라 기대하진 않았다. 이 중에서 최소한 한 명이라도 완주한다면 100km 걷기 첫 대회 때와 마찬가지로 도보 인구가 더 많아질 것이고, 우리나라 걷기 문화 수준을 한 단계 높이는 전환점이 될 것이라 생각했다. 어쨌든 이번 대회가 결실을 맺어 10여 년 동안 도보 인구 저변 확대에 공들여 온 보람을 얻었으면 하는 기대도 해 보았다.

  참가자들이 모두 출발선에 모였다. 한강변 북로를 따라 의정부로 향하는 대장정의 길을 시작했다. 늦여름 밤이지만 대낮의 열기가 채 식지 않아 얼굴에 땀방울이 송골송골 맺혔다. 선두는 3시간이 지나도 쉬지 않고 계

참가자들이 모두 출발선에 모였다. 한강변 북로를 따라
의정부로 향하는 대장정의 길을 시작했다.
늦여름 밤이지만 대낮의 열기가 채 식지 않아
얼굴에 땀방울이 송골송골 맺혔다.

속 걷고 있고, 난 초반 오버 페이스를 걱정하여 속도를 내지 않고 천천히 걸었다.

　　　선두가 중랑천 25km 반환점을 돌아 강변 저편으로 내려오고 있는 것이 보였다. 선두보다 20분 정도 뒤쳐진 것 같았다. 다른 걷기 대회 같았으면 이보다 훨씬 거리 차이가 많았을 텐데, 누구도 시도해 보지 않은 무박 200km 울트라 도보 대회라 그런지 모두들 초반에 무리하지 않으려고 조심들 하는 모양이었다.

새벽 5시경 중랑천을 따라 40km 지점을 통과할 무렵, 선두와 후미가 이미 뒤바뀌었고, 하늘은 또 다른 하루를 예고하며 먼동이 트고 있었다. 새벽 운동 나온 사람들이 하나 둘씩 보였다. 걸어온 시간과 거리를 계산해 보니 예상 속도를 내지 못한 것 같아 발놀림을 빨리했다. 빠른 걸음으로 2km 정도 걸었는데, 그만 오른쪽 무릎에 이상이 생겼다. 드디어 올 것이 왔다는 생각이 들었다.

무릎 뼈마디에 윤활유가 빠져 버린 듯 움직일 때마다 '뚝뚝' 소리가 들리면서 주저앉고 싶을 정도로 무릎 통증이 심해졌다. 포기하고 싶은 심정인데, 찻길까지 나갈 수조차 없는 상황이라 잠시 쉬며 무릎을 돌려도 보고, 신발 밑창을 뽑고 살짝 걸어도 보고, 뒷걸음질도 해 보고, 귀중한 시간만 삼키고 있었다. 하지만 경기 초반인데 여기서 주저앉을 수는 없었다. 참고 견디며 아침밥이 기다리고 있는 55km 지점까지라도 뒤뚱거리며 가 보기로 했다. 혼자 무릎 통증과 싸우는 동안 뒤에서 따라오던 사람들은 거의 다 지나가 버렸다. 서울숲 부근 53km 지점에 다다르니 무릎 연골이 자리를 잡았는지 통증이 작아지며 속도감이 생겼다.

오전 9시, 출발한 지 12시간 만에 제1 포스터인 뚝섬유원지역에 도착했다. 먼저 도착한 도전자들은 열혈 도보 회원인 설마가 끓여 온 전복죽으로 아침 식사를 하고 있었다. 약용으로나 쓰일 법한 귀한 전복을 자비로 구입하여 사모님과 함께 죽을 끓여 와서 손수 식사 뒷바라지까지 해 주시는 응원 열정에 가슴이 뭉클해졌다. 어찌 이 보약 같은 전복죽을 먹고 중도 포기한단 말인가.

식사 후 무릎 부위를 얼음 찜질하면서 발바닥을 점검했더니 이미 물집이 터지고 벗겨져 엉망이었다. 진행자 아송에게 응급 치료를 받고 다시 출발했다. 쉬었다 걸으려니 몸이 말을 듣지 않았다. 오히려 무릎 통증만 더 심해졌다. 또다시 나약한 생각이 들었다. 집 근처인 잠실대교쯤에서 빠져 버릴까. 하지만 그럴 수는 없었다.

　다른 도보 여행 때도 늘 그랬듯이 이 고비만 넘기면 평온의 순간이 분명 찾아올 것이라는 믿음에 다시 힘을 내 보았다. 지금의 고통을 참지 못하고 기권한다면 미래의 삶에 닥칠 큰 시련은 어떻게 극복할 것인가? 내가 선택한 길인데 다리를 끌고서라도 끝까지 버텨 내야 할 게 아닌가? 인생길이든 도보 길이든 무수한 시련을 이겨 내야 하는 것이 우리 인간의 운명 아니던가?

　해가 중천으로 이동할수록 여름 늦더위가 기승을 부렸다. 그늘 하나 없는 구리 한강 고수부지의 달구어진 아스팔트 길 위를 지나는 것은 아프리카 사막을 걷는 것과 같은 느낌이다. 늦더위가 절정에 이른 오후 2시쯤 덕소 앞을 지나는데, 시멘트 포장 길은 뜨겁게 달구어져서 열기를 뿜어내고, 땀범벅이 된 몸에서도 열기를 뿜어내고 있었다. 땀, 피로, 졸음이 뒤섞여 몸이 굳어져 오고 숨이 막혀 왔지만 폭염을 피해 쉴 곳을 찾을 수도 없었다. 더군다나 이곳 코스 주변엔 식당이나 가게도 없고, 마실 물조차 공급받을 수 없었다. 아침에 설마가 정성으로 준비해 준 김밥 한 줄만이 내 배낭 속에서 원기를 북돋아 줄 뿐 땡볕 더위를 몸으로 이겨 가며 불평 한 마디 하지 못하고 걷기만 해야 할 상황이었다.

　오후 5시쯤에는 팔당대교를 도강하는데, 날씨가 얼마나 더운지 다리 위에도 바람 한 점 없었다. 다행히 다리 건너 하남 초입에 운영자 세 분이 응원 나와 얼음물과 간식을 공급해 주었다. 얼마나 고맙고 반가웠는지 눈가에 이슬이 맺히는 듯했다. 응원 나온 이들과 무용담을 나누며 잠시 휴식을 취했다. 하지만 각 포스트를 통과해야 하는 시간이 정해져 있어 다시 걸음을 옮기기 시작했다. 100km 지점인 잠실철교를 24시간 이내에 통과하려면 서둘러야 했다. 더구나 일행은 절뚝거리는 나를 기다린다고 시간을 많이 빼앗겼다.

　해가 서산을 넘어가고 있는데도 늦더위는 위세를 부리고 있었다. 예년과 달리 금년 여름은 장마가 지속되었기에 더위 없이 일찍 끝날 줄 알았는데, 늦더위가 유난히 극성을 부리고 있었다. 숨이 막히는 더위를 참아 가며 아마존의 원시 늪이 존재하는 하남 강변을 지나 고덕 수변 생태공원에 당도하니 낯익은 얼굴이 팥빙수를 준비해 놓고 우리를 기다리고 있었다. 나누어 먹는 한입의 팥빙수는 팥빙수가 아니라 용기를 불어넣어 주는 용천수이며 생명수 같은 느낌이었다.

　모두가 이렇게 열정적으로 그리고 지극정성으로 응원해 주고 있는데, 수십 번이나 중도 탈락하려고 수작을 부렸던 마음이 부끄럽고 죄스럽게 느껴졌다. 이들에게 보답하는 길은 완주뿐이라 여기고 100km 지점에 응원 나오겠다던 지인에게 전화를 했다. 그리고 무릎 보호대와 진통제를 주문했다. 주변 사람들에게 피해 줄까 봐 통증을 참고 견디기만 했는데, 완주를 위해선 어쩔 수 없는 선택이었다.

　새로 건설되는 암사대교 공사 현장을 지날 무렵 또 다른 밤을 맞았다. 어둠을 타고 몰려드는 잠기운이 다리를 휘청거리게 했다. 다시 잡념이 머리 주위를 맴돌았다. 무엇 때문에 디지털 시대에 아날로그 짓을 하고 있을까? 제트기가 초음속을 돌파하고 인공위성이 달나라 가는 스피디한 세상을 살면서 느릿느릿한 걷기에 매달린 이유는 뭘까? 내 정든 애마일랑 주차장에 세워 두고, 두 발로 무박 200km를 걷는 미치광이 짓을 누가 이해해 줄까? 느림의 미학이란 단어의 의미조차 제대로 모르면서 무식하게 걷기만 하고 있으니 처량하기 짝이 없는 노릇이었다.

붕대를 감고,
진통제를 먹고 앞으로 전진!

천호대교를 뒤로하고 한강변 불빛 속을 헤치며 100km 지점인 잠실 철교 아래에 도착했다. 응원 나온 지인이 얼음덩어리 둥둥 뜬 미숫가루와 찰떡, 그리고 여러 간식거리들을 준비해 놓았다. 점심도 제대로 먹지 못한 터라 반갑긴 했지만 더위에 지치고 수면 부족에 시달린 내겐 고사 지낸 음식처럼 느껴져 입에 넣을 수가 없었다. 겨우 미숫가루 한 모금 넘기고 잔디밭에 뒤엎어져 밤하늘을 쳐다보며 생각에 잠겼다. 아픈 다리 끌면서 의지력 하나로 여기까지 왔는데 더 갈 수 있을까? 대부분 참가자들이 폭염에 지쳐 100km에 만족하고 중단하려는 분위기인데 나도 그만 포기할까? 마음과 몸이 약해질 대로 약해졌다.

그런데 잠시 휴식을 취하고 났더니 마음이 달라졌다. 통증을 참고 60km 이상을 걸어왔는데 마음만 다잡으면 완주도 가능할 것 같았다. 이왕 시작한 도전인데, 완주하지는 못할지라도 이참에 내 장거리 걷기 기록이라도 갱신해 봐야겠다는 생각도 들었다. 더군다나 여기서 한꺼번에 낙오하는 것은 완주를 꿈꾸는 도전자들의 의지를 꺾는 것이기 때문에 안 될 일이었다.

다시 운동화 끈을 동여맸다. 응원 나온 지인이 구해 준 압박 붕대로 무릎을 싸고, 진통제 두 알을 먹고는 200km 지점을 향해 다시 걷기 시작했다. 신발 밑창을 조절하고 무릎 통증을 응급 처치해서 그런지 걸음이 한결

부드러워지며 속도감이 느껴졌다.

여의도를 몇 발 앞둔 지점에 중도 합류하기로 한 겡끼유끼가 나타났다. 200km에 도전한 그의 남편 호걸이 자기 집 앞인 130km 지점까지 오면 응원 도보해 완주시키려고 했다는데, 그가 너무 지치고 힘들다 하여 100km만 완주하고 중도 포기하라 했단다. 또 100km 지점을 통과한 도전자는 아송, 해피로드, 고행, 그리고 나까지 네 사람이라는 것도 알려 주었다. 그리고 겡끼유끼는 빠른 걸음으로 앞서간 선두 그룹에 합류했다. 여의

제트기가 초음속을 돌파하고
인공위성이 달나라 가는 스피디한 세상을 살면서
느릿느릿한 걷기에 매달린 이유는 뭘까?

도에서 쉬고 있던 그들과 잠시 얼굴을 마주했지만 고행과 겡끼유끼가 먼저 출발하고, 아송은 뒤따라오는 해피로드를 기다리겠다고 했다. 선두에 끼어 함께 걸으면 고통과 피로를 덜 느낄 것 같은데, 발 빠른 이들은 차츰 어둠 속으로 사라져 버렸다.

인적도 없고 가로등도 제대로 없는 안양천에 접어들어 희뿌연 어둠이 깃든 강변 길을 끝없이 그리고 하염없이 걸었다. 지친 몸으로 귀신 나올 것 같은 진한 어둠 속을 처량하게 혼자 걷고 있으니 걷기 한계에 도전한 내 자신이 너무 초라하게 느껴졌다.

돌이켜 보니 반백(50세) 기념 도보 이후, 완주의 성취감에 사로잡혀 걷기 중독자가 된 것은 아니었다. 그때 숙소를 찾으려고 고통을 참아 가며 어둠 속을 한없이 걸어야만 했던 것이 꼭 인생살이와 닮았다는 느낌을 받았기에, 걸음 속에서 삶의 의미를 찾아보려고 지금까지 길을 걷고 있는 것은 틀림없는 사실이었다. 혼자보다는 함께하는 것이 유익할 것 같아 '인생길 따라 도보 여행' 이란 카페를 만들었고, 또 이곳을 찾은 길동무들과 함께 삶의 의미를 깨우쳐 보려고 노력도 해 보았지만 걸음으로 인생을 논하는 것 자체가 내겐 무리한 과제였다. 그래서 걸음의 주제를 바꾸어 '나를 찾아 길 떠나는 도보 여행' 이란 카페를 다시 만들고는 나의 자그마한 존재 가치라도 찾아보려고 열심히 활동했다. 하지만 아직도 내 자신의 존재 가치나 인생 좌표를 찾지 못하고 있었다. 그 때문에 200km의 고행 길을 걸으며 자신의 의지를 시험대에 올려놓은 것이다.

겡끼유끼의 길 안내와 독려를 받으며 안양천변을 걷고 있는데 동녘 하늘이 밝아오고 있었다. 두 밤을 뜬눈으로 지새우며 지칠 대로 지친 우리를 앞에서 이끌어 주는 응원자가 있다는 것이 얼마나 다행한 일인가. 그는 비실비실 걷고 있는 우리가 안쓰러웠는지 잠시 눈을 붙이면 깨워 주겠다고 했다. 벤치에 누워 토끼잠을 잤는데도 평소 아침 잠에서 깨어난 것처럼 정신이 맑고 힘이 솟구쳤다. 한번 잠자기 시작하면 바다 잠꾸러기인 물치처럼 오랜 잠에 빠진 뒤에도 상쾌함을 느끼지 못하는 내가 3분 정도의 짧은 수면을 취하고도 몸이 가볍게 느껴지는 것은 평생 처음 겪는 일이었다. 걸음 도사인 겡끼유끼가 우리를 인도해 주지 않았다면 고행과 나는 어떻게 됐을까? 길 위에서 늘 느끼는 것이지만 남성 길동무보다는 여성 길동무들이 더 인내심이 강하기에 고행보다는 내가 먼저 주저앉았을 게 뻔했다.

무박 200km, 역사를 만들다

안양천의 반환점이자 150km 지점 부근에 당도할 무렵 열혈 도보인 개똥벌레가 아침밥과 매운탕을 끓여 응원을 나왔다. 3일 만에 만난 밥은 밥이 아니라 감동 덩어리 그 자체였다. 뿐만 아니라 중도에 포기했던 우소정이 다시 합류하여 안양천 벤치 위에 차려진 밥상 앞에 앉는 것 또한 감동이었다.

안양천 반환점인 동양교에서 기념 사진을 남기고, 올라왔던 길을 되돌아 내려갔다. 남은 길은 이제 50km. 구름이 다소 낄 것이라던 일기예보와는 달리 오늘도 지독한 땡볕 더위가 시작되었다. 도전이 시작된 이후 몸이 활기를 찾는 듯하다가 늘어지기를 수십 차례 반복했는데, 또다시 따가운 햇볕 속을 걷고 있자니 몸은 천근만근이었다.

평소 길동무들과 15km 정도의 반나절 도보를 하다 보면 대부분 3km 정도 남겨 두고 힘들어했다. 풀코스 마라톤은 35km 지점이 마의 벽이라 하고, 100km를 걸어 보면 85km쯤에서 모두들 허덕댔다. 아마도 200km는 180km 지점이 고비가 될 것 같았다. 목표점을 20km 앞둔 가양대교를 도강하는데, 지칠 대로 지친 몸이라 짜증스러우면서 걸음 속도가 영 나지 않았다. 남은 시간은 5시간 정도인데 가야 할 거리는 20km. 제한 시간 2시간 전에 도착하려고 시간과 거리를 계산해 가며 걸었는데도 여유 시간이 사라져 버렸다. 성산대교 부근에 친구가 응원 도보해 주겠다고 기다리고 있고, 가양대교에는 아들놈이 기다리고 있는데 마음만 앞설 뿐 다리는 제대로 움직여 주질 않았다. 마침 서둘지 않으면 마감 시간에 도착하기 어려울 것이라는 연락이 왔다.

양화대교 북단을 지날 무렵 옥수수가 응원 나와 반기며 미숫가루를 건네주는데, 한 컵을 마셨더니 간이 오그라드는 듯 시원했다. 하지만 이 미숫가루가 막걸리였다면……. 술로 인한 실패의 기억이 생생하기에 참고 참아 왔지만 이젠 거의 다 왔으니 술의 힘을 빌려도 될 것 같았다. 주변에 가게가 없어 동작대교 아래 응원 나와 있다는 아그네스에게 전화하여 도보인의 공식 음료를 부탁했다. 고맙게도 아그네스가 막걸리를 사 들고 한강대교 쪽으로 달려왔다. 시간에 쫓겨 두 컵을 연거푸 마시고 길을 서두르는데, 금세 발걸음이 가벼웠다. 역시 술의 힘은 대단했다. 막걸리를 마신 게 아니라 무슨 보약을 먹은 것 같은 느낌이랄까!

걸음이 무척 경쾌했다. 마지막 남은 힘을 쏟아부으며 폭발적인 속력으로 어둠 속을 질주했다. 평소 나의 최대 속력은 시속 6km 정도인데, 7km가 넘는 속력이 붙은 것 같았다. 이틀 밤을 뜬눈으로 지새우며 거의 200km를 걸어왔는데, 어떻게 이런 괴력이 뒤늦게 나오는지 나 자신도 알

수 없었다. 완주를 눈앞에 둔 자신감 때문이었으리라. 무릎의 통증도, 상이용사의 절뚝거리는 걸음도, 온몸에 퍼져 있던 피로도 싹 날아가고 입가에 환희의 미소가 흐르는 듯했다.

이끌어 주는 길잡이들을 앞서거니 뒤서거니 하며 떨리는 가슴으로 마지막 200km 지점에 도착했다. 나보다 1시간 먼저 도착한 고행이 응원 나온 길동무들 속에서 나의 완주를 축하해 주었다. 누군가가 47시간 10분 만에 도착했다고 알려 주었다.

수년 동안 상상의 나래 속에 자리했던 무박 200km 도보 완주가 드디어 현실이 되었다. 고통과 고난을 극복하지 못하고 중도 하차했더라면 몸 전체에 퍼져 오는 이 짜릿한 희열을 느끼지는 못했을 것이다. 예전에 160km에서 술 때문에 포기했던 마음의 찌꺼기가 완전히 사라지는 순간이었다. 이번 완주에서 더 큰 희열을 느낄 수 있었던 것은 신념에 마력이 있다는 것을 생활 신조로 삼은 결과를 보았기 때문이다.

200km를 걷는 동안 나를 가장 괴롭혔던 적은 내 몸의 고통도 아니고, 폭염 속의 더위도 아니었다. 포기하라고 수없이 유혹하던 내 안의 '또 다른 나'가 적이었음을 스스로 느낄 수 있었다는 것이 또 하나의 큰 보람이었다. 어느 누구도 시도해 보지 못한 일을 스스로 기획하고 실천했으니 어느 때보다도 성취감이 크게 느껴졌다. 또 이 성취감을 통해 걸음 속에서 인생의 의미를 찾고, 나 자신을 찾으려 했던 작은 바람이 이루어진 것 같았다. 이 성취감은 육순을 넘기는 나이에 별난 걸음을 하여 고행으로 일궈 낸 것이기에 남은 여생에 큰 밑알이 될 것 같았다.

과연 이 무지막지한 도전을 혼자 시도했다면 완주해 냈을까? 분명 아닐 것이다. 나를 찾아 길 떠난 200km의 인생길 위에 함께한 도전자들이 있었고, 또 따뜻한 응원과 격려를 보내 준 수많은 길동무들이 있었기에 가능

수년 동안 상상의 나래 속에 자리했던
무박 200km 도보 완주가 드디어 현실이 되었다.
고통과 고난을 극복하지 못하고 중도 하차했더라면
이 짜릿한 희열을 느끼지는 못했을 것이다.

200km를 걷는 동안 나를 가장 괴롭혔던 적은
내 몸의 고통도 아니고, 폭염 속의 더위도 아니었다.
포기하라고 수없이 유혹하던 내 안의 '또 다른 나'가
적이었음을 스스로 느낄 수 있었다는 것이
또 하나의 큰 보람이었다.

했던 일이다. 이번 도전은 세상살이라는 게 나 혼자만이 아닌 여러 사람들과 어우러져 살아야 한다는 평범한 진리를 다시 한 번 뼈저리게 느낀 계기가 되었다.

　　함께한 도전자들, 응원과 격려를 해 준 길동무들, 여성의 몸으로 완주한 고행, 그리고 이 행사를 처음부터 끝까지 진행해 준 아송이 눈물 나도록 고마웠다.

무박 200km 울트라 도보 개요

1. **기간** : 2011년 9월 2일 21:00~9월 4일 21:00
2. **구간** : 200km
3. **코스** : 옥수역 한강 둔치 → 중랑천 → 의정부 신의교 → 중랑천 → 성수대교 북단 → 덕소 → 팔당대교 → 하남 조정경기장 → 고덕 수변 생태공원 → 잠실철교 남단 → 여의도 → 성산대교 남단 → 안양천 → 동양교 → 안양천 → 가양대교 → 하늘공원 → 성산대교 북단 → 한강대교 북단 → 옥수역 한강 둔치
4. **인원** : 12명
5. **완주** : 2명

Tip
걷기 관련 단체

1. 국제걷기연맹(International Marching League Walking Association : IML W.A.)
걷기 운동의 시초는 네덜란드에서 군대의 행진으로부터 시작되었다. 이 군대의 행진에 시민들이 관심을 갖기 시작하여 1916년부터 4-Day March를 시작, 현재는 90년의 역사를 갖는 세계 최대 국제 걷기 행사로 발전했다. 이러한 걷기 운동이 이웃 일본에 1977년 도입되어 일본에서는 3-Day March 국제 대회를 개최하였다. 그 후 일본이 중심이 되어 1987년 11월 제10회 3-Day March에서 '세계 모든 사람들이 손을 잡고 걷기 축제를 개최, 걷기 운동의 취지를 널리 확산시키자.'는 취지 아래 국제걷기연맹을 결성하게 되었다. 국제걷기연맹은 비영리·비정치·비종교적 조직으로, 걷기 운동을 통하여 세계인의 건강과 우의를 증진시키고, 각국에서의 국제적 걷기 대회 및 걷기 운동의 장려를 목적으로 하는 단체이다.

2. 대한걷기연맹(Korea Walking Federation : KWF)
국민들에게 걷기 운동 보급을 통하여 건강 증진에 기여하고, 삶의 질을 향상시키기 위해 1994년 발족한 이 단체는 2008년 국제걷기연맹의 한국 대표 단체가 되어 걷기 운동에 앞장서고 있다. 각종 걷기 대회와 걷기 기록 누적 관리 시스템 운영, 걷기 강연회, 걷기 지도자 교육, 걷기 교실 운영, 걷기 학술 세미나 등의 활발한 활동을 전개하고 있다. 전국 각 지역에 산하 연맹을 두고 있다.

3. 한국워킹협회(Korea Walking Association : KWA)
전 국민의 건강 걷기를 통한 건강 증진과 삶의 질을 향상시키기 위한 목적으로 설립되었으며, '걷지 않으면 건강은 없다'라는 캐치프레이즈로 국민 걷기에 앞장서고 있는 단체이다. 워킹 교실과 걷기 지도자 교육 등을 하고 있으며, 전국에 16개 시도 지부 협회가 운영되고 있다. 매월 첫째 주 일요일 전국 동시다발적으로 걷기 활동을 하고 있다.

4. 한국체육진흥회(Korea Athletic Promotion Association : KAPA)

사단법인 한국체육진흥회는 1984년 12월 당시 체육부(현 문화체육관광부) 제2호로 허가된 국내 최초의 순수 민간 생활 체육 단체이다. 이 단체는 특히 가치관의 혼란과 심신이 쇠약한 청소년들이 강인한 정신으로 새로 태어날 수 있도록 청소년 국토 순례를 실시하고 있으며, 사색하며 여행하는 트레킹(Trekking)을 개발·보급하여 국민의 심신 수련에 기여하고 있다. 또 올바른 걷기 운동의 확산과 보급을 통하여 국민 의식 개혁 운동과 심신 건강 운동으로 확산시켰으며, 아울러 교통, 환경, 자연 보호, 지구 온난화 방지 등 봉사 활동에도 앞장서고 있다.

> **Tip**
> 도보 여행 떠날 때 필요한 준비물

1. 기본 필수 준비물

① 배낭(30리터)
② 가벼운 겉옷 1벌
③ 속옷 1벌
④ 양말 1족
⑤ 세면도구(비누, 치약, 칫솔, 수건 등)
⑥ 1/12만~1/25만 지도(필요 부분만 복사)
⑦ 휴대폰
⑧ 야광 띠
⑨ 투명 비닐봉지 대소 5장씩
⑩ 우의(1회용)
⑪ 배낭 커버
⑫ 물컵
⑬ 소형 전등
⑭ 필기도구
⑮ 휴대용 화장지
⑯ 여행자 보험 가입

* 야광 띠 : 장기 도보 여행 중에는 야간 도보를 할 때가 생기므로 꼭 야광 띠를 준비하여야 한다. 담뱃갑 크기로 잘라 색이나 배낭끈, 모자 등에 부착하면 자동차의 불빛에 반사되므로 야간 안전 도보에 큰 도움이 된다. 무릎 위 배꼽 아래에 부착한 반사 띠의 효과가 제일 크다.

2. 선택 준비물

① 텐트
② 침낭
③ 매트
④ 소형 코펠 1짝
⑤ 소형 버너
⑥ 프로판 가스
⑦ 1회용 수저
⑧ 1회용 플라스틱 식기와 접시
⑨ 쌀 3인분 정도, 부식 약간
⑩ 라이터
⑪ 모자
⑫ 선글라스
⑬ 장갑
⑭ 등산용 칼
⑮ 카메라
⑯ MP3

* 비 올 경우에는 여관에 묵거나 민박할 각오를 하고, 등짐을 가중시키는 텐트 플라이(비 올 때 텐트를 2중으로 덮어씌우는 천)는 가져가지 않는다.

3. 현지 조달품 : 필요시

① 의약품
② 주부식

 나의 도보 이력

구분	차수	기간	제목	구간	일수	거리(km)
장기 도보	1차	2000.10.26 ~ 11.3	첫 도보 - 천리길 도보 종단	서울 - 진천 - 대전 - 함양 - 삼천포	9	402
	2차	2001.10.26 ~ 11.4	다시 길 위에서 - 전주서 서울까지	전주 - 대전 - 청주 - 용인 - 서울	10	252
	3차	2002.4.22 ~ 5.10	일본 열도 도보 종주	가고시마 - 오사카 - 도쿄	19	905
	4차	2002.8.1 ~ 8.15	춘천서 반도 내륙길 따라 벌교까지	춘천 - 충주 - 상주 - 진주 - 벌교	15	433
	5차	2002.11.21 ~ 11.25	제주 해안 도로 도보 일주	제주 - 중문 - 서귀포 - 제주	5	179
	6차	2002.12.20 ~ 12.23	한라산 중산간 도로 일주	제주 - 산록 도로 - 중산간 도로 - 제주	4	104
	7차	2003.2.5 ~ 2.13	눈길 속의 첫 겨울 장기 도보	임진각 - 연천 - 양구 - 인제 - 고성	9	296
	8차	2003.7.29 ~ 8.13	서울서 서해안 길로 진도까지	서울 - 홍성 - 보령 - 목포 - 진도	16	240
	9차	2003.10.13 ~ 11.3	부산서 목포 들러 서울로	부산 - 여수 - 목포 - 광주 - 서울	22	737
	10차	2004.1.26 ~ 2.6	한겨울에 휴전선 주변 길을	임진각 - 포천 - 양구 - 인제 - 고성	12	330
	11차	2004.4.8 ~ 4.22	서울서 섬진강 타고 순천까지	서울 - 천안 - 남원 - 구례 - 순천	15	382
	12차	2004.7.26 ~ 8.8	문경새재 넘어 영남대로 길로	서울 - 충주 - 상주 - 대구 - 부산	14	420
	13차	2004.9.3 ~ 9.6	무박 200km 걷기의 실패	서울 - 양평 - 횡성 - 속사 - 강릉	4	211

구분	차수	기간	제목	구간	일수	거리(km)
장기 도보	14차	2004.10.28 ~ 11.9	미국인과 함께한 내륙 길 도보 대장정	서울 – 문경 – 상주 – 대구 – 경주	13	346
	15차	2005.1.17 ~ 1.28	3차 휴전선 주변 길 따라 겨울 도보	임진각 – 포천 – 양구 – 인제 – 고성	12	309
	16차	2005.6.19 ~ 6.24	홀로 걷는 한적한 동해안 길	간성 – 속초 – 강릉 – 동해 – 평해	6	240
	17차	2005.7.27 ~ 8.13	한반도 정중앙 길로 양구서 남해까지	양구 – 충주 – 대구 – 진주 – 남해	18	468
	18차	2006.1.8 ~ 1.22	목포에서 2번 국도 따라 부산까지	진도 – 강진 – 순천 – 마산 – 부산	15	420
	19차	2006.7.25 ~ 8.15	우리나라 최장 도보 코스를 택해	진도 – 목포 – 공주 – 충주 – 고성	22	660
	20차	2007.1.6 ~ 1.13	겨울 제주 해안 도로 일주	제주 – 성산 – 서귀포 – 중문 – 제주	5	120
	21차	2007.4.25 ~ 7.6	동북아 3국 수도 연결 도보 대장정	베이징 – 단동 – 서울 – 부산 – 오사카 – 도쿄	73	2,200
	22차	2007.7.27 ~ 8.1	제주 중산간 도로 따라 야영 도보	제주 – 관음사 – 휴양림 – 돈내	6	120
	23차	2008.1.6 ~ 1.17	4차 휴전선 주변 길 따라	임진각 – 김화 – 화천 – 인제 – 고성	12	340
	24차	2008.7.26 ~ 8.6	제주 올레길과 섬돌이 복합 도보	제주 – 애월 – 서귀포 – 김영 – 제주	12	240
	25차	2009.1.3 ~ 1.14	5차 한반도 횡단 겨울 장기 도보	임진각 – 연천 – 화천 – 인제 – 고성	12	330
	26차	2009.7.13 ~ 7.17	영산강 400리 물줄기 따라	담양 용소 – 광주 – 나주 – 목포	5	134

구분	차수	기간	제목	구간	일수	거리(km)
장기 도보	27차	2009.7.25 ~ 8.7	남해안선 따라 진도에서 영도까지	진도 – 완도 – 고금도 – 남해 – 고성 – 거제 – 영도	14	366
	소계	2000.10.26 ~ 2011.12.31			379	11,184
1박 2일 도보		2002.1.1 ~ 2011.12.31	사량도 도보 일주 외 59회		118	3,050
1일 도보		2002.1.1 ~ 2011.12.31	'태안반도 백사장 60리 길' 외 88회		89	2,257
반나절 도보		2002.1.1 ~ 2011.12.31	'한강 노들섬 돌아 잠실 길' 외 153회		77	2,750
100 km 울트라 도보		2004.5.22 ~ 2011.12.31	'1일 걷기 한계를 넘어' 외 6회		7	700
200 km 울트라 도보		2011.9.2 ~ 2011.12.31	예순에 도전한 48시간 200km 걷기		2	200
릴레이 도보		2004 ~ 2011.12.31	'강화에서 강릉 경포대까지' 외 1회		15	756
야간 무박 도보		2003.6.6 ~ 2011.12.31	한강변 무박 도보 18회		18	648
합계					705	21,545